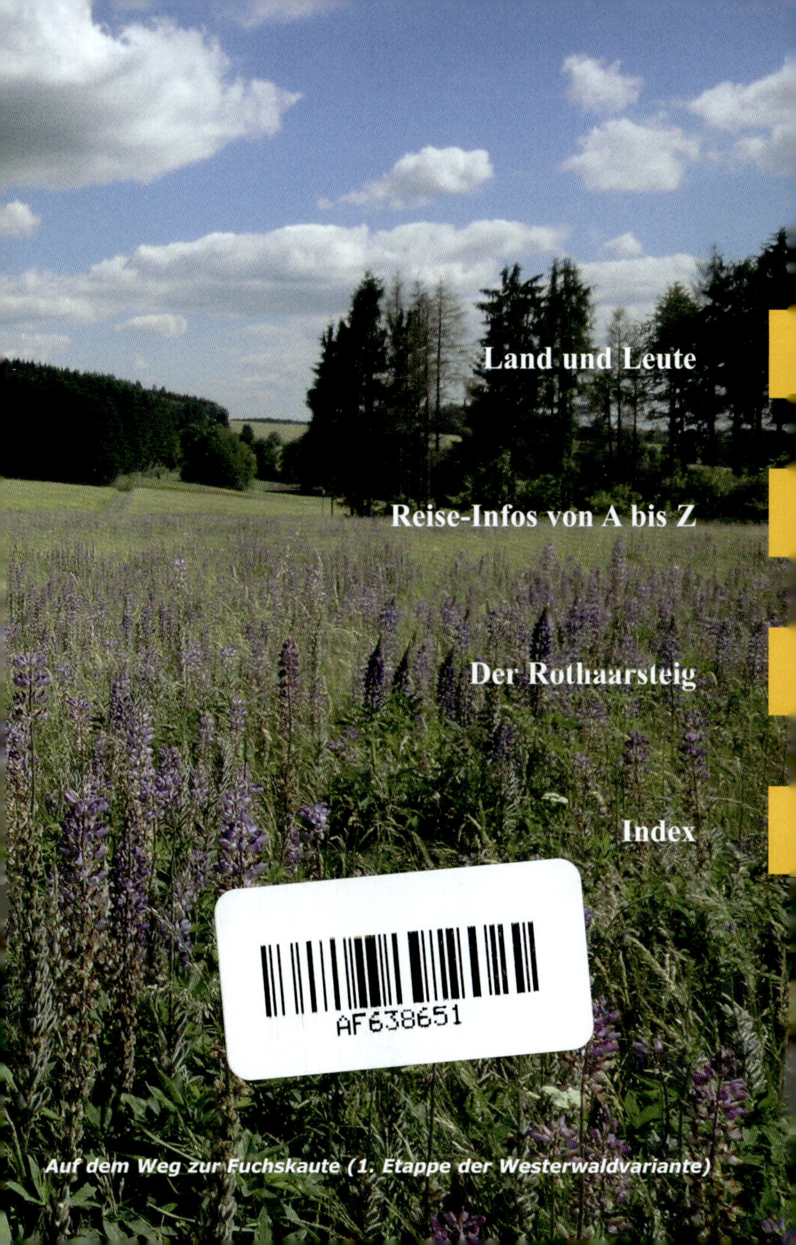

Auf dem Weg zur Fuchskaute (1. Etappe der Westerwaldvariante)

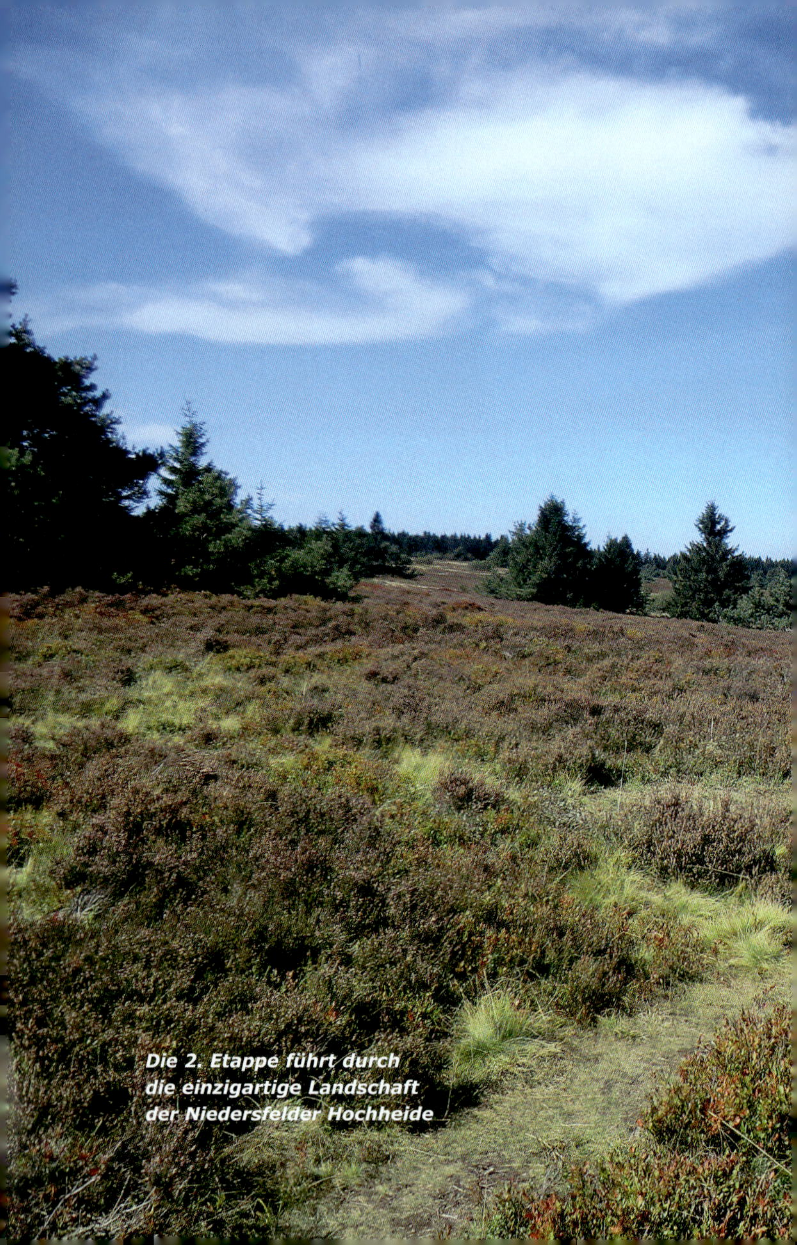

Die 2. Etappe führt durch die einzigartige Landschaft der Niedersfelder Hochheide

Band 154

OutdoorHandbuch

Amrei Risse

Rothaarsteig

von Brilon nach Dillenburg

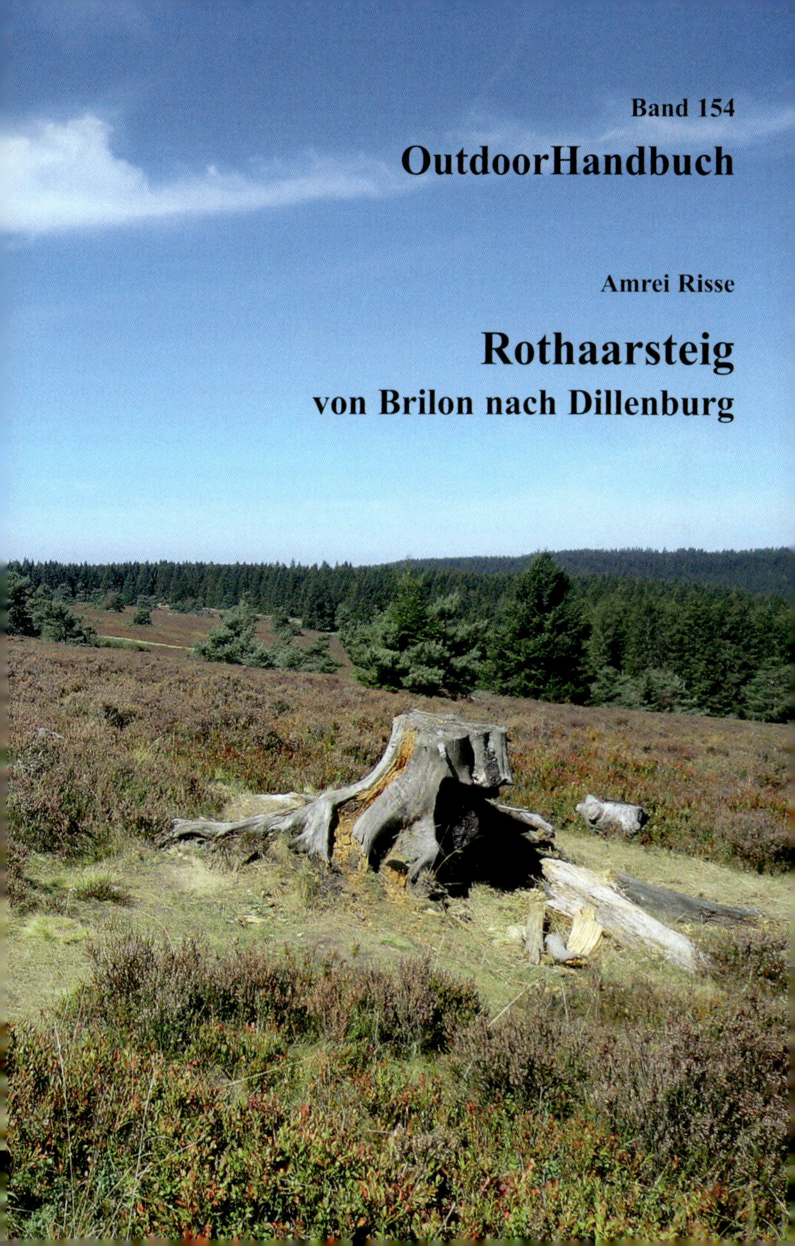

Rothaarsteig

Die Autorin und der Verlag sind für Lesertipps und Verbesserungen (besonders per E-Mail) unter Angabe der Auflagen- und Seitennummer dankbar.

Dieses OutdoorHandbuch hat 160 Seiten mit 54 farbigen Abbildungen sowie 16 farbigen Kartenskizzen im Maßstab 1:80.000, 11 farbigen Höhenprofilen, 4 Stadtplänen und einer farbigen, ausklappbaren Übersichtskarte. Es wurde auf chlorfrei gebleichtem Papier gedruckt, in Deutschland klimaneutral hergestellt und transportiert und wegen der größeren Strapazierfähigkeit mit PUR-Kleber gebunden.

Klimaneutral
Druckprodukt
ClimatePartner.com/53106-2208-1001

Dieses Buch ist im Buchhandel und in Outdoor-Läden erhältlich und kann im Internet oder direkt beim Verlag bestellt werden.

OutdoorHandbuch Band 154

ISBN 978-3-86686-771-0 2., überarbeitete Auflage 2022

Text: Amrei Risse
Fotos: Amrei Risse (sofern nicht anders gekennzeichnet)
Karten: Manuela Dastig
Lektorat: Anna-Lena Ebner
Layout: Ricarda Kuschma

Gesamtherstellung: AZ Druck und Datentechnik GmbH, Kempten

Dieses OutdoorHandbuch wurde konzipiert und redaktionell erstellt vom:

Conrad Stein Verlag GmbH, Kiefernstr. 6, 59514 Welver,
☏ 023 84/96 39 12,
info@conrad-stein-verlag.de,
www.conrad-stein-verlag.de

Besuchen Sie uns bei Facebook & Instagram:

www.facebook.com/outdoorverlag

www.instagram.com/outdoorverlag

Titelfoto: Im idyllischen Schwarzbachtal (5. Etappe)
(Fabian Risse)

Inhalt

☺ Eine **Übersichtskarte** des Weges, **Autorinnenprofil** sowie eine Liste aller verwendeten **Symbole** in diesem Buch finden Sie auf den vorderen und hinteren Umschlagseiten bzw. -klappen.

Unterwegs auf dem Rothaarsteig

Willkommen auf dem Rothaarsteig – willkommen auf dem „Weg der Sinne"!

Über 150 abwechslungsreiche Wanderkilometer durch das Sauerland, das Wittgensteiner Land, das Siegerland und das Lahn-Dill-Bergland warten auf Sie – mehr als 200 km sind es sogar, wenn Sie noch die Schleife durch den Westerwald hinzuzählen. Auf Ihrem Weg von Brilon nach Dillenburg erklimmen Sie die höchsten Gipfel Nordrhein-Westfalens und genießen fantastische Fernsichten über das „Land der tausend Berge". Unter Ihren Füßen wechseln sich bequeme, breite Wanderwege mit wurzeligen Waldpfaden und weichen Wiesenwegen ab. Sie wandern unter hohen Fichten hindurch, an knorrigen Eichen vorbei und durch schattige Buchenwälder – aber keine Sorge, der Rothaarsteig hat mehr zu bieten als nur Berge und Bäume! Zwischen den dichten Wäldern öffnen sich immer wieder herrlich grüne Wiesentäler und weite Heideflächen, die mit ihrer einzigartigen Vegetation beeindrucken. Sie wandern an zahlreichen kleinen Bächen und Flüssen entlang und sehen die winzigen Quellen großer Flüsse wie Ruhr oder Sieg. Und Sie tauchen tief in die Geschichte der Region ein: Über viele Kilometer hinweg folgen Sie jahrhundertealten Grenzwegen und Handelsrouten und immer wieder kommen Sie an sagenumwobenen historischen Stätten wie Borbergs Kirchhof oder der Ginsburg vorbei. Lebhafte Touristenorte, idyllische kleine Höhendörfer und abgeschiedene Gasthöfe inmitten der Natur laden zum Übernachten ein.

Der Rothaarsteig wird auch „Weg der Sinne" genannt – und bei Ihrer Wanderung werden Sie feststellen, dass er diesen Namen zu Recht trägt. Genießen Sie die herrlichen Aussichten und die vielfältigen Farben der Natur, lauschen Sie dem leisen Plätschern der Bäche, dem Rauschen im Blätterdach über Ihnen und dem Zwitschern der Vögel und kommen Sie in der friedlichen Stille der Wälder zur Ruhe. Atmen Sie den würzigen Duft der Kiefern ein, fühlen Sie den angenehm kühlen Schatten der Wälder auf Ihrer Haut und spüren Sie den abwechslungsreichen Untergrund unter Ihren Füßen. Und ja, man kann den Rothaarsteig tatsächlich auch schmecken: Naschen Sie z. B. mal von den wilden Blaubeeren in den Heidegebieten oder testen Sie das frische Quellwasser – und lassen Sie sich am Abend mit Sauerländer Spezialitäten verwöhnen, um wieder fit für den nächsten Tag zu sein und erneut mit allen Sinnen genießen zu können.

Eine wunderschöne Wanderung auf dem Rothaarsteig wünscht Ihnen

Amrei Risse

Land und Leute

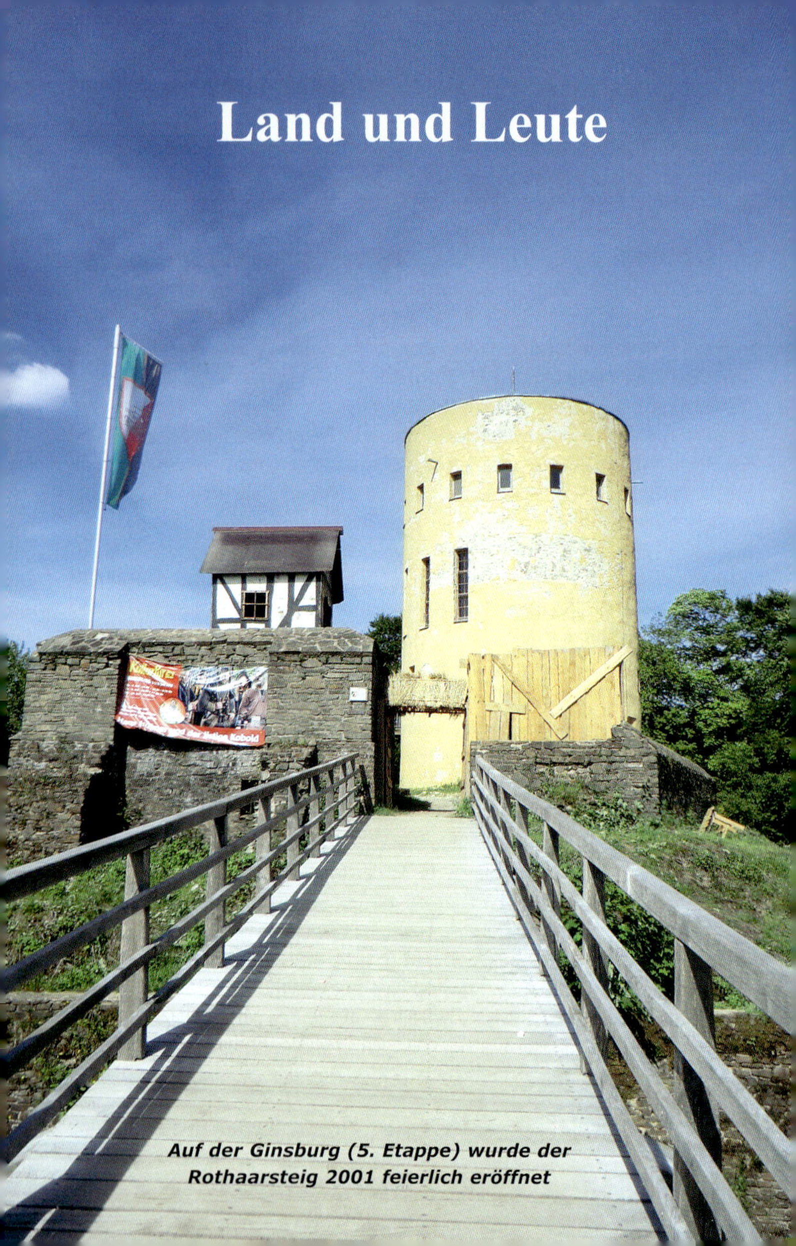

Auf der Ginsburg (5. Etappe) wurde der Rothaarsteig 2001 feierlich eröffnet

Berge, Bäume, Bäche: die Landschaft

Berge, Wald und Wasser prägen die Landschaft, durch die der Rothaarsteig Sie führen wird.

In weiten Teilen folgen Sie auf Ihrer Wanderung dem Hauptkamm des Rothaargebirges, einem Mittelgebirge, das größtenteils in Nordrhein-Westfalen und zu einem kleinen Teil in Hessen liegt. Der Gebirgszug beginnt südlich von Brilon, läuft im Süden bei Wilgersdorf aus bzw. geht dort in den Westerwald über und erstreckt sich über das Sauerland und das Wittgensteiner Land. Das Upland und das Siegerland haben ebenfalls einen kleinen Anteil.

Das Rothaargebirge ist Teil des Rheinischen Schiefergebirges, dessen Ursprünge über 400 Millionen Jahre – bis ins Erdaltertum – zurückreichen. Typische Gesteinsarten, die hier vorkommen, sind z. B. Tonschiefer und Sandstein sowie Vulkangesteine wie Diabas (☞ Clemensberg, 2. Etappe) oder Quarzitporphyr (☞ Bruchhauser Steine, 1. Etappe). Sie werden auf Ihrer Wanderung einige Male an Steinbrüchen vorbeikommen, an denen Sie mehr über die Gesteinsarten erfahren und die verschiedenen Gesteinsschichten zum Teil sogar erkennen können. Hin und wieder spüren Sie den felsigen Untergrund auch direkt unter Ihren Füßen. Schiefer werden Sie außerdem in einigen Orten in weiterverarbeiteter Form als Verkleidung an den Wänden von Häusern und Kirchen entdecken.

Die höchsten Punkte des Rothaargebirges liegen in seinem nördlichen Teil rund um Willingen und Winterberg – hier werden Höhen über 800 m erreicht. Auf den ersten Etappen erklimmen Sie die höchsten Berge des nordrhein-westfälischen Sauerlands und NRWs: den Langenberg und den nur geringfügig niedrigeren Kahlen Asten. Gegen Süden flacht das Gebirge dann etwas ab (auf ca. 600 m) und auch im angrenzenden Westerwald sind die Berge nicht mehr ganz so hoch. Der höchste Gipfel dieses Mittelgebirges, auf den Sie auch die Westerwaldvariante des Rothaarsteigs führen wird, ist die Fuchskaute mit immerhin 657,3 m Höhe.

Fast das gesamte Gebiet, durch das Sie wandern, gehört zum Naturpark Sauerland-Rothaargebirge, der mit einer Fläche von über 3.800 km^2 zu den größten Naturparks in Deutschland zählt. Er dehnt sich zwischen Arnsberg und Meschede im Norden, Medebach im Osten, Burbach im Süden und Meinerzhagen im Westen über ganz Südwestfalen aus. Bei Willingen streift der Rothaarsteig den Naturpark Diemelsee, zum Schluss führt er außerdem noch einige Kilometer durch den Naturpark Lahn-Dill-Bergland. Zahlreiche kleinere Gebiete entlang des Steigs sind aufgrund ihrer besonderen Flora und Fauna zusätzlich als Naturschutzgebiete geschützt.

Kleine Namenskunde

Auf der 7. Etappe des Rothaarsteigs wird Ihnen ein Nachfahr der ersten Bewohner des Rothaargebirges begegnen: der Kleine Rothaar, einer der kleinen rothaarigen Kobolde, die hier einst lebten und dem Gebirge seinen Namen gaben.

Das glauben Sie nicht? Vielleicht leuchtet Ihnen dann eine der folgenden Theorien eher ein: Der Wortbestandteil „rot" könnte sich z. B. vom altertümlichen „rod" (= gerodet) oder von „rowe"/„rouhe" (= rau) ableiten – oder aber tatsächlich die Farbe Rot meinen. Schließlich war die Rotbuche hier einst die vorherrschende Baumart und der hohe Eisenerzanteil im Boden sorgte stellenweise für eine leicht rötliche Färbung.

Der Wortbestandteil „Haar" wiederum leitet sich vermutlich von „hard"/„hardt"/„hart" ab, womit ein (bewaldeter) Gebirgszug gemeint ist. Andere Theorien halten aber auch den Ursprung „aha" oder „ara" (= Wasser) für möglich.

Gehen Sie nun also auf einer rauen Höhe oder über rotes Wasser? So ganz einig ist man sich in der Forschung noch nicht. Wer weiß – vielleicht wird auch die Theorie von den rothaarigen Kobolden doch noch ernsthaft in Betracht gezogen ...

Auf dem Rothaarsteig sind Sie in einer äußerst waldreichen Region unterwegs. Einst prägten Rotbuchenwälder die Region, ab dem 19. Jh. pflanzte man vielerorts Fichtenkulturen an, nachdem die ursprünglichen Laubwälder zu großen Teilen abgeholzt worden waren. Die Forstwirtschaft ist ein wichtiger Wirtschaftszweig in der Region und die hohe, schlanke Fichte eine hierfür gut geeignete Baumart, da sie schnell wächst und die geraden Stämme leicht zu verarbeiten sind. Allerdings haben die Fichtenwälder im Sauer- und Siegerland in den letzten Jahren durch Stürme, große Trockenheit und starken Borkenkäferbefall sehr gelitten. Große Waldflächen mussten bereits abgeholzt werden, weitere werden in den nächsten Jahren folgen. Welche Bäume am besten für die Wiederaufforstung geeignet sind, wird sich noch zeigen müssen. Auf vielen Kahlflächen sorgt nun erst einmal die Natur selbst für neues Wachstum.

Insgesamt wird Sie der Wald entlang des Rothaarsteigs mit seiner Vielfalt überraschen: Neben den verbliebenen Fichten wachsen hier auch ausgedehnte Buchen- und Ahornwälder, dazwischen knorrige Eichen, schlanke Birken, Ebereschen und einige andere Baumarten mehr. Ginster und Fingerhut sorgen im Frühsommer für bunte Farbtupfer im dunklen Grün der Bäume.

Unterbrochen wird die Waldlandschaft auch durch ausgedehnte (Berg-)Heidegebiete, die man im Rothaargebirge vielleicht nicht unbedingt vermuten würde (z. B. am Clemensberg, am Kahlen Asten und bei Heinsberg). Hier dominieren

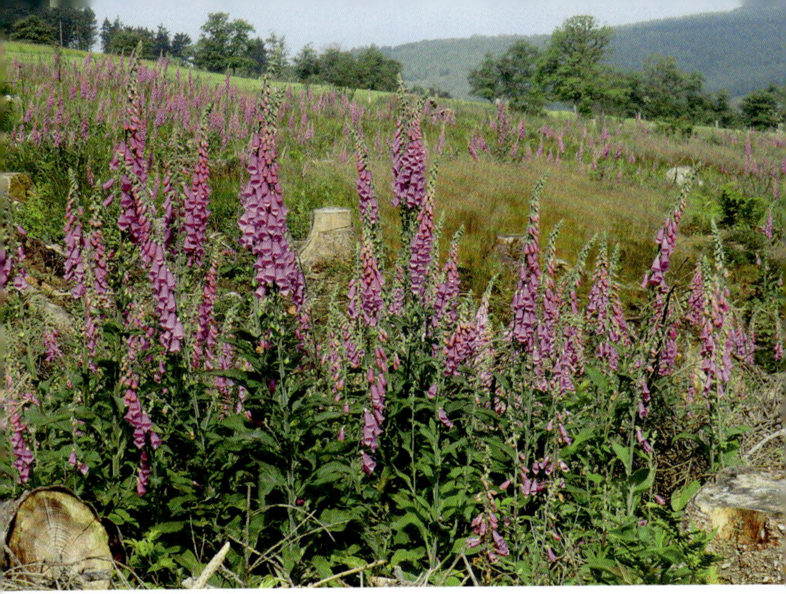

Bunte Farbtupfer am Waldrand

Pflanzen wie Heidekraut und Blaubeere und Bäume wie Wacholder und Kiefer (☞ Heide im Sauerland, S. 54).

Außerdem durchwandern Sie immer wieder herrliche Bergwiesen (z. B. bei Lenneplätze und Langewiese) und idyllische Wiesentäler (z. B. das Schwarzbachtal und das Tal der Eder), in denen sich u. a. Schwarzerlen und Moorbirken wohlfühlen.

Überhaupt ist das Wasser ein wiederkehrendes Thema am Rothaarsteig: Neben dem Schwarzbach und der Eder werden Sie noch zahlreiche andere Quellen und Bäche ein Stück auf Ihrem Weg begleiten. Auch große Flüsse fangen mal klein an und so sehen Sie bei Ihrer Tour die winzigen Ursprünge namhafter Flüsse wie Eder, Sieg, Lahn, Lenne und Ruhr. Einige von ihnen werden später zu Seen aufgestaut und bilden damit eine wichtige Wasserquelle, u. a. für das Ruhrgebiet.

Das Rothaargebirge ist übrigens eine Wasserscheide: Während z. B. Sieg, Lahn und Ruhr zum Rhein strömen, fließt die Eder über die Fulda in die Weser.

Es verwundert nicht, dass in dieser vielfältigen Landschaft auch eine vielfältige Fauna zu entdecken ist. So bieten z. B. die Heideflächen und die Bachtäler Kuckuck, Raubwürger und Graureiher ein Zuhause, in den Flüssen schwimmen u. a. Bachforellen und Neunaugen. Im Wald leben Füchse sowie Rot- und

Schwarzwild – vielleicht wird bei Ihrer Wanderung sogar einmal ein Reh über den Weg springen. Mit etwas Glück entdecken Sie auch die etwas exotischeren tierischen Bewohner des Rothaargebirges: den Wanderfalken, der in NRW schon als ausgestorben galt und sich dann an den Bruchhauser Steinen ansiedelte, und natürlich die Wisente, die rund um Schmallenberg und Bad Berleburg (noch) frei durch die Wälder streifen (☞ Achtung, wild – Wisente am Rothaarsteig, S. 89).

Von der Grenzregion zum Skigebiet: Geschichte und Kultur

Auf Ihrem Weg über den Kamm des Rothaargebirges laufen Sie in einigen Abschnitten direkt auf der Grenze zwischen Nordrhein-Westfalen und Hessen, mal wandern Sie in diesem, mal in jenem Bundesland – ohne es überhaupt zu bemerken.

Früher war das in der Region von größerer Bedeutung. Ab dem 7. Jh. wurde hier erbittert um den Verlauf der Grenze gestritten, immer wieder kam es zwischen den Sachsen im Norden und den Franken im Süden zu blutigen Auseinandersetzungen. Letztlich setzten sich die Franken unter Karl dem Großen durch, was auch die Christianisierung der heidnischen Sachsen zur Folge hatte. An diese Zeit erinnern noch Stätten wie der Heidenstock (☞ 3. Etappe) und der Altarstein (☞ 4. Etappe).

Doch die Grenzstreitigkeiten in der Region waren damit nicht beendet. In den folgenden Jahrhunderten bildeten sich Herzogtümer, Fürstentümer und Grafschaften – und wo genau diese enden, musste natürlich erst einmal diskutiert werden, denn die Rohstoffe in der Region (vor allem Holz) waren knapp und jeder wollte einen möglichst großen Anteil haben. Westlich des Rothaarkamms dominierte das erzbischöfliche Kurköln, im Osten waren es die Wittgensteiner. Auf Ihrer Wanderung werden Sie immer wieder durch alte Grenzsteine daran erinnert, dass der Rothaarkamm schon vor vielen Jahren eine Grenze bildete. Am Dreiherrnstein (☞ 5. Etappe) trafen sogar gleich drei Herrschaftsgebiete aufeinander: das Kurfürstentum Köln, die Grafschaft Nassau und die Grafschaft Wittgenstein. Im 19. Jh. wurden sie schließlich alle Teil des Königreichs Preußen.

Der Rothaarkamm bildete allerdings nicht nur eine politische, sondern auch eine sprachliche, religiöse und kulturelle Grenze. So blieb das Sauerland während der Reformation überwiegend katholisch, während sowohl das Wittgensteiner Land als auch das Siegerland (zumindest teilweise) den evangelischen Glauben annahmen. Und während nordwestlich des Rothaarkamms niederdeutsch-westfälisch gesprochen wird (z. B. Sauerländer Platt), gehört die andere Seite zum mitteldeutsch-fränkischen Sprachraum (z. B. Wittgensteiner Dialekt).

Feste feiern am Rothaarkamm: Schnadegang und Schützenfest

Neben den alten Grenzsteinen werden Sie mancherorts auch Steine neueren Datums entdecken, die an Schnadezüge/-gänge erinnern. Bei einem sogenannten Schnadegang werden in festgelegten Abständen die Grenzen der Stadt kontrolliert. Die Briloner Schnade z. B. wird fast durchgehend seit dem 14. Jh. durchgeführt: Alle zwei Jahre geht man ein Fünftel der Stadtgrenze ab. Oft ist dies heutzutage mit einem feuchtfröhlichen Ausklang verbunden.

Das gilt natürlich auch für das Schützenfest, das in vielen Dörfern in der Region das Ereignis des Jahres ist. Fast jedes noch so kleine Dorf hat seinen eigenen Verein und sein eigenes Fest. Meist dauern die Feierlichkeiten mehrere Tage und sind in ihrem Ablauf durch feste Traditionen bestimmt, die von Ort zu Ort unterschiedlich sein können. In der Regel wird z. B. bei einem Schießwettbewerb der „König" ermittelt, der im Anschluss in einem Festumzug geehrt wird, bevor man gemeinsam feiert. Vielleicht erleben Sie während Ihrer Wanderung sogar einmal eines dieser Feste – in Langewiese und Küstelberg führt der Rothaarsteig direkt an der Schützenhalle vorbei.

Das Leben der Menschen am Rothaargebirge war vor allem in früheren Zeiten stark von der Natur abhängig – und die machte es ihnen eher schwer. Landwirtschaft beispielsweise war an den Berghängen und in dieser Höhe kaum möglich. In den Sauerländer Höhendörfern versuchten sich die Menschen zum Teil im Winter mit dem Schnitzen von Löffeln u. Ä. (☞ Sauerländer Holzlöffel, S. 72) etwas dazuzuverdienen, im Sommer zogen manche als Händler aus (☞ Winterberg, S. 62). Manche Städte (z. B. Küstelberg) profitierten zumindest zeitweise davon, an wichtigen Handelsrouten zu liegen. Ansonsten arbeitete man eben mit dem, was die Natur hergab: Neben Holz waren das die Rohstoffe aus dem Boden, vor allem Schiefer und Eisenerz.

Das Siegerland und das Lahn-Dill-Gebiet gehören zu den ältesten Eisenverhüttungsgebieten Mitteleuropas. Schon um 600 v. Chr. schmolzen die Kelten hier Eisenerz, um Eisen herzustellen. Im späten Mittelalter begann dann eine weitere Hochzeit der Eisenindustrie: Das Siegerland wurde zum „Land der tausend Feuer".

Und davon profitierte auch die Nachbarregion. Denn das Eisenerz musste viele Stunden lang erhitzt werden, bevor Eisen entstand, das man weiterverarbeiten konnte. Für die Öfen wurde also jede Menge Brennstoff gebraucht – und ein großer Teil davon kam aus dem waldreichen Wittgensteiner Land, wo sich die Köhlerei (die Herstellung von Holzkohle) zu einem wichtigen Wirtschaftszweig entwickelte. Über die Kohlen- und die Eisenstraße (☞ Transportwege im Rothaargebirge, S. 106) wurden die Kohlen und fertige Waren transportiert. Der Holzverbrauch war so enorm, dass schon bald eine Übernutzung der Wälder drohte. Im Siegerland entstand daraufhin die nachhaltigere Haubergswirtschaft (☞ Hauberge, S. 117).

Doch dann begann der Siegeszug der ergiebigeren Steinkohle aus dem Ruhrgebiet, die Köhlerei verlor an Bedeutung. Und auch die erfolgreiche Zeit des Bergbaus ging zu Ende: Im 20. Jh. schlossen die letzten Eisenerzgruben im Siegerland und die meisten Bergwerke im Sauerland.

Das Siegerland ist allerdings nach wie vor ein wichtiger Standort für die metallverarbeitende Industrie. Und auch sonst findet man in der Region rund um das Rothaargebirge heute zahlreiche gut laufende mittelständische Unternehmen. Vielleicht laufen Sie z. B. gerade in Wandersocken der Marke Falke aus Schmallenberg über den Rothaarsteig?

Am Rande des Sauerlands und im Wittgensteiner Land wird auch Landwirtschaft betrieben. Von größerer Bedeutung für die Region ist aber natürlich nach wie vor die Forstwirtschaft. Eine Besonderheit ist dabei der Handel mit Weihnachtsbäumen: Etwa jeder dritte deutsche Weihnachtsbaum stammt aus dem Sauerland. Auf Ihrer Wanderung werden Sie immer mal wieder an Schonungen vorbeikommen, in denen kleine Weihnachtsbäume (meist Nordmanntannen) in Reih und Glied heranwachsen.

Darüber hinaus prägt heute der Tourismus die Region und ist gerade im Sauerland ein wichtiger Arbeitgeber. Die Natur, die den Menschen das Leben hier jahrhundertelang so schwer machte, ist heute zum Trumpf geworden und lockt jedes Jahr Millionen Erholungsuchende an. Die Anfänge des Fremdenverkehrs reichen bis ins 19. Jh. zurück, mit dem Anschluss der Region ans Bahnnetz stiegen die Besucherzahlen an. Den Anfang machten Urlauberinnen und Urlauber aus dem Ruhrgebiet, die die frische Luft im nahen Sauerland genossen. Mit dem wirtschaftlichen Aufschwung in den 50ern und 60ern, der auch die Reiselust förderte, kamen dann noch mehr Menschen in die Region, um sich zu erholen.

Bis heute ist das Sauerland eine beliebte Urlaubsregion, die übrigens auch in den Niederlanden sehr geschätzt wird. Wer Erholung in herrlicher Natur sucht und/oder sportlich aktiv sein will, ist im Sauerland und in den angrenzenden Regionen genau richtig: zum Skifahren, Mountainbiken oder eben zum

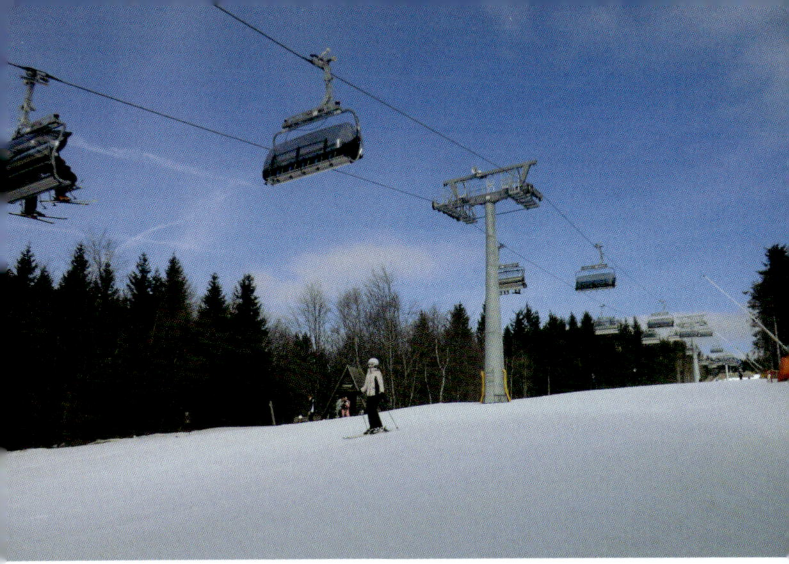

Skipiste bei Winterberg

Wandern auf dem Rothaarsteig und Tausenden weiteren Kilometern gut gepflegter Wanderwege.

Sehen, hören, fühlen: der Weg der Sinne

Der Rothaarsteig ist das beste Beispiel dafür, dass die Grenzen, die die Region so lange prägten, heute überwunden sind: Er ist ein Gemeinschaftsprojekt der Tourismusregionen Sauerland, Siegerland-Wittgenstein, Lahn-Dill-Bergland und Hoher Westerwald und führt durch gleich drei Bundesländer: NRW, Hessen und Rheinland-Pfalz. Auf einer Länge von 154 km verläuft der Hauptweg über den Kamm des Rothaargebirges, ergänzt wird er durch eine ca. 14 km lange Talvariante im Hochsauerland und eine ca. 52 km lange Schleife durch den Westerwald. Mehr als 100 Zustiegswege verbinden den Rothaarsteig außerdem mit kleineren und größeren Orten in der Nähe.

Ziel des gemeinsamen Wegprojektes war es, die Region als Destination für (Wander-)Urlaube noch attraktiver zu gestalten – und das ist gelungen: Seit seiner Eröffnung 2001 lockt der Rothaarsteig Jahr für Jahr etwa 1,7 Millionen Wanderinnen und Wanderer an. Im Jubiläumsjahr 2021 war er besonders beliebt – trotz oder gerade wegen der Coronakrise. Der Weg begeistert vor allem mit seiner Nähe zur Natur, die ein wesentliches Merkmal des als „Weg der Sinne" konzipierten Steigs ist: Meist abseits von Straßen und Orten verläuft der Weitwanderweg durch eine einzigartige Landschaft.

Doch nicht nur die Zahlen, sondern auch verschiedene Auszeichnungen bestätigen den Erfolg des Weges: 2011 wurde der Rothaarsteig vom Deutschen Wanderinstitut e. V. als „Premiumwanderweg" ausgezeichnet, er gehört neben Wegen wie dem Eifelsteig, dem Heidschnuckenweg und dem Harzer Hexenstieg zu den vierzehn „Top Trails of Germany" (den besten Wanderwegen Deutschlands) und wurde im Herbst 2019 erneut als „Qualitätsweg Wanderbares Deutschland" zertifiziert. Der Deutsche Wanderverband hat den Weg dafür gründlich unter die Lupe genommen: Wegverlauf, Erlebnischarakter sowie Markierung und Beschilderung müssen höchsten Ansprüchen genügen, damit diese Auszeichnung vergeben wird. Damit das gewährleistet ist, kümmert sich der Rothaarsteig Infrastruktur e. V. gemeinsam mit sechs hauptamtlichen Rothaarsteig-Rangern – speziell ausgebildeten Angestellten des Landesbetriebes Wald und Holz NRW, die u. a. auch Führungen anbieten – und vielen Ehrenamtlichen liebevoll um den Weg.

Gemütliche Unterkunft am Weg: das Hotel Hubertushöhe in Latrop

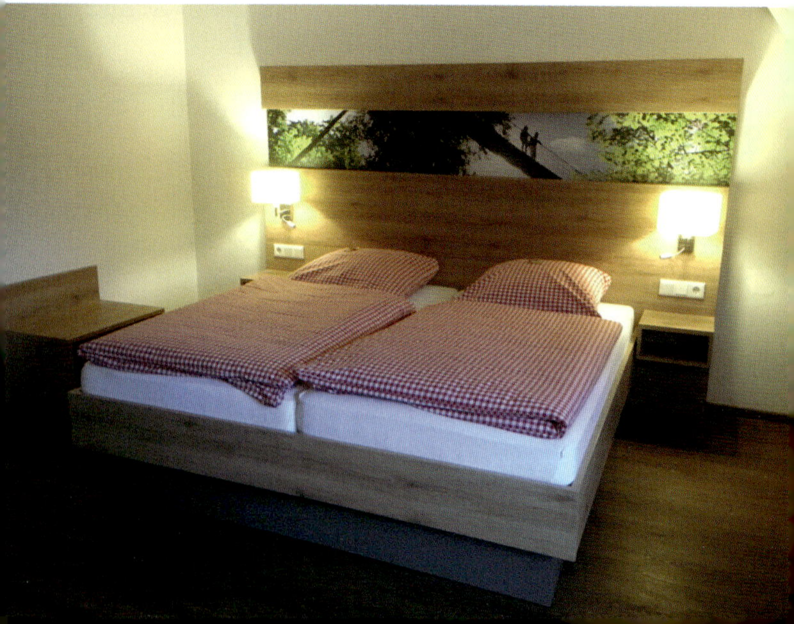

Eine hervorragend gepflegte Markierung und ein übersichtliches Beschilderungssystem helfen Ihnen unterwegs zuverlässig dabei, den Weg zu finden; zahlreiche Infotafeln und sogenannte Erlebnisstationen am Weg bringen Ihnen Besonderheiten der Region näher. Wer eine Pause braucht, findet an vielen Punkten Liegebänke (Waldsofas), Picknickinseln mit Tisch und Bänken, Hängematten und Schaukeln sowie Rasthütten, die zum Ausruhen und Entspannen einladen und mit ihrem geschwungenen Dach an das Rothaarsteiglogo – ein liegendes R – erinnern. Für das leibliche Wohl und eine erholsame Nachtruhe sorgen zahlreiche Hotels, Pensionen und Gasthäuser direkt am Weg und in den umliegenden Orten. Viele von ihnen bieten als „Qualitätsbetriebe Rothaarsteig" sogar besondere Services für all diejenigen an, die auf dem Rothaarsteig unterwegs sind (☞ Reise-Infos von A bis Z, Übernachtungsmöglichkeiten).

Sie sehen: Es wurde und wird viel getan, um Ihnen ein einmaliges Wandererlebnis zu verschaffen – Sie müssen eigentlich nur noch losgehen. Auch wenn Sie wenig Wandererfahrung haben, können Sie sich ruhig auf den Rothaarsteig wagen. Die Wege sind überwiegend leicht zu gehen und als durchschnittlich trainierte Person sollten Sie die Tour gut bewältigen können. Einzig die Höhenmeter stellen eine gewisse Herausforderung dar, doch gerade im nördlichen Teil des Weges gibt es viele Möglichkeiten, die Etappen für den Einstieg kurz zu halten (☞ Reise-Infos von A bis Z, Etappenplanung).

Falls Sie sich nicht sicher sind, ob Sie fit genug für die ganze Strecke sind, oder Sie einfach nur ein bisschen Rothaarsteigluft schnuppern wollen, gibt es außerdem attraktive kürzere Alternativen: Die Rothaarsteig-Spuren, dreizehn Rundwege mit Längen zwischen 6 und 24 km und verschiedenen thematischen Schwerpunkten, laden zu Tages- und Halbtagestouren ein und verlaufen teilweise zumindest ein kleines Stück auf dem Hauptweg des Rothaarsteigs. Die zehn Audiowege wiederum führen durch landschaftlich besonders interessante Bereiche und bieten an jeweils mehreren Stationen die Möglichkeit, per QR-Code Informationen zu Flora und Fauna herunterzuladen. Und wer weiß: Vielleicht begeistern diese kurzen Wege Sie so sehr, dass Sie danach doch noch den gesamten Rothaarsteig in Angriff nehmen?

Reise-Infos von A bis Z

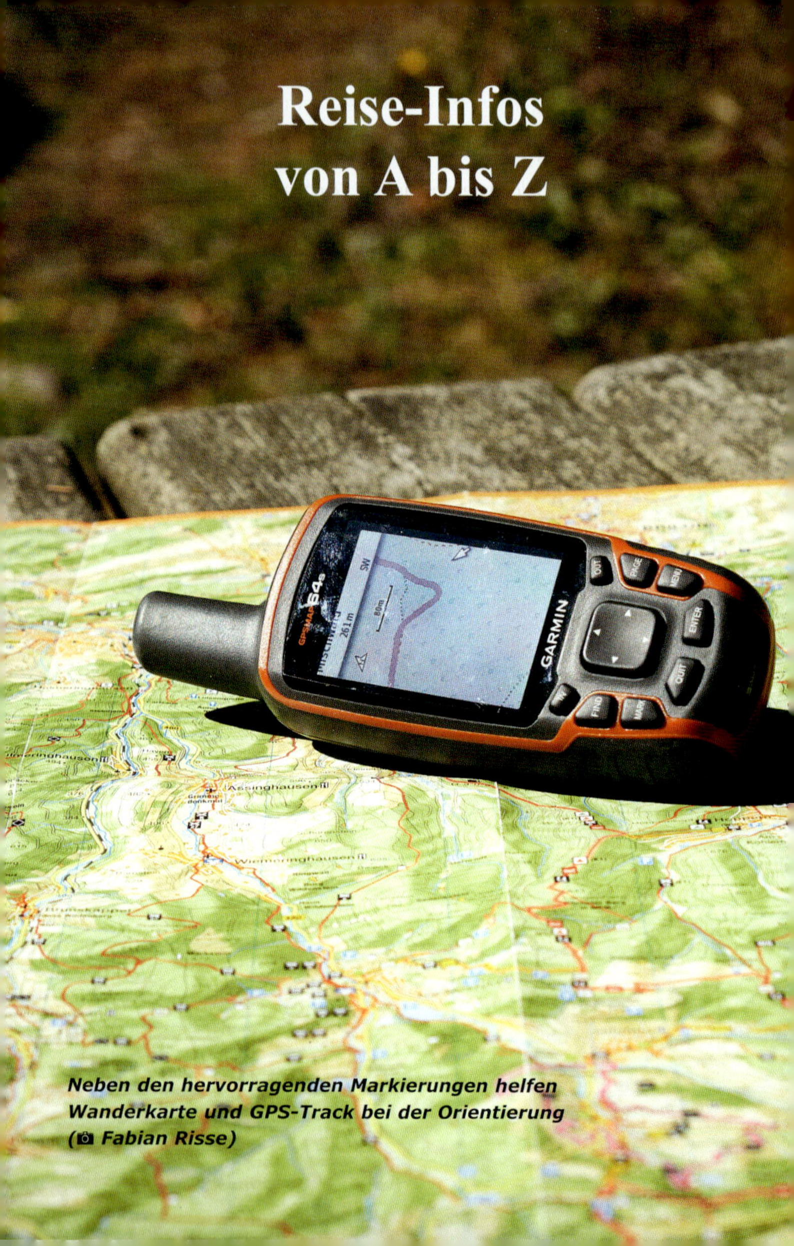

Neben den hervorragenden Markierungen helfen Wanderkarte und GPS-Track bei der Orientierung (📷 Fabian Risse)

An- und Abreise

mit der Bahn

Sowohl Brilon als auch Dillenburg sind an das Regionalbahnnetz der Deutschen Bahn angeschlossen.

Brilon hat zwei Bahnhöfe, die ca. 8 Fahrminuten voneinander entfernt sind: Brilon-Stadt im Ortskern (etwa 800 m vom Startpunkt des Rothaarsteigs entfernt) und Brilon-Wald im gleichnamigen Ortsteil (ca. 2,5 km vom Weg entfernt, Zustiegsweg bei km 13,8). Von beiden gibt es Direktverbindungen zu den Fernverkehrsbahnhöfen Dortmund und Marburg. Vom Bahnhof Brilon-Wald können Sie außerdem ohne Umstieg nach Hagen, Warburg und Kassel-Wilhelmshöhe fahren.

Vom Bahnhof Dillenburg, der direkt am Endpunkt des Rothaarsteigs liegt, bestehen regelmäßige Anbindungen an die ICE-Bahnhöfe Siegen, Frankfurt a. M. und Gießen.

Nach Ihrer Wanderung könnten Sie z. B. mit Umstiegen in Gießen und Marburg in knapp 4 Std. zurück nach Brilon fahren, falls Sie Ihr Auto dort für die Dauer der Wanderung geparkt haben.

♦ Informationen zu Bahnverbindungen erhalten Sie online unter 💻 www.bahn.de, über die App oder telefonisch unter ☏ 030/29 70.

mit dem Auto

Brilon ist über die Bundesstraßen B7, B251 und B480 erreichbar. Nördlich der Stadt verläuft die A44 (ca. 25 km entfernt), die Sie nach Kassel oder ins Ruhrgebiet bringt. Mit der A33 (Richtung Bielefeld und Osnabrück) stößt hier außerdem eine Autobahn aus dem Norden dazu. Die A46 (Richtung westliches Sauerland) ist ebenfalls nicht weit entfernt (ca. 15 km). Kostenlose Parkplätze, auf denen Sie Ihr Auto für die Dauer der Wanderung abstellen können, finden Sie am Kreishaus (am Eingangsportal des Rothaarsteigs, km 0,8) und an der Krummestraße (etwa 350 m vom Startpunkt entfernt).

Dillenburg liegt verkehrsgünstig direkt an der A45, auf der Sie Anschluss Richtung Sauerland, Ruhrgebiet und Frankfurt haben, sowie an den Bundesstraßen B253 und B277. Ihr Auto können Sie kostenlos auf dem großen Parkplatz am Stadion/Schwimmbad Aquarena abstellen. Von dort sind es etwa 1,5 km zum Start- bzw. Endpunkt des Rothaarsteigs am Bahnhof.

Ausrüstung

Der Rothaarsteig stellt keine speziellen Anforderungen an Ihre Ausrüstung. Das Wichtigste sind wie bei jeder Wanderung gut eingelaufene Schuhe und dazu passende (Wander-)Socken, um Blasen zu vermeiden. Auf den gut zu gehenden Forstwegen reichen flache Wanderschuhe mit griffiger Sohle zwar aus, ich empfehle aber dennoch halbhohe (leichte) Wanderstiefel, die Ihren Knöchel fest umschließen, damit Sie auch auf den unebenen Abschnitten über holprige Wiesenpfade, Felsen und Wurzeln vor einem Umknicken geschützt sind.

Ihr Rucksack (ca. 35 l) sollte über verstellbare, gut gepolsterte Hüft- und Schultergurte verfügen und natürlich möglichst leicht sein – überlegen Sie beim Packen, was Sie wirklich brauchen. Etwas Warmes zum Überziehen sollte ebenso wenig fehlen wie Regenschutz (Regenjacke oder -poncho, Schutzhülle für den Rucksack). Im Sommer kann es auf einigen Wegabschnitten sehr sonnig sein, denken Sie an entsprechenden Sonnenschutz (z. B. Hut und Sonnenbrille, Sonnencreme). Im Winter wiederum sollten Sie Mütze und Handschuhe auf keinen Fall vergessen. Auch im Frühjahr und Herbst müssen Sie auf den Höhen des Sauer-

Je leichter der Rucksack, umso größer das Wandervergnügen (📷 Fabian Risse)

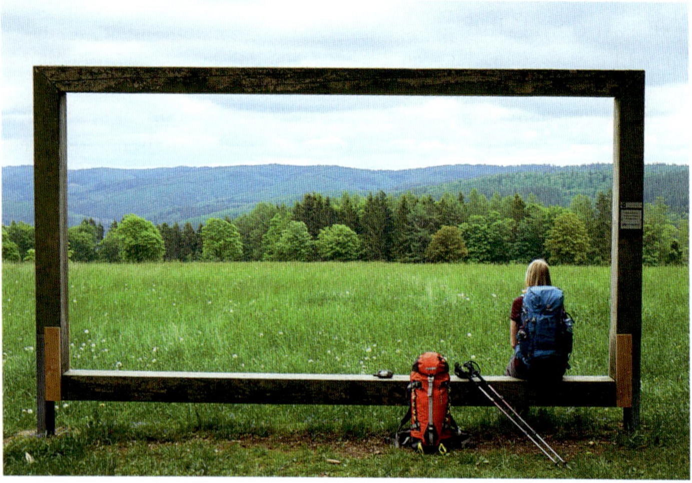

lands mit kühlen Temperaturen rechnen, selbst wenn es im Flachland schon/noch angenehm warm ist.

Für Notfälle sollte sich darüber hinaus auf jeden Fall ein Erste-Hilfe-Set in Ihrem Rucksack befinden, damit Sie sich bei eventuellen Verletzungen erst einmal selbst helfen können. (Ich wünsche Ihnen natürlich, dass Sie es nicht brauchen werden!) Außerdem sollten Sie Proviant und genug zu trinken im Rucksack dabeihaben, da es unterwegs an einigen Etappen keine Einkehrmöglichkeiten und auch nur wenige Einkaufsmöglichkeiten direkt am Weg gibt (☞ Verpflegung).

📖 Weitere Tipps zum Thema Ausrüstung finden Sie in dem Ratgeber „Ausrüstung I – von Kopf bis Fuß“ von Markus Gründel und Johann Schinabeck, Conrad Stein Verlag, ISBN 978-3-86686-417-7, € 10,90.

Etappenplanung

Der Rothaarsteig wird in diesem Wanderführer in acht Etappen beschrieben, die zwischen 14 und 25 km lang und mit durchschnittlicher Fitness gut an einem Tag zu bewältigen sind. Am Ende finden Sie jeweils Hinweise zu Übernachtungsmöglichkeiten.

Selbstverständlich ist auch eine individuelle Einteilung in kürzere oder längere Etappen möglich. Am Anfang jeder Etappenbeschreibung finden Sie eine Übersicht über wichtige Punkte entlang der Strecke, in der auch vermerkt ist, wo Unterkünfte direkt am Weg liegen. Zahlreiche weitere Übernachtungsmöglichkeiten bieten sich in den Orten abseits des Rothaarsteigs, die über Zustiegswege erreichbar sind. Denken Sie aber daran, dass sich die Etappen durch diese zusätzlichen Strecken unter Umständen deutlich verlängern können. (Alternativ ist es häufig möglich, sich von den Gastgebern am Steig abholen und am nächsten Tag zurückbringen zu lassen.)

Wenn Sie den Rothaarsteig nicht am Stück gehen wollen oder können, empfiehlt sich eine Aufteilung in die Abschnitte Brilon – Winterberg (2 Tage), Winterberg – Lützel (3 Tage) und Lützel – Dillenburg (3 Tage), da Sie hier am Anfang/Ende jeweils einen Bahnhof finden. Die Westerwaldvariante lässt sich in Kombination mit der 8. Etappe des Hauptwegs auch gut in 3-4 Tagen als Rundweg gehen.

⌛ Noch ein kleiner Hinweis zur benötigten Zeit: Die in den Wegbeschreibungen angegebenen Gehzeiten wurden mit dem Gehzeitenrechner des DAV (💻 www.alpenverein.de/Gehzeitrechner) berechnet und basieren auf der Annahme, dass beim Wandern durchschnittlich 4 km in der Ebene bzw. 300 Höhenmeter bergauf bzw. 500 m bergab pro Stunde bewältigt werden. Nach den ersten Etappen werden Sie gut einschätzen können, ob Sie eher schneller oder langsamer unterwegs sind.

Gehrichtung

Der Rothaarsteig ist in beide Richtungen markiert und kann dementsprechend sowohl von Norden nach Süden als auch von Süden nach Norden begangen werden. In diesem Buch wird der Weg in Gehrichtung Süden beschrieben und empfohlen. Das hat verschiedene Gründe: Wenn Sie in Brilon starten, bewältigen Sie einige der herausforderndsten Anstiege direkt zu Beginn, wenn Ihre Beine noch frisch und ausgeruht sind. Da Sie auf den ersten Etappen mit dem Sauerland ein sehr touristisch geprägtes Gebiet mit vielen Übernachtungsmöglichkeiten durchwandern, haben Sie zudem die Möglichkeit, für die ersten Tage direkt etwas kürzere Etappen zu planen, um sich erst einmal „warmzulaufen", oder die Etappen im Notfall abzukürzen. Je weiter Sie nach Süden kommen, desto seltener liegen Unterkünfte direkt am Weg, sodass Sie längere Strecken zwischen den einzelnen Übernachtungsmöglichkeiten zurücklegen müssen.

Sollten Sie nicht den ganzen Steig erwandern können, erleben Sie bei einem Start in Brilon mit dem Ginsterkopf, den Bruchhauser Steinen, der Niedersfelder Hochheide und dem Kahlen Asten außerdem schon auf den ersten Etappen einige der Highlights des Weges.

Zu guter Letzt entspricht die Gehrichtung von Norden nach Süden der, die auch der Rothaarsteigverein (☞ rechts) selbst vorschlägt, sodass keine Verwirrung entsteht, wenn Sie sich z. B. auf der Website des Vereins zusätzliche Informationen besorgen möchten.

Geld

Geldautomaten finden Sie unterwegs nur in den größeren Orten wie Brilon, Willingen, Winterberg, Wilgersdorf und Dillenburg. In den meisten Hotels am Weg können Sie aber sowohl für Ihre Übernachtung als auch für Ihr Abendessen problemlos mit Ihrer Girocard bezahlen. Gerade bei kleineren Hotels/Pensionen sollten Sie allerdings vorsichtshalber vorher nachfragen.

Informationen

Bei allen Fragen rund um den Weg ist der Rothaarsteigverein der beste Ansprechpartner. Auf seiner Website können Sie z. B. nach Unterkünften suchen, sich über aktuelle Wegsperrungen informieren, im Webshop ein Andenken bestellen oder auch nachlesen, welche Plätze am Rothaarsteig am schönsten sind, um den Sonnenaufgang zu beobachten. Darüber hinaus bietet der Rothaarsteigverein verschiedene Prospekte zum Download oder zum Bestellen und einen telefonischen Beratungsservice an.

ℹ Rothaarsteigverein e. V., Im Ohle 12, 57392 Schmallenberg,
☏ 029 74/499 41 63 (Mo-Fr 9:00-17:00),
✉ info@rothaarsteig.de, 💻 www.rothaarsteig.de

Über die Orte am Weg erhalten Sie bei den jeweiligen Touristinformationen (☞ Wegbeschreibung) hilfreiche Informationen und Prospektmaterial, z. B. zu Unterkünften und Freizeiteinrichtungen. Überregional informieren die folgenden Tourismusverbände:

ℹ Sauerland-Tourismus e. V., Johannes-Hummel-Weg 1, 57392 Schmallenberg,
☏ 029 74/20 21 90, ✉ info@sauerland.com,
💻 www.sauerland.com

♦ Touristikverband Siegerland-Wittgenstein e. V., Koblenzer Str. 73, 57072 Siegen,
☏ 02 71/333-10 20, ✉ tvsw@siegen-wittgenstein.de,
💻 www.siegen-wittgenstein.info

♦ Westerwald Touristik-Service, Kirchstr. 48a, 56410 Montabaur,
☏ 026 02/30 01-0, ✉ mail@westerwald.info, 💻 www.westerwald.info

☺ In der kostenlosen Touren-App „Sauerland&Siegen-Wittgenstein" finden Sie u. a. alle Rothaarsteigetappen und -spuren.

Karten und GPS

Der Rothaarsteig selbst ist fast durchgehend hervorragend markiert. Sollte der Verlauf einmal unklar sein, helfen Ihnen die Karten und Beschreibungen in diesem Buch weiter. Für den Fall, dass Sie trotzdem vom Weg abkommen sollten, mal einen Abstecher machen wollen oder einfach mehr über die Umgebung rechts und links des Weges wissen möchten, ist es dennoch sinnvoll, eine Wanderkarte dabeizuhaben.

Besonders empfehlenswert ist die offizielle „Wanderkarte Rothaarsteig“ des Rothaarsteigvereins (Maßstab 1:50.000, 10. Auflage 2021, ISBN 978-3-98098578-9, zwei Blätter). Handlich und wetterfest ist die Leporello-Wanderkarte „Rothaarsteig. Brilon – Dillenburg“ aus der Publicpress-Reihe von Freytag & Berndt (Maßstab 1:25.000, 5. Auflage 2019, ISBN 978-3-89920438-4).

☺ Die Kartenempfehlungen wurden von der Geobuchhandlung Kiel überprüft (💻 www.geobuchhandlung.de).

Die GPS-Tracks zum Weg können Sie kostenlos von der Internetseite des Verlags herunterladen (💻 www.conrad-stein-verlag.de).

📖 Tipps zum Umgang mit dem GPS-Gerät finden Sie in dem Ratgeber „GPS – Grundlagen · Tourenplanung · Navigation“ von Michael Hennemann, Conrad Stein Verlag, ISBN 978-3-86686-495-5, € 9,90.

Medizinische Versorgung

Denken Sie unbedingt daran, ein Erste-Hilfe-Set (inkl. persönlicher Medikamente) auf Ihre Wanderung mitzunehmen, damit Sie sich und andere im Notfall direkt versorgen können. An vielen Punkten am Weg (z. B. an Wegweisern und Hütten) sind die Koordinaten des jeweiligen Standorts angegeben. Wenn Sie diese beim Notruf durchgeben, können Sie leichter gefunden werden.

Arztpraxen und Apotheken sind in der Regel zwar nicht direkt am Weg, aber in den umliegenden größeren Orten zu finden. In Brilon, Winterberg und Dillenburg gibt es Krankenhäuser.

Radfahren

Der Rothaarsteig ist als Wanderweg konzipiert und führt teilweise über schmale Pfade, die zwar für Fußgängerinnen und Fußgänger geeignet sind, auf denen Fahrräder aber erheblichen Schaden anrichten können (und auf denen das Radfahren teilweise sogar verboten ist). Wenn Sie gerne auf zwei Rädern in der Natur unterwegs sind, finden Sie gerade im Sauerland zahlreiche alternative Trails speziell zum Mountainbiken.

Wenn sich die Wege doch mal kreuzen sollten, gilt: Mit gegenseitiger Rücksichtnahme wird es (meiner Erfahrung nach) keine Probleme geben. Grüßen Sie einander, kündigen Sie sich als Radfahrerin oder Radfahrer rechtzeitig an und reduzieren Sie Ihr Tempo, wenn Sie Wandernde passieren, und machen Sie als Wanderin oder Wanderer ruhig mal Platz, wenn jemand mit dem Rad vorbeikommt – so haben alle Spaß an ihren Touren.

Reisezeit

Auf dem Rothaarsteig können Sie das ganze Jahr über wandern – jede Jahreszeit hat ihren Reiz.

Im Frühjahr und Frühsommer erwacht die Natur zu neuem Leben (allerdings etwas später als im Flachland). In das frische Grün der Blätter und Wiesen mischen sich bunte Farbtupfer, z. B. das leuchtende Gelb des Ginsters oder das kräftige Violett des Fingerhuts. Wenn es in den tieferen Lagen heiß ist, sind die Temperaturen in den Wäldern auf dem Rothaarkamm in der Regel immer noch angenehm. Vergessen Sie aber trotzdem Ihren Sonnenschutz nicht, da es auf einigen Wegabschnitten keinen Schatten gibt.

Herbstlicher Wald am Rothaarsteig

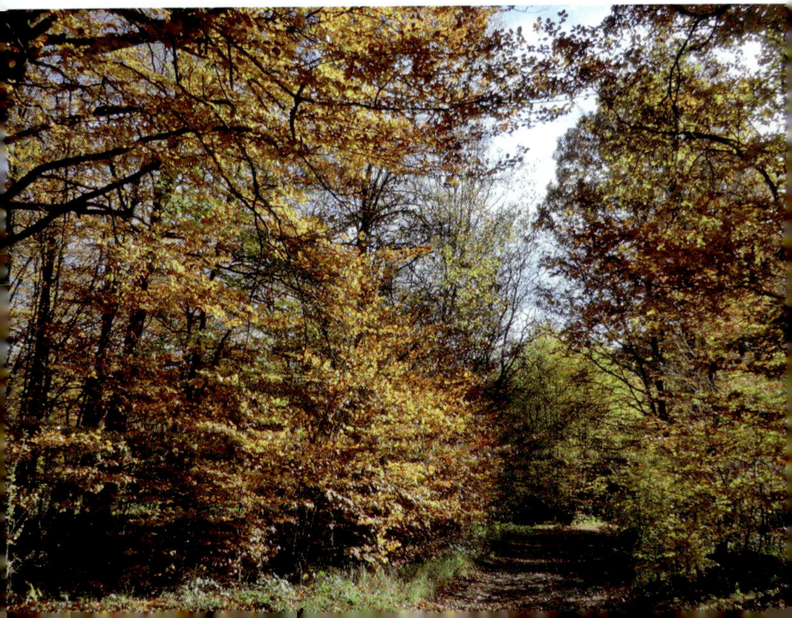

In bunten Farben präsentieren sich auch Spätsommer und Herbst: Erst blüht im August/September die Heide (und die Heidelbeeren werden reif), dann verfärben sich die Blätter der Laubbäume und Sträucher langsam in herrlichen Gelb-, Orange- und Rottönen. Die Temperaturen sind nun perfekt zum Wandern, für die Abende brauchen Sie allerdings auf jeden Fall etwas Warmes zum Überziehen, da es schon recht frisch werden kann. Wenn Sturm angekündigt ist, sollten Sie besser einen Ruhetag einlegen und nicht durch die Wälder wandern, denn hier kann bei heftigem Wind schnell mal ein Baum auf den Weg stürzen.

Einzigartige Wandererlebnisse beschert Ihnen auch der Winter, der in den Höhen des Sauerlands bis in den April andauern kann. Wenn unter Ihren Füßen der frische, unberührte Schnee knirscht und die Nadelwälder aussehen, als seien sie mit Puderzucker bestreut worden, entwickelt der Weg einen ganz besonderen Zauber. Schnee und Eis können allerdings auch das Gehen sehr erschweren und vor allem die schmalen, steilen Pfade in wahre Rutschbahnen verwandeln. Seien Sie also bitte sehr vorsichtig! Der Winter erfordert außerdem eine besonders sorgfältige Planung, da die Tage deutlich kürzer sind und es in den Wintersportorten u. U. schwieriger ist, eine Unterkunft zu bekommen. Warme Kleidung, etwas Warmes zu trinken (z. B. Tee) und eine Stirnlampe (falls Sie doch einmal länger brauchen und in der Dämmerung noch unterwegs sind) sollten nun im Rucksack nicht fehlen.

Telefon und Internet

Der Rothaarsteig verläuft durch sehr ländliches und waldreiches Gebiet, dementsprechend müssen Sie damit rechnen, dass der Mobilfunkempfang teilweise eingeschränkt oder gar nicht vorhanden ist, wenn Sie nicht gerade an einem Sendemast vorbeiwandern. Wie gut der Empfang ist, kann sich auch von Anbieter zu Anbieter unterscheiden.

In den Unterkünften wird meistens (kostenloses) WLAN angeboten, auch hier ist die Qualität allerdings unterschiedlich.

Übernachtungsmöglichkeiten

Im sehr touristisch geprägten Sauerland im ersten Teil des Weges finden Sie zahlreiche Übernachtungsmöglichkeiten direkt am Weg, ab der 5. Etappe sind die Unterkünfte deutlich spärlicher gesät. Es ist daher ratsam, besonders hier rechtzeitig eine Unterkunft zu suchen und zu buchen. An Feiertagen, in den Ferien sowie in den Wintersportorten in der Skisaison empfiehlt sich generell eine frühzeitige Buchung. In manchen Unterkünften sind zu bestimmten Zeiten keine Einzelübernachtungen möglich.

Weitere Übernachtungsmöglichkeiten finden Sie in den Orten abseits des Weges, die über gut markierte Zustiegswege erreicht werden können. Denken Sie dann aber bei Ihrer Etappenplanung daran, die zusätzlichen Kilometer zur/von der Unterkunft miteinzurechnen oder einen Hol-/Bringservice zu vereinbaren. Ob es in einem Ort ein Hotel/eine Pension gibt, erkennen Sie in der Wegbeschreibung an dem Symbol 🛏.

Mit Ausnahme der 1. Etappe der Westerwaldvariante endet jede der in diesem Buch beschriebenen Etappen an einer Übernachtungsmöglichkeit. In den Orten, wo es viele Unterkünfte gibt (z. B. Brilon, Willingen und Winterberg) werden exemplarisch nur ein paar genannt, die besonders günstig in der Nähe des Rothaarsteigs liegen.

Ein Gastgeberverzeichnis mit vielen Adressen finden Sie auf der Website des Rothaarsteigvereins (☞ Informationen, auch als gedruckte Broschüre erhältlich), weitere Tipps erhalten Sie bei den lokalen Touristinformationen. Auch Buchungsportale wie 💻 booking.com können bei der Suche nach einem Hotel helfen. Bedenken Sie aber, dass nicht alle Anbieter (vor allem kleinere Hotels und Pensionen) dort zu finden sind. Zudem lohnt es sich meist, direkt beim Hotel statt über das Portal zu buchen.

Ferienwohnungen wurden in diesem Wanderführer (mit wenigen Ausnahmen) nicht berücksichtigt, da sie in der Regel für längere Aufenthalte und Selbstversorgung vorgesehen sind. Auch wenn ein Ort nicht mit dem Symbol gekennzeichnet ist, kann es dort also Übernachtungsmöglichkeiten geben. Fragen Sie ggf. einfach mal nach, ob eine Einzelübernachtung möglich ist.

☺ Auch ein Blick auf die Plattform www.airbnb.de kann sich für Bereiche, in denen es wenige oder keine Hotels/Pensionen gibt, lohnen.

Qualitätsbetriebe Rothaarsteig

Viele Hotels und Pensionen am Rothaarsteig oder in den umliegenden Orten sind als „Qualitätsbetriebe Rothaarsteig" ausgezeichnet (erkennbar an einem entsprechenden Schild). Das bedeutet, dass sie besondere Serviceleistungen für (Rothaarsteig-)Wanderinnen und Wanderer anbieten. Dazu gehören u. a. ein Hol- und Bringservice, Tourenberatung durch ein ortskundiges Team, Gepäcktransfer, eine Möglichkeit zum Trocknen und Reinigen von Schuhen und Kleidern und einiges mehr.

In der Wegbeschreibung in diesem Buch erkennen Sie die Qualitätsbetriebe an der Abkürzung „QR".

In vielen Orten kommt zum Übernachtungspreis noch eine kleine Kurtaxe hinzu.

Jugendherbergen finden Sie in Brilon, Willingen-Schwalefeld und Winterberg-Neuastenberg (alle nicht direkt am Weg). Um dort zu übernachten, ist eine Mitgliedschaft im Deutschen Jugendherbergswerk Voraussetzung, die Sie auch noch direkt vor Ort abschließen können. Weitere ähnlich günstige Übernachtungsmöglichkeiten am Weg gibt es in Winterberg (Hostels) sowie in Bruchhausen und Lenneplätze (Selbstversorgerhäuser des DAV, Voranmeldung notwendig). Hier müssen Sie teilweise selbst Handtücher und Bettzeug/Schlafsack mitbringen.

Campingplätze in Wegnähe finden Sie nur in Brilon, Bruchhausen, Winterberg und Dillenburg, sodass eine Wanderung mit dem eigenen Zelt nicht unbedingt zu empfehlen ist. Wildes Campen in der Natur ist nicht erlaubt, geduldet wird nur das Biwakieren (Schlafen unter freiem Himmel oder in Schutzhütten). Achten Sie dann bitte darauf, keine Schäden anzurichten, sich leise zu verhalten und keinen Müll zurückzulassen.

Updates

Der Conrad Stein Verlag veröffentlicht Updates zu diesem Wanderführer, die direkt von der Autorin oder von Leserinnen und Lesern des Buches stammen. Sie finden sie auf der Internetseite des Verlags (www.conrad-stein-verlag.de), wenn Sie dort diesen Buchtitel aufrufen. Der rechts abgebildete QR-Code führt Sie direkt zur richtigen Seite.

☺ Wege können verlegt werden, Hotels und Restaurants können schließen und trotz aller Sorgfalt bei der Recherche lassen sich kleine Fehler nicht immer vermeiden. Verlag und Autorin freuen sich daher über Hinweise zum Buch und zum Weg per Mail an info@conrad-stein-verlag.de.

Verkehrsmittel am Weg

Der Rothaarsteig verläuft durch eine sehr ländliche Region – das ist zum Wandern perfekt, bedeutet aber auch, dass direkt am Weg nicht überall und jederzeit eine Anbindung an den öffentlichen Nahverkehr gegeben ist. Falls Sie während Ihrer Wanderung Bus und Bahn nutzen möchten, sollten Sie dies also sorgfältig planen. Bahnhöfe direkt am Weg bzw. an den hier beschriebenen Etappen gibt es in Brilon (1. Etappe), Willingen (1./2. Etappe), Winterberg (2./3. Etappe), Lützel (5./6. Etappe), Rodenbach und Dillenburg (8. Etappe) sowie in Burbach-Würgendorf an der Westerwaldvariante (1. Etappe). Weitere Bahnhöfe in der Region können über Zustiegswege erreicht werden. (Die jeweiligen Orte sind in der Wegbeschreibung mit dem Symbol versehen.)

In den Orten oder an größeren Straßen kommen Sie außerdem immer mal wieder an Bushaltestellen vorbei, die jeweils in der Wegbeschreibung erwähnt sind. (Zudem sind die nächstgrößeren Orte genannt, die von dort per Bus erreicht werden können.) Zum Teil werden diese regelmäßig, zum Teil aber auch nur wenige Male am Tag angefahren. Bei Busverbindungen, die als AST (Anruf-Sammel-Taxi), RUF (Rufbus) oder TaxiBus gekennzeichnet sind, ist eine telefonische Voranmeldung nötig (etwa eine Stunde im Voraus).

Bei der Verbindungssuche hilft u. a. die Website bzw. die App der Deutschen Bahn (auch für Busverbindungen), 💻 www. bahn.de. In NRW können Sie sich online unter 💻 www.mobil.nrw und telefonisch über die „Schlaue Nummer für Bus und Bahn" (☎ 018 06/50 40 30, persönliche Fahrplan- und Tarifauskunft, € 0,20/Anruf) oder den „Sprechenden Fahrplan" (☎ 080 03/50 40 30, kostenlose elektronische Fahrplanauskunft) informieren. Im südlichen Teil des Weges hilft der Rhein-Main-Verkehrsverbund (RMV) weiter, ☎ 069/24 24 80 24, 💻 www.rmv.de.

☺ Im Bereich von Schmallenberg verkehrt als Ergänzung zum regulären ÖPNV ein Wanderbus, u. a. zwischen den Dörfern Schanze, Latrop und Jagdhaus. Mit der Schmallenberger Sauerland Card können Sie ihn für nur € 2 nutzen, ansonsten können Sie eine Tagesgästekarte für € 6 direkt im Bus kaufen.

Den Fahrplan finden Sie online unter 💻 www.sauerland-card.de.

☺ Mit der Sauerland Card, die Sie in vielen Orten im Sauerland als Dankeschön für Ihren Kur-/Gästebeitrag in Ihrer Unterkunft erhalten, können Sie Busse und Bahnen in der Region kostenlos nutzen. Darüber hinaus bekommen Sie Rabatte oder sogar freien Eintritt in vielen Freizeitparks, Museen, Sporteinrichtungen etc.

🚗 Für Notfälle: Wenn Sie mit Ihrem Mobiltelefon die kostenlose Nummer ☎ 224 56 anrufen, werden Sie mit dem nächstgelegenen lokalen Taxiunternehmen verbunden.

Verpflegung

Nicht an jeder Etappe gibt es unterwegs eine Einkehrmöglichkeit, nehmen Sie also immer genug Proviant für unterwegs mit. Am Etappenende finden Sie meistens mindestens eine Einkehrmöglichkeit bzw. können in Ihrer Unterkunft zu Abend essen. Ob es eine Möglichkeit zum Einkehren gibt, erkennen Sie an dem Symbol 🍴.

Supermärkte und andere Einkaufsmöglichkeiten finden Sie direkt am Rothaarsteig nur selten. Um die Verpflegung müssen Sie sich trotzdem keine Sorgen machen, denn in der Regel gibt es in den Unterkünften die Möglichkeit, gegen einen kleinen Aufpreis ein Lunchpaket für den Tag zu bekommen (im Buch erkennbar an dem Symbol 🍎). Manchmal dürfen Sie sich sogar morgens einfach am Frühstücksbuffet ein wenig Proviant zusammenstellen, wenn Sie vorher nett fragen.

Die Sauerländer Küche ist traditionell eher deftig und auf Fleischesserinnen und -esser ausgerichtet, inzwischen stehen aber auch immer mehr vegetarische oder sogar vegane Gerichte auf den Speisekarten.

☞ Bitte informieren Sie sich gerade in den kleinen Orten, in denen es nur wenige Einkehrmöglichkeiten gibt, vorab über die aktuellen Öffnungszeiten und Ruhetage. Auch manche Hotelrestaurants haben einen Tag pro Woche geschlossen.

Wandern mit Hund

Auf dem Rothaarsteig können Sie auch gemeinsam mit Ihrem Hund schöne Wandertage erleben, vorausgesetzt, Ihr Vierbeiner ist gut trainiert und fit genug für eine mehrtägige Wanderung mit einigen Höhenmetern. Der Untergrund ist überwiegend pfotenfreundlich und häufig finden sich Quellen und Bäche zum Trinken. (Für alle Fälle sollten Sie aber auch für Ihren Hund immer Wasser dabeihaben.)

Bitte sorgen Sie dafür, dass Ihr Hund immer in Ihrer Nähe und auf den Wegen und unter Ihrer Kontrolle bleibt und weder auf andere Menschen zustürmt noch Wildtiere aufscheucht oder gar jagt. (Sie werden viel in Waldgebieten unterwegs sein, in denen Ihnen auch mal ein Reh über den Weg laufen kann.) Falls Sie nicht sicher sind, ob das mit Ihrem Hund klappt, nehmen Sie ihn besser an die Leine. In manchen Naturschutzgebieten herrscht generell Leinenpflicht, beachten Sie bitte die Regelungen vor Ort. Bei einer Begegnung mit einem Wisent (☞ Achtung, wild – Wisente am Rothaarsteig, S. 89) sollten Sie dafür sorgen, dass Ihr Hund nah bei Ihnen bleibt. Leinen Sie ihn aber im Falle eines Angriffs ab, damit Ihr Vierbeiner davonlaufen kann und Sie nicht in Gefahr geraten.

Viele (aber nicht alle) Unterkünfte entlang des Rothaarsteigs heißen auch Ihren Hund willkommen. Sie sind in der Wegbeschreibung mit dem Symbol 🐕 gekennzeichnet. (Die angegebenen Preise beziehen sich auf eine Übernachtung ohne Verpflegung für den Hund.) Es ist allerdings auf jeden Fall empfehlenswert, vorher Bescheid zu sagen, wenn Sie mit tierischer Begleitung übernachten möchten.

☞ Denken Sie daran, genügend Hundefutter mitzunehmen, da es direkt am Weg nur selten Einkaufsmöglichkeiten gibt und auch Hotels, in denen Sie mit Hund übernachten dürfen, nicht unbedingt Hundefutter bereithalten.

📖 „Trekking mit Hund“ von Heiko Kühr, Conrad Stein Verlag, ISBN 978-3-86686-550-1, € 9,90

Wandern mit Kind

In puncto Wegbeschaffenheit ist der Rothaarsteig nicht schwierig oder gefährlich und auch von Kindern zu bewältigen, die Länge der Etappen und die Höhenmeter werden aber vermutlich eine Herausforderung darstellen. Überfordern Sie Ihre jungen Mitwanderinnen und Mitwanderer nicht und planen Sie kurze Etappen mit genug Zeit zum Rasten und Entdecken. Ganz kleine Kinder nehmen Sie am besten in der Trage oder Kraxe mit, da die schmaleren Wege und Pfade meistens nicht mit Buggys/Kinderwagen befahrbar sind.

Highlights für Kinder sind z. B. die Kletterpfade am Ginsterkopf und die imposanten Bruchhauser Steine (☞ 1. Etappe), der Kyrillpfad in Schanze (☞ 3. Etappe), die Hängebrücke an der Erlebnisstation „Ökosystem Wald" (☞ Kammvariante), der Märchenpfad an der Ilsequelle (☞ 7. Etappe) oder der geheimnisvolle Große Stein an der Westerwaldvariante (☞ 1. Etappe). Spannend sind außerdem die Rothaarsteig-Spuren wie die Breitscheider Höhlentour oder der Wisentpfad mit Zwischenstopp in der Wisent-Wildnis oder eine Tour mit einem der Rothaarsteig-Ranger.

📖 „Wandern mit Kind" von Kerstin Micklitza, Conrad Stein Verlag, ISBN 978-3-86686-015-5, € 7,90

Wanderpass

Für alle Sammelbegeisterten ist der Wanderpass des Rothaarsteigvereins eine schöne Erinnerung an die Wanderung. Sie können ihn beim Rothaarsteigverein (☞ Informationen) bestellen oder einfach selbst ausdrucken. Alternativ erhalten Sie ihn auch bei den Touristinfos vor Ort und den Qualitätsbetrieben Rothaarsteig.

Auf jeder Etappe lassen Sie sich den Pass dann abstempeln, z. B. in Hotels, Touristinfos oder Gasthäusern am Weg. Wenn Sie den ganzen Rothaarsteig bewältigt haben (egal, ob am Stück oder etappenweise), können Sie den ausgefüllten Pass einschicken und erhalten dafür eine Urkunde und eine Rothaarsteig-Anstecknadel. Darüber hinaus haben Sie die Chance, bei einer Verlosung Ausrüstung für Ihre nächste Wanderung zu gewinnen.

☺ Auch für die Rothaarsteig-Spuren gibt es einen Wanderpass.

Wanderreisen und Gepäcktransport

Wenn Sie Ihre Wanderung nicht selbst organisieren möchten, können Sie das auch den Profis vor Ort überlassen und eine Wanderreise buchen. Die Auswahl ist groß: Sie können die ganze Strecke oder nur einen Teilabschnitt laufen, den Steig in sechs, acht oder mehr Etappen erwandern oder auch von einem festen Standort aus Tageswanderungen unternehmen. Auch Wanderreisen mit Hund sind möglich. Regionale Anbieter sind z. B. die Reisewelt Sauerland GmbH (Schmallenberg, 💻 www.reisewelt-sauerland.de) und Kleins Wanderreisen (Dillenburg, 💻 www.kleins-wanderreisen.de). Auf der Seite des Rothaarsteigvereins finden Sie verschiedene Angebote.

Die Paketpreise beinhalten in der Regel die Übernachtungen in vorgebuchten Unterkünften inkl. Verpflegung, ggf. notwendige Transfers, Informationsmaterial und auch einen Gepäcktransport. Ihr großes Gepäck wird dann für Sie zur nächsten Unterkunft gebracht, während Sie entspannt mit einem kleinen Tagesrucksack über den Rothaarsteig zum Etappenziel wandern. Diesen Service bieten übrigens auch viele Hotels und Pensionen (u. a. die Qualitätsbetriebe Rothaarsteig, ☞ Übernachtungsmöglichkeiten) an (in der Regel gegen Aufpreis). An dem Symbol 🧳 können Sie erkennen, ob auch Ihre Unterkunft den Gepäcktransport für Sie übernimmt.

Wegbeschaffenheit

Während Ihrer Wanderung werden Sie den unterschiedlichsten Untergrund unter Ihren Füßen spüren: Sie laufen über Pfade, die mit Wurzeln, Felsen und Steinen durchsetzt sind, über weiche Wald- und Wiesenwege und über ebene Schotterwege. Hin und wieder verläuft der Rothaarsteig auch einmal längere Zeit über breite Forstwege, was sich mitunter etwas ziehen kann, doch wann immer möglich werden Sie über abwechslungsreiche schmale Pfade geführt. Nur ganz selten (in der Regel im Bereich der Städte) muss ein Stück auf Asphalt zurückgelegt werden.

Alle Wege sind sehr gut gepflegt, aber bei Schnee und Regen können sich naturgemäß gerade die Waldwege durchaus in kleine Bachläufe und ausgedehnte Matschpartien verwandeln – wasserfestes Schuhwerk ist hier von Vorteil. Manche der Wiesenwege sind im Sommer möglicherweise etwas zugewachsen (je nachdem, wann das letzte Mal gemäht wurde), sie sind in der Regel aber trotzdem gut zu finden. Sie sollten sich hier allerdings gegen Zecken schützen.

Achtung, Waldarbeiten!

Die umfangreichen Abholzungen im Sauer- und Siegerland in den letzten Jahren (☞ Land und Leute) haben auch Einfluss auf das Wandern auf dem Rothaarsteig. Stellen Sie sich darauf ein, dass es immer wieder – auch kurzfristig – Sperrungen und Umleitungen wegen Holzarbeiten geben kann. Wenn möglich, werden Alternativwege markiert, aktuelle Informationen dazu finden Sie auf der Seite des Rothaarsteigvereins (☞ Informationen). Durch die Holzarbeiten sind die Forstwege mitunter völlig zerfahren, rechnen Sie also vor allem nach Regentagen damit, dass Sie möglicherweise durch Matsch waten oder mühsam einen halbwegs trockenen Weg suchen müssen. Gefällte oder umgestürzte Bäume können im Weg liegen und manchmal bleiben einzelne Bäume auf den Kahlflächen stehen, die dann deutlich windanfälliger sind – an stürmischen Tagen sollten Sie deshalb besonders vorsichtig sein. Bei Sonnenschein wiederum bietet der Weg an vielen Stellen nicht mehr so viel Schatten wie früher.

Einen positiven Aspekt haben die Kahlschläge allerdings auch: Sie können sich an vielen Stellen auf tolle neue Ausblicke freuen!

Wegmarkierung

Der Rothaarsteig ist in beide Richtungen mit einem weißen, auf dem Rücken liegenden „R" auf rotem Grund markiert, Zustiegswege mit einem liegenden schwarzen „R" auf gelbem Grund. Das weiße „R" auf schwarzem Grund kennzeichnet die Rothaarsteig-Spuren.

Diese Markierung finden Sie aufgesprüht oder aufgeklebt an Bäumen, Pfosten, Steinen usw. Natürlich kann es immer mal vorkommen, dass eine Markierung vorübergehend fehlt, weil z. B. ein Baum gefällt wurde, aber insgesamt ist die Beschilderung hervorragend und nahezu lückenlos. Sollten Sie das Rothaarsteigsymbol einmal längere Zeit nicht sehen, kann es durchaus sein, dass Sie falsch abgebogen sind.

Als Ergänzung zu den Markierungen finden Sie in regelmäßigen Abständen Wegweiser, die Ihnen nicht nur die Richtung anzeigen, sondern auch die Entfernung zu den nächsten markanten Punkten am Steig verraten. Alle 5 km ist zudem ein km-Stein des Rothaarsteigs aufgestellt.

Der Rothaarsteig

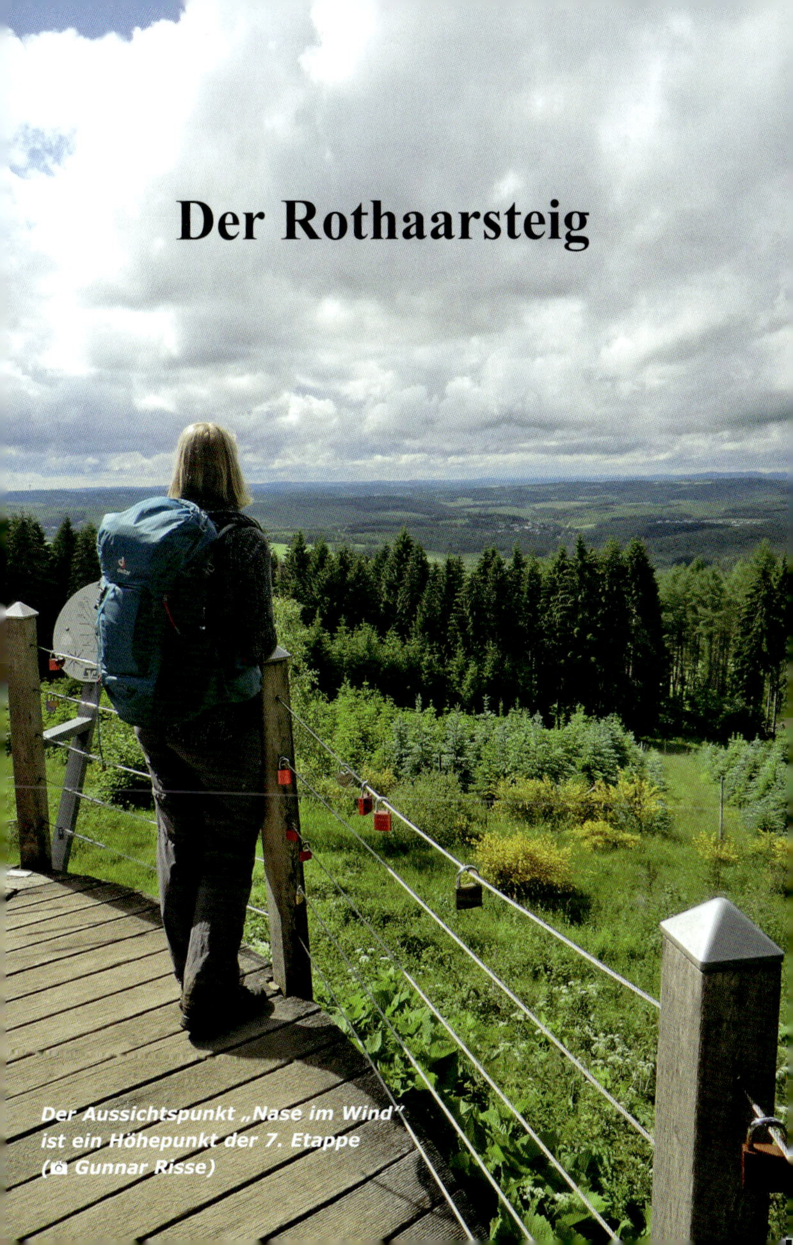

Der Aussichtspunkt „Nase im Wind"
ist ein Höhepunkt der 7. Etappe
(📷 Gunnar Risse)

1. Etappe: Brilon – Willingen

25,1 km, 8 Std. 30 Min., 967 m, 854 m, 440-800 m

0,0 km	473 m	Brilon
5,9 km	483 m	Hiebammen Hütte
12,5 km	657 m	Ginsterkopf
16,5 km	498 m	Abzweig Bruchhauser Steine (50 m)
17,1 km	485 m	Bruchhausen
22,3 km	800 m	Richtplatz
25,1 km	586 m	Willingen BANK

Der Rothaarsteig beginnt direkt mit einer kleinen Herausforderung: Eine der schönsten, aber auch die wohl schwierigste Etappe liegt heute vor Ihnen. Von Brilon wandern Sie zu Borbergs Kirchhof, einer historischen Ringwallanlage. Im mittleren Teil der Etappe erklimmen Sie auf schmalen Steigen den Habberg und den Ginsterkopf. Mit den Bruchhauser Steinen wartet dann noch ein weiteres Highlight im letzten Drittel des Weges, bevor es zum Schluss immer bergauf zum Richtplatz nahe Willingen und von dort zum Übernachten auf einem Zustiegsweg wieder hinab in den Wintersportort geht.

☺ *Wenn Ihnen das für den Auftakt zu viel ist, können Sie die Etappe auch in Bruchhausen beenden und den Aufstieg zum Richtplatz ausgeruht am nächsten Morgen in Angriff nehmen. Dann bleibt auch genug Zeit, um die Bruchhauser Steine zu erkunden. Am nächsten Tag sparen Sie dann den Ab- und Aufstieg nach Willingen und folgen am Richtplatz direkt weiter dem Rothaarsteig.*

Brilon

Tourist-Information Brilon, Derkere Str. 10a, 59929 Brilon, 029 61/96 99-0, bwt@brilon.de, www.tourismus-brilon-olsberg.de, Mo-Fr 9:00-17:00, Sa 9:00-12:30

In Brilon finden Sie einige Übernachtungsmöglichkeiten. Die im Folgenden aufgeführten liegen für Ihre Rothaarsteigwanderung besonders günstig.

Hotel Rech, Hoppecker Str. 1-3, 59929 Brilon, 029 61/97 54-0, info@hotel-rech.de, www.hotel-rech.de, ÜF DZ ab € 99, auf Anfrage, € 25 (nach Voranmeldung), € 7, HP € 26, QR, ca. 300 m vom Weg entfernt

BUITERLING Hotel, Bahnhofstr. 1, 59929 Brilon, 029 61/911 86 60, info@buiterling.com, www.buiterling.com, ÜF DZ ab € 119, in manchen Zimmern erlaubt, , QR, direkt am Startpunkt des Rothaarsteigs

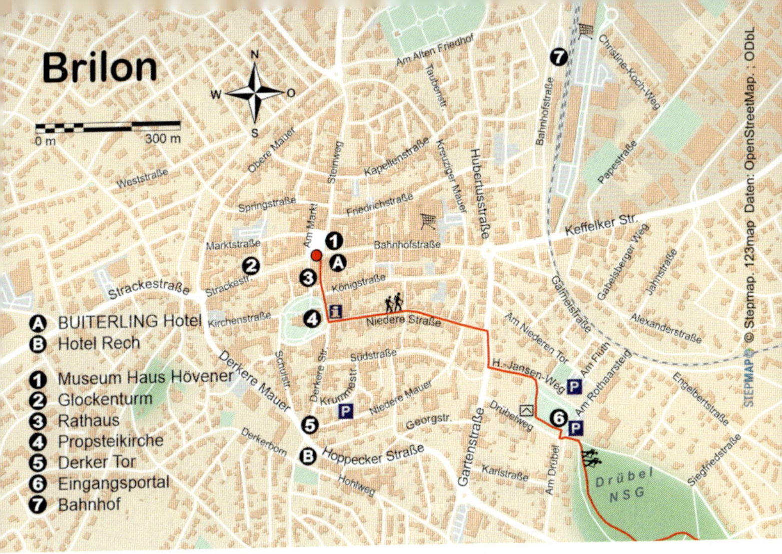

♦ Hotel Haus Hellhohl, Am Schönschede 2, 59929 Brilon, ☏ 029 61/33 79, info@hotel-haus-hellhohl.de, www.hotel-haus-hellhohl.de, ÜF DZ ab € 78, QR, direkt am Weg (km 2, nahe dem Krankenhaus)

Jugendherberge Brilon, Hölsterloh 3, 59929 Brilon, ☏ 029 61/22 81, jh-brilon@djh-wl.de, brilon.jugendherberge.de, ÜF für Einzelreisende ab € 28,90 (unter 27 Jahren) bzw. € 32,80 (über 27 Jahren), Belegung von Zimmern als EZ/DZ je nach Verfügbarkeit gegen Aufpreis möglich, HP und VP möglich, am Ortsrand, nahe dem Krankenhaus (ca. 300 m ab km 2 des Rothaarsteigs)

⌘ Museum Haus Hövener, Am Markt 14, 59929 Brilon, ☏ 029 61/963 99 01, ✉ museum@haus-hoevener.de, 💻 www.haus-hoevener.de, 🚪 Di-So 11:00-17:00 (Mo und an manchen Feiertagen wie Ostern und Weihnachten geschlossen, ☞ Website), Eintritt € 4, Kinder (ab 7 Jahren) € 2

🚆 ☞ Reise-Infos von A bis Z, An- und Abreise

Alte Fachwerkhäuser in Brilon

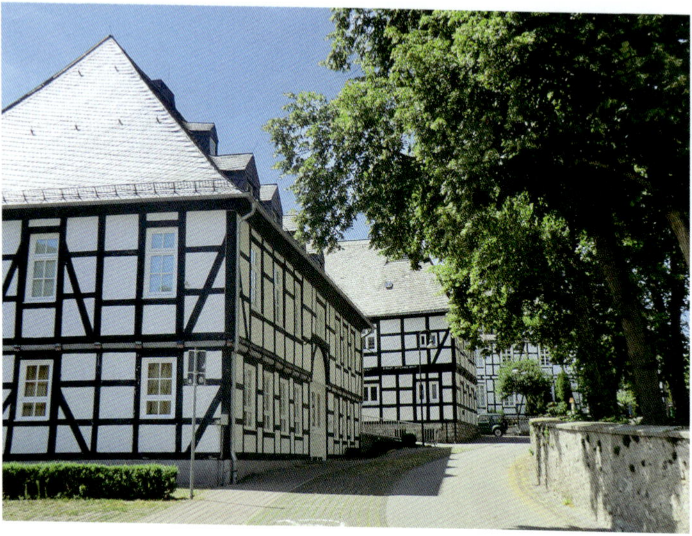

Erstmals erwähnt wurde Brilon im Jahr 937, im Mittelalter wurde der Ort zu einer bedeutenden Hansestadt und sogar Hauptstadt des Herzogtums Westfalen. Heute ist der Kneippkurort ein eher beschauliches Städtchen mit gut 25.000 Einwohnerinnen und Einwohnern, dafür aber umso mehr Bäumen: Die „Stadt des Waldes" ist die waldreichste Stadt Deutschlands.

Der Rothaarsteig führt Sie heute nicht nur durch einen Teil dieses Waldes, sondern zuvor auch durch die sehenswerte Altstadt mit ihren vielen schönen Fachwerkhäusern. Direkt am Startpunkt des Weges beeindruckt das alte Rathaus aus dem 13. Jh. mit seiner barocken Fassade. Dahinter ragt der imposante Turm der Propsteikirche St. Petrus und Andreas 63 m in die Höhe – allein die Barockhaube ist 31 m hoch! Auf dem gemütlichen Marktplatz vor dem Rathaus würdigt der Petrusbrunnen (auch „Kump" genannt) den Stadtpatron, Cafés und Restaurants laden zur

Einkehr ein. Einen guten Überblick über die Stadt verschafft das interaktive Stadtmodell im Museum Haus Hövener (ebenfalls am Marktplatz). Außerdem lernt man in der liebevoll gestalteten Ausstellung Wissenswertes über die Stadtgeschichte, Bergbau und Forstwirtschaft sowie Dinosaurierfunde in der Region.

Briloner Klänge in der ganzen Welt

In der Strackestraße erinnert ein hölzerner Glockenturm an einen einst besonders wichtigen Wirtschaftszweig der Stadt: 200 Jahre lang war Brilon eine bedeutende Glockengießerstätte, die Glocken wurden bis nach Hongkong, Manila, Chicago und Kairo geliefert. Ende der 1950er-Jahre wurde die letzte Glocke in Brilon gegossen.

Der Rothaarsteig beginnt mitten in Brilon am Marktplatz. Von der ersten Rothaarsteigsäule am Rathaus gehen Sie in die Derkere Straße und biegen hinter der Touristinfo, wo Sie sich noch einen Wanderpass und einen ersten Stempel besorgen können, links ab (Niedere Straße).

Geradeaus würden Sie nach ca. 300 m das Derker Tor erreichen, das letzte erhaltene Tor der ehemaligen Stadtbefestigung.

Hinter der Stadtbibliothek biegen Sie rechts in die Gartenstraße ab, überqueren an der Ampel die Straße, wenden sich wieder nach links und dann nach rechts. Nach gut 100 m gehen Sie rechts in den kleinen Park und folgen dem Weg zum offiziellen **Eingangsportal des Rothaarsteigs**, einer Holzsäule mit dem geschwungenen R in einem kleinen Teich. Danach überqueren Sie die Straße, halten sich links und beginnen im Wald im Naturschutzgebiet Drübel auf dem linken Weg Ihren ersten Anstieg. Oben angekommen können Sie sich an einer Bank etwas ausruhen, gehen dann links weiter und halten sich an zwei Gabelungen ebenfalls links. Auf einem Waldweg wandern Sie am Stadtrand von Brilon entlang. Kurz vor einer Straße wenden Sie sich an einer weiteren Gabelung erneut nach links und halten sich anschließend rechts, um vorsichtig die Hoppecker Straße zu queren. Auf der anderen Seite laufen Sie auf einer Allee zwischen Wiesen weiter. Sie passieren das Krankenhaus Maria-Hilf und das Hotel Haus Hellhohl und biegen an der Krankenhauszufahrt rechts ab (Am Schönschede). An der Bushaltestelle „Augenklinik" wandern Sie auf dem Weg links hinauf. Sie passieren eine Bank mit schönem Blick auf Brilon und steigen an einer zweiten Bank rechts auf einem Treppenweg wieder hinab. Bald kommen Sie an mehreren hölzernen Hängematten vorbei, die zum Landschaftstherapeutischen Weg gehören. An einem Asphaltsträßchen halten Sie sich links, passieren Brockmann's

Hütte und erkennen bei einem Blick nach oben die Reste einer alten Skisprungschanze mit dem Schriftzug „FLIEGEN". An einer Gabelung wandern Sie kurz danach rechts weiter und erreichen die junge Möhne, die mal mehr, mal weniger Wasser führt. Dahinter geht es auf einem Treppenweg aufwärts.

Oben angekommen lohnt sich ein Abstecher nach rechts zu den Resten der alten Skisprungschanze, von der Sie einen tollen Ausblick auf die Stadt haben (ca. 50 m).

Der Rothaarsteig führt Sie links über eine Brücke. Sie befinden sich nun im **Quellgebiet der Möhne ❶**, die ab hier 65 km der Ruhr zustrebt – die erste der vielen Quellen, die Ihnen auf Ihrer Wanderung begegnen werden.

Nach einem Platz mit Bank steigen Sie rechts einen weiteren Treppenweg hinauf in den Wald. Oben angekommen wenden Sie sich kurz nach rechts und dann an der kleinen Straße nach links und gehen zwischen Wiesen weiter. Dabei haben Sie schon einen schönen Blick auf den Briloner Bürgerwald und das **Kyrilltor**. Wenn Sie eine größere Straße erreichen, folgen Sie erst kurz geradeaus dem Fußweg, wechseln dann durch einen leicht zu übersehenden Trampelpfad in der Böschung die Straßenseite und nehmen direkt rechts einen schmalen, gewundenen Pfad, der immer bergauf durch den Wald führt. 300 m nach der Straßenquerung erreichen Sie einen Aussichtspunkt, an dem ein hölzerner Bilderrahmen den Ausblick auf das Kyrilltor in Szene setzt. Von dort laufen Sie hinab zum Tor, das aus 14 Fichtenstämmen besteht und den Eingang zum Bürgerwald markiert. Nach dem verheerenden Sturm Kyrill (☞ S. 76), der auch in Brilon mehrere Hundert Hektar Wald zerstörte, wurde hier ein neuer Wald aus 30 verschiedenen Baumarten gepflanzt.

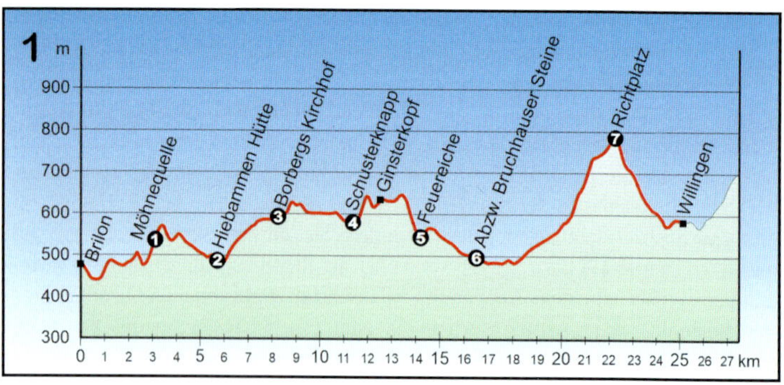

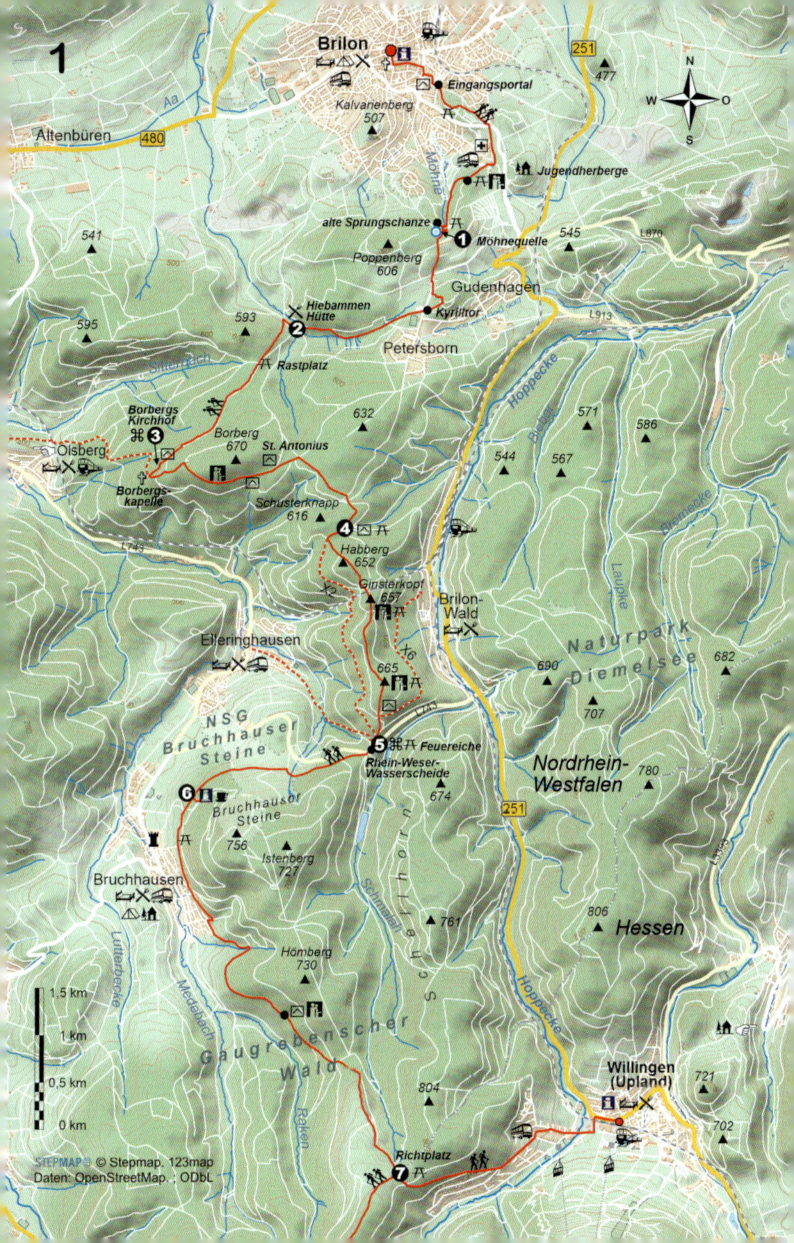

1
Brilon
Eingangsportal
Kalvarienberg
507
Altenbüren
480
251
477
Aa
Möhne
Jugendherberge
alte Sprungschanze
Möhnequelle
545
L870
Poppenberg
606
Gudenhagen
541
Hiebammen
Hütte
Kyrillitor
L913
595
593
Petersborn
Rastplatz
Hoppecke
Borbergs
Kirchhof
632
571
586
Olsberg
Borberg
670
St. Antonius
544
567
Borbergs-
kapelle
Schusterknapp
616
Habberg
652
L743
Ginsterkopf
657
Brilon-
Wald
Elleringhausen
X6
665
690
682
Naturpark
Diemelsee
707
NSG
Bruchhauser
Steine
Feuereiche
Rhein-Weser-
Wasserscheide
674
Nordrhein-
Westfalen
780
251
Bruchhauser
Steine
756
Istenberg
727
Bruchhausen
761
806
Hessen
Hömberg
730
Hoppecke
1,5 km
1 km
0,5 km
0 km
Gaugrebenscher
Wald
Willingen
(Upland)
721
804
702
Richtplatz
STEPMAP © Stepmap. 123map
Daten: OpenStreetMap. ; ODbL
2
3
4
5
6
7
N
W
O
S

Nach dem Tor überqueren Sie die Straße und wandern auf einem breiten Weg weiter, vorbei an einem Fußballplatz, einem Teich und einem Tretbecken. Sie wandern nun durch Wald und Wiesen durch das idyllische Naturschutzgebiet Gimmental. Zu Ihrer Linken fließt ein kleines Bächlein, das nach und nach breiter wird, Sie passieren den ersten km-Stein des Rothaarsteigs und einige ⊼ Bänke. Knapp 700 m nach dem Tretbecken ignorieren Sie einen Abzweig nach rechts, halten Sie sich wenig später an einer Gabelung halb links und biegen danach rechts in einen schmalen Pfad direkt neben dem Bach ab. Sie gehen über eine Brücke und erreichen die ✕ Hiebammen Hütte ❷.

✕ Hiebammen Hütte, 59929 Brilon, ☎ Hütte: 029 61/79 37 00, privat: 029 61/12 31, 📱 01 71/318 66 80, ✉ hiebammen-huette@web.de, 💻 www.hiebammen-huette.info, 🚪 Do ab 17:00 (mit Voranmeldung), Fr und Sa ab 12:00, So und Fei ab 11:00

An der Hütte vorbei folgen Sie dem Pfad halb rechts weiter und passieren eine ⊼ hölzerne Hängematte. Sie kreuzen ein Sträßchen, wandern links 550 m bergauf bis zu einem ⊼ Rastplatz und folgen danach weiter dem schönen Pfad durch Wald und kahle Flächen, auf dem auch der Briloner Kammweg (Brilon – Willingen) verläuft. 850 m nach dem Rastplatz passieren Sie ⊼ zwei Ruhebänke. Nachdem Sie noch einmal gut 400 m gegangen sind, steigen Sie über ein paar Stufen zu einem Forstweg hinauf und gehen rechts durch den Wald weiter.

Borbergs Kirchhof

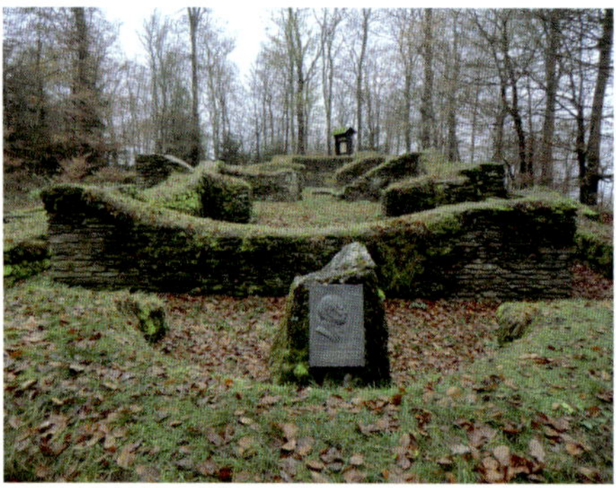

An einer ⌂ spitzen Rasthütte biegen Sie rechts ab. Wenige Meter weiter markieren alte Mauern den Eingang zu ⌘ ⊼ **Borbergs Kirchhof ❸**.

⌘ Plötzlich stehen Sie mitten im Wald an einem geschichtsträchtigen Ort: Hier stand einst eine frühmittelalterliche Ringwallanlage. Die ältesten Erdwälle sollen schon vor ca. 2.000 Jahren entstanden sein, als die Germanen sich hier gegen Angriffe der Kelten schützten. Neben den Resten der Befestigungsanlage sind noch die Grundmauern einer Kirche aus dem 13./14. Jh. deutlich zu erkennen. Auf dem Kirchhof wurden einst vermutlich Pestopfer begraben.

An den Mauern der Kirche vorbei gehen Sie weiter durch den Wald zur kleinen ✞ **Borbergskapelle** (auch Marienkapelle oder Friedenskapelle genannt), die nach dem Ersten Weltkrieg als Zeichen des Friedens erbaut wurde. Von den Bänken hinter der Kapelle haben Sie einen herrlichen Blick auf Olsberg.
Ein Zustiegsweg führt Sie von hier in den Kneippkurort hinab (3,6 km).

Mit dem Rücken zur Kapelle folgen Sie dem Weg nach rechts weiter, passieren eine Hütte und gehen an einem Kreuz im Wald leicht bergan rechts. An einem Forstweg biegen Sie rechts ab und haben geradeaus bzw. rechts einen sehr schönen Blick über Wiesen und Wälder auf Elleringhausen und bis zu den Bruchhauser Steinen. Sie wandern nun um den Borberg herum. Der Forstweg führt Sie weiter zu einer Schutzhütte und dann zu einem Bildstock zu Ehren des heiligen Antonius. Hier halten Sie sich an der Gabelung rechts und nehmen wenig später den dritten Abzweig rechts. Sie passieren eine Ruhebank, nahe der ein Gedenkstein an die Notlandung eines Heißluftballons an Weihnachten 1968 erinnert, und kreuzen knapp 400 m danach zwei Wege geradeaus. Dann geht es auf einem schmaleren, steinigen Weg halb links erst bergauf und dann leicht abwärts durch Mischwald und Kahlfläche zu einer Kreuzung mit Schutzhütten und Picknicktisch (Schusterknapp) ❹. Sie biegen hier rechts auf den breiten Weg ab. Nach ca. 200 m beginnt ganz links der Aufstieg zum 652 m hohen **Habberg**.

Im folgenden Abschnitt geht es steil auf und ab, teilweise auf schmalen Wegen und über felsige Abschnitte. Wenn Sie sich das nicht zutrauen, schon müde sind oder das Wetter schlecht ist (bei Regen oder Schnee können die Wege rutschig sein), können Sie hier alternativ geradeaus weitergehen und bis zur Feuereiche ❺ dem gut ausgeschilderten Weg X2 folgen (an der ersten Gabelung halten Sie sich rechts, an der zweiten links, an der dritten wieder rechts). Er verläuft überwiegend flach auf einem breiten Schotterweg an den Westhängen von Habberg und Ginsterkopf und bietet ebenfalls immer wieder Aussichten bis zu den Bruchhauser Steinen.

Einen Abzweig ignorieren Sie und steigen immer geradeaus ziemlich steil auf. Oben angekommen wird der Weg zum Wiesenweg und Sie haben geradeaus eine herrliche Sicht über Berge und Wälder. Auch den nächsten steilen Anstieg können Sie schon erahnen (bzw. im Winter deutlich erkennen), aber erst einmal geht es auf dem Wiesenpfad wieder hinab. Rechts können Sie ab und zu wieder bis zu den Bruchhauser Steinen sehen. Nach gut 300 m geht es erneut steil bergauf,

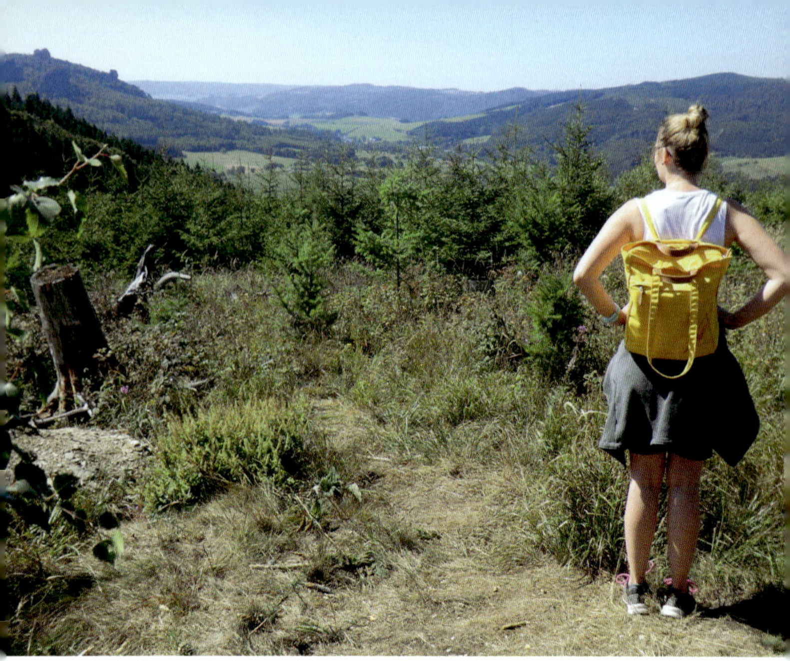

Blick vom Ginsterkopf zu den Bruchhauser Steinen

dieses Mal auf den **Ginsterkopf** (⇧ 657 m). Der Weg ist von Wurzeln und Steinen durchsetzt und kann bei Nässe rutschig sein. Ihre Anstrengungen werden auf dem Gipfel durch eine tolle Aussicht belohnt, die allerdings langsam mehr und mehr zuwächst. Eine Liegebank steht zum Verschnaufen bereit.

Nun folgt ein sehr schöner Wegabschnitt über verschlungene kleine Pfade, teilweise über Wurzeln und Felsen. Es geht kurz bergab, dann steigen Sie im Wald und zwischen offenen Flächen wieder auf, kommen an Felsen vorbei und haben immer wieder wunderschöne Ausblicke. Wo früher noch Wald den Blick versperrte, können Sie nun zur Linken bis zum markanten weißen Gebäude der Klinik Brilon-Wald und rechts bis zu den Bruchhauser Steinen schauen. Manchmal entdeckt man sogar Paragliderinnen und Paraglider, die an den Steinen starten.

Sie laufen kurz auf der Höhe weiter, wo Sie jetzt sogar erste Häuser von Bruchhausen erkennen können, anschließend erneut bergab (zum Teil steil), dann leicht auf und ab und an weiteren Felsen (Schiefer) vorbei. Schließlich führt ein schmaler Steig über Wurzeln ein weiteres Mal sehr steil hinauf. Es folgt ein kurzer ebener Abschnitt zum Verschnaufen, dann der finale Anstieg. Oben angekommen haben Sie wieder eine fantastische Sicht bis zu den Bruchhauser Steinen. Dieser Gipfel ist mit 665 m sogar noch ein paar Meter höher als der Ginsterkopf. Eine Plakette mit einem Zitat kennzeichnet ihn als „Sauerland-Seelenort".

Nun geht es wieder bergab, in der Entfernung sehen Sie vielleicht schon die Flammen der Feuereiche aufblitzen. Der Wald hat in diesem Bereich in den letzten Jahren sehr gelitten. Gut 300 m nach dem Gipfel erreichen Sie eine große Wegkreuzung mit Schutzhütten und Rastplatz. Links könnten Sie hier nach Brilon-Wald (2,6 km) abbiegen.

Der Rothaarsteig führt kurz auf dem Forstweg geradeaus weiter und dann links in einen schmalen Pfad, der teilweise über Gestein deutlich bergab führt (Rutschgefahr bei Nässe!). Sie erreichen einen breiten Forstweg, wenden sich dort nach rechts und wandern weiter bergab. An der T-Kreuzung halten Sie sich links, bis es auf einem Pfad links hoch zur ⌘ **Feuereiche ❺** geht.

⌘ Die Feuereiche ist ein Werk des Olsberger Künstlers Roland Bongert. Schnitzereien thematisieren das Verhältnis des Menschen zum Wald bzw. die Nutzung des Rohstoffs Holz. Ein bronzenes Band schlingt sich um den 11 m hohen Eichenstamm und mündet in „Flammen" aus Titanblech. Infotafeln erklären die Bedeutung der verschiedenen Motive.

Wenige Meter weiter, kurz vor der Straße, informiert Sie ein Schild darüber, dass Sie sich gerade an der Rhein-Weser-Wasserscheide befinden. Sie überqueren am Wanderparkplatz vorsichtig die Straße (L743). (Noch vor dem Parkplatz zweigt rechts ein schmaler Weg nach Elleringhausen ab, 2,4 km.) Auf der anderen Seite passieren Sie den km-15-Stein, gehen rechts leicht bergauf und folgen dann dem breiten, ebenen Forstweg, der Sie nach einem knappen Kilometer ins Naturschutzgebiet Bruchhauser Steine führt. Wenige Meter danach biegen Sie an einer T-Kreuzung links ab, an einer Gabelung geht es dann geradeaus weiter. Erst wandern Sie zwischen Waldrand und Wiesen, dann tauchen Sie wieder in den Wald ein. An der nächsten Gabelung wenden Sie sich nach links, passieren Infotafeln zu Bruchhausen und Umgebung und gehen durch das „Tor der guten Nachbarschaft" weiter.

Etwa 600 m nach dem Tor führt etwas unvermittelt ein beschilderter Pfad nach links zum Besucherzentrum an den **Bruchhauser Steinen ❻**. Die sogenannte „Rothaarsteig-Schleife" führt durch das Stiftungsgebiet und danach zurück zum Rothaarsteig (Beschilderung B1).

Die Bruchhauser Steine

Schon von Weitem haben Sie die vier imposanten Felstürme gesehen, die sich aus den bewaldeten Hängen des Istenbergs (⇧ 727 m) erheben: den Bornstein (⇧ 92 m), den Goldstein (⇧ 60 m), der seinen Namen wohl den golden schimmernden Quarzeinlagerungen verdankt, den Ravenstein (⇧ 72 m) und den Feldstein mit dem Gipfelkreuz (⇧ 45 m), der sogar bestiegen werden kann.

Entstanden sind sie vor langer, langer Zeit durch vulkanische Aktivitäten: Vor ca. 370 Mio. Jahren, als die ganze Region noch flach und von Wasser bedeckt war, traten Lavamassen aus dem Erdinneren hervor und erstarrten zu hartem Porphyrgestein. Später richteten Verschiebungen der Erdkruste die Steine auf, der weichere Tonschiefer rundherum verschwand nach und nach und nur die vier Felsen blieben übrig.

Etwa 500 v. Chr. siedelten hier das erste Mal Menschen und errichteten zwischen den Felsen eine Wallanlage. Welcher Volksgruppe sie angehörten und ob sie die Anlage nur als Zufluchtsort oder auch als Kultstätte nutzten, konnte bisher nicht eindeutig geklärt werden – wenn man zwischen den Felsen herumläuft, kann man sich beides gut vorstellen.

Heute bieten die Steine, die als Nationales Naturmonument und Naturschutzgebiet geschützt sind, vor allem für Flora und Fauna eine sichere Heimat: Seit den 1990er-Jahren nisten hier Wanderfalken, die in NRW zuvor als ausgestorben galten, und auch der Uhu fühlt sich wohl. Am Boden findet man manch seltene Pflanze, u. a. Moose, Flechten, Habichtskraut und Orchideenarten. Zum Teil wachsen sie sonst nur in den Alpen und der Arktis.

ℹ Informationscenter Bruchhauser Steine, 59939 Olsberg-Bruchhausen, ☎ 029 62/976 70, ✉ info@bruchhauser-steine.de, 💻 www.bruchhauser-steine.de, 🚪 April-Okt Di-So 10:00-18:00, Nov-März Fr-So 10:00-15:00 (Weihnachtsferien: tägl. 10:00-15:00), Mo Ruhetag (außer an Feiertagen und in den NRW-Ferien). Auf einem Rundweg können Sie die Felsen erkunden (Eintritt € 5,50, Kinder € 3) – planen Sie genug Zeit ein! Die Themenpfade werden interessant von Bild-/Texttafeln begleitet. ☕ Neben umfassenden Informationen gibt es im Infocenter auch Snacks und Getränke.

Wer die Bruchhauser Steine nicht besuchen will, geht einfach geradeaus weiter. Sie queren die Zufahrtsstraße zum Besucherparkplatz und gehen dahinter links hinab auf einen kleinen Pfad, der kurz parallel zur Straße verläuft und dann zu einem breiteren Weg wird. Rechts haben Sie über die Wiesen vereinzelt einen weiten Blick auf Bruchhausen mit seinen hübschen Fachwerkhäusern. Auf einer ⛼ Bank können Sie den Ausblick in Ruhe genießen. Mit dem Ort zur Rechten laufen Sie weiter.

Bruchhausen

Rosenbogen Heidrich im Gutshof Schloss Bruchhausen, Gaugreben'scher Weg 1, 59939 Bruchhausen, 029 62/88 08 12, 01 51/15 75 26 12, info@rosenbogen-heidrich.de, www.rosenbogen-heidrich.de, ÜF ab € 40 p. P., , € 20-25 (für Gepäck von 1-2 Personen, jede weitere Person € 5), € 6,50, Café (QR): April-Okt tägl. 11:00-18:00, Nov Mi-So 13:00-17:00, Dez-März Fr-So 13:00-17:00, ca. 300 m vom Weg entfernt

Sauerlandhütte, Selbstversorgerhütte des DAV Dortmund, Zur Schanze 2, 59939 Bruchhausen, sauerlandhuette.dav-dortmund.de, nur nach vorheriger schriftlicher Anmeldung, Anfragen per Mail an die (ehrenamtliche) Hüttenwartin Brigitte Buberl: brigitte.buberl@dav-dortmund.de, 01 70/481 17 06, Ü im MBZ € 12 p. P. für DAV-Mitglieder, € 20 für Nichtmitglieder, nach Absprache in einem bestimmten Zimmer, ca. 100 m vom Weg entfernt

⌘ Sauerländer Blütengarten, Kontakt: Rosenbogen Heidrich, April-Okt Mo-Fr 10:00-18:00, Sa+So 11:00-18:00, Eintritt € 2-4

Busverbindung nach Olsberg

Bruchhausen ist ein hübsches kleines Fachwerkdorf am Fuß des Istenbergs, das 1998 sogar als „Europäisches Golddorf" ausgezeichnet wurde. Sehenswert sind u. a. die Bruchsteinkirche St. Cyriakus und die Alte Meierei des Schlosses Bruchhausen, in der ein kleines Kutschenmuseum untergebracht ist und ein

Das Gutscafé Rosenbogen Heidrich in Bruchhausen

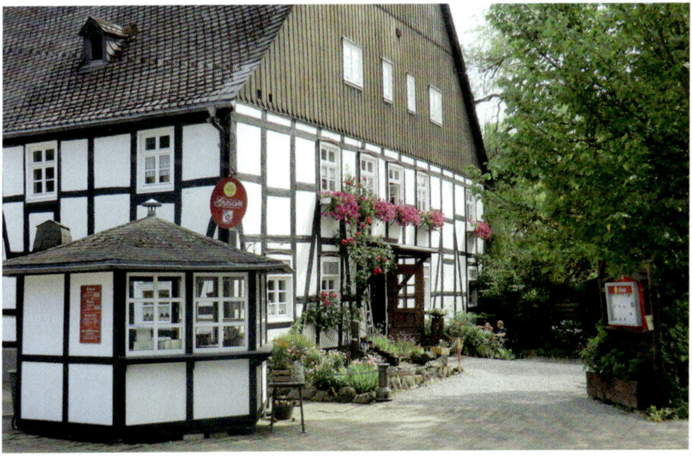

gemütliches Café zum Verweilen einlädt (☞ Rosenbogen Heidrich). Im angrenzenden „Sauerländer Blütengarten" blüht u. a. die Rothaarsteigrose „Weg der Sinne", die man in der Gärtnerei vor Ort sogar direkt erwerben kann. Das Schloss selbst ist in Privatbesitz und kann nicht besichtigt werden.

An einer kleinen Kapelle gehen Sie rechts hinab und folgen dann links der schmalen Wohnstraße (Kapellenweg), die in eine leicht ansteigende Schotterstraße übergeht. Sie wandern weiter oberhalb des Ortes und kommen am oberen Ende eines hübsch angelegten Kneippgartens vorbei, in dem Sie an einer Wassertretstelle Ihre Füße abkühlen können. An einer T-Kreuzung biegen Sie rechts ab und gehen kurz Richtung Ort, biegen dann aber vor den Häusern direkt wieder links in einen schmalen Pfad ab und wandern an Gärten entlang. Der Ort endet und Sie haben anfangs einen weiten Blick über Wiesen. Sie passieren einen Teich auf der rechten Seite, erreichen leicht bergauf einen Forstweg und folgen ihm in einer Rechtskurve über einen Bach hinweg. Nun geht es mit weiten Ausblicken über Wiesen und Berge und auf Bruchhausen immer leicht bergauf weiter. Sie passieren eine Bank des Sauerländer Gebirgsvereins und wandern weiter am Hang entlang. An einer Schutzhütte mit Aussicht können Sie noch einmal Kraft für den finalen Aufstieg sammeln: Etwa 170 Höhenmeter müssen auf den nächsten 2 km noch bewältigt werden. 450 m nach der Hütte führt links ein Abzweig in den Wald. Auf einem schmalen, mit Wurzeln und Steinen durchsetzten Pfad (bei Nässe eventuell rutschig) geht es steil bergauf, zwischendurch wird ein Forstweg gekreuzt. Dann biegen Sie rechts auf einen Schotterweg ab und können etwas verschnaufen, denn kurzzeitig geht es sanfter aufwärts. Der nächste steile Anstieg wartet aber schon: Halb rechts steigt der Rothaarsteig auf einem mal schmaleren, mal breiteren Pfad wieder kräftig an. Der Wald lichtet sich und der Weg wird vorübergehend ebener, Sie kreuzen eine Schotterpiste und wandern wieder kurz aufwärts. Nun haben Sie das Schlimmste geschafft!

Sie wandern auf einem schönen, schmalen Pfad weiter, steigen kurz hinab zu einem Forstweg (rechts halten) und dann an einem Abzweig noch einmal rechts hoch. Vorbei an einer Schranke betreten Sie Hessen, ohne es zu merken, und erreichen den **Richtplatz** ❼. Eine Bronzetafel mit einem Schwert erinnert daran, dass sich hier einst eine Gerichtsstätte befand.

Der Rothaarsteig führt hier von der Schranke aus gesehen rechts entlang der Landesgrenze weiter. Geradeaus geht es auf dem breiten Schotterweg nach Willingen, Ziel der heutigen Etappe. Bereits hier am Richtplatz sind mehrere Unterkünfte ausgeschildert.

Sie folgen dem Weg geradeaus bis zu einer Verzweigung und biegen dort links ab. Für 1 km bleiben Sie immer auf diesem Weg, dann geht er nach den ersten

Häusern von Willingen in die Straße Zum Langenberg über, der Sie weiter folgen. Nach der ✕ Vis-à-vis-Hütte überqueren Sie eine Straße geradeaus (In der Bärmecke, 🚌 „Zum Langenberg", AST) und biegen dann an der T-Kreuzung rechts ab (Zum Ritzhagen). Sie passieren die ⌘ Glasmanufaktur und das 🛏 K1 Hotel (🚌 „Am Hoppern", AST) und erreichen etwa 300 m danach einen Abzweig. Der ausgeschilderte Zustiegsweg führt hier geradeaus weiter (auch zum 🛏 ✕ LandKomfort Hotel Elsenmann), nach links geht es über die Gleise und danach nach rechts zum 🚆 Bahnhof.

Willingen (Upland)

ℹ Tourist-Information Willingen, Am Hagen 10, 34508 Willingen (Upland), ☎ 056 32/969 43 53, ✉ willingen@willingen.de, 🖳 www.willingen.de, Mo-Fr 9:00-18:00, Sa 9:00-14:00, So und Fei 9:00-12:00

☺ Im Kernort Willingen kommen auf ca. 3.000 Einwohnerinnen und Einwohner mehr als doppelt so viele Gästebetten, Sie finden also eine Vielzahl von Übernachtungsmöglichkeiten. Eine rechtzeitige Buchung ist trotzdem zu empfehlen. Die im Folgenden genannten Hotels liegen nah am Rothaarsteig bzw. am hier beschriebenen Weg in die Stadt.

✋ Willingen ist auch ein beliebtes Ziel für Junggesellenabschiede, Mannschaftsfahrten u. Ä. Manche Hotels sind auf diese feierfreudige Klientel spezialisiert und für alle, die nach einem anstrengenden Wandertag Ruhe suchen, nur bedingt geeignet.

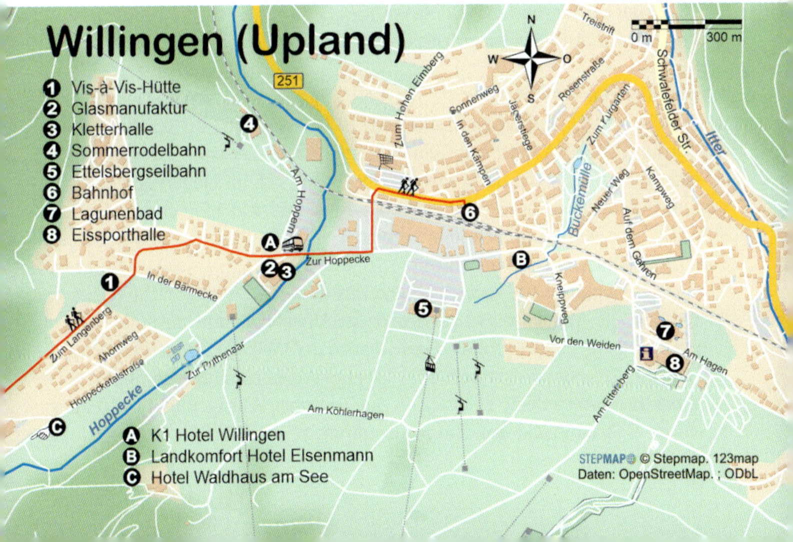

LandKomfort Hotel Elsenmann, Zur Hoppecke 1, 34508 Willingen, 056 32/981 80, info@hotel-elsenmann-willingen.de, www.hotel-elsenmann-willingen.de, ÜF DZ ab € 118, und auf Anfrage möglich, QR, ca. 400 m ab km 24,7

Waldhaus am See, Hoppecketalstr. 43, 34508 Willingen, 056 32/40 94 06, info@waldhaus-am-see.de, www.waldhaus-am-see.de, ÜF DZ ab € 98, € 12, nach vorheriger Anmeldung möglich, € 7,50, QR, ca. 800 m ab km 23,5

K1 Hotel Willingen, Am Hoppern 1, 34508 Willingen, 056 32/40 79 70, info@k1-hotel-willingen.de, www.k1-hotel-willingen.de, ÜF DZ ab € 96, € 25, nach Absprache, , direkt am Weg

Die Jugendherberge von Willingen liegt abseits des Rothaarsteigs im Ortsteil Schwalefeld (ca. 3,5 km zusätzlich ab dem Bahnhof). Jugendherberge Willingen, Am Lukasheim 9-12, 34508 Willingen-Schwalefeld, 056 32/63 47, jh-willingen@jugendherberge.de, willingen.jugendherberge.de, ÜF für Einzelreisende ab € 23 (unter 27 Jahren) bzw. € 29 (über 27 Jahren), Belegung von Zimmern als EZ/DZ je nach Verfügbarkeit gegen Aufpreis möglich, € 8, HP und VP möglich,

⌘ Mühlenkopfschanze, Ski-Club Willingen e. V., Zur Mühlenkopfschanze 1, 34508 Willingen, info@sc-willingen.de, www.weltcup-willingen.de, frei zugänglich, Schanzenführungen Di und Fr um 14:00 (nach vorheriger Anmeldung)

⌘ Ettelsbergseilbahn und Hochheideturm, Zur Hoppecke 5, 34508 Willingen, 056 32/96 98 20, info@ettelsberg-seilbahn.de, www.ettelsberg-seilbahn.de, tägl. 9:00-16:30, Berg- und Talfahrt € 12, Kinder € 8, Turmbesteigung kostenlos

Regionalbahnanschluss Richtung Brilon und Marburg

Mit über einer Million Übernachtungen im Jahr ist Willingen im Upland einer der beliebtesten Urlaubsorte im Sauerland. 17 km Skipisten, fast 100 km Loipen, zahlreiche (Winter-)Wanderwege, ein Bikepark, ein Erlebnisbad, eine Eissporthalle, eine Kletterhalle, eine Sommerrodelbahn – wer sich im Urlaub gerne auspowert, kommt hier voll auf seine Kosten. Und auch für alle anderen hat der Luftkurort in Hessen viel Abwechslung zu bieten, u. a. ein Besucherbergwerk, eine Glasmanufaktur und ein Brauhaus.

Zwei Höhepunkte (im wahrsten Sinne des Wortes), die man nicht verpassen sollte, sind die Mühlenkopfschanze und der Hochheideturm auf dem 838 m hohen Ettelsberg. An der größten Großschanze der Welt (145 m) treffen sich einmal im Jahr die besten Skispringer der Welt zum Weltcupspringen, der 62 m hohe Hochheideturm bietet eine fantastische Aussicht über Willingen und Umgebung. Er ist per Seilbahn direkt aus dem Stadtzentrum zu erreichen.

2. Etappe: Willingen – Winterberg

24 km, 7 Std. 30 Min., ↑ 659 m, ↓ 584 m, ⇧ 573-843 m

0,0 km	⇧ 586 m	Willingen
2,8 km	⇧ 800 m	Richtplatz
4,7 km	⇧ 843 m	Langenberg
7,6 km	⇧ 799 m	Hochheidehütte
12,8 km	⇧ 790 m	Hillekopfhütte
15,3 km	⇧ 664 m	Küstelberg ()
19,7 km	⇧ 678 m	Ruhrquelle
24,0 km	⇧ 665 m	Winterberg BANK

Die zweite Etappe beginnt mit einem kräftigen Anstieg: Von Willingen geht es wieder hinauf zum Richtplatz und weiter zum höchsten Berg NRWs, dem Langenberg. Bald darauf erreichen Sie an der Hochheidehütte das Naturschutzgebiet Neuer Hagen, ein wunderschönes, weitläufiges Heidegebiet, das man inmitten der Sauerländer Wälder gar nicht erwarten würde. Vom Clemensberg am Rande der Heide eröffnet sich eine herrliche Aussicht. Überwiegend durch Wald geht es danach weiter in den kleinen Ort Küstelberg und zur Ruhrquelle. Schon auf Winterberger Stadtgebiet erwartet Sie dann kurz vor Schluss mit dem wildromantischen Helletal noch ein überraschender letzter Höhepunkt, bevor die Etappe mitten in der Stadt am Marktplatz endet.

Ausblick vom Clemensberg: Über den Steinbruch hinweg haben Sie eine weite Sicht

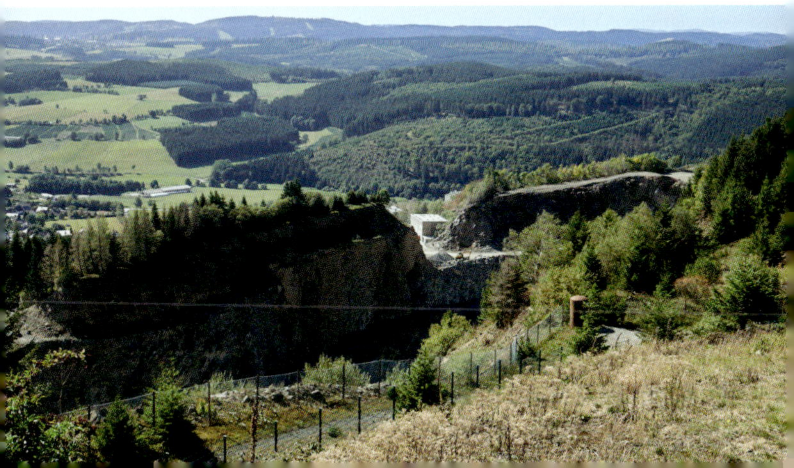

Vom Bahnhof in Willingen laufen Sie zunächst auf demselben Weg wie am Vortag immer bergauf zurück zum Richtplatz: an der Hauptstraße nach links, links über die Gleise, rechts weiter am 🛏 KI Hotel und der ⌘ Glasmanufaktur vorbei, links in die Straße Zum Langenberg, an der ✕ Vis-à-vis-Hütte vorbei, der Ausschilderung „Richtplatz" nach durch die Straße Am Rodeland rechts hinauf, weiter aufwärts durch den Wald und an einer Dreiergabelung geradeaus zum **Richtplatz**. Nun haben Sie die ersten 230 Höhenmeter der Etappe schon geschafft und sind vermutlich gut aufgewärmt.

Vorbei an dem ⊼ Rastplatz geht es links auf einem Wiesenweg weiter. Genau hier verläuft auch die Grenze zwischen NRW und Hessen. Alte Grenzsteine mit dem kurkölnischen Kreuz auf der einen und dem Waldecker Stern auf der anderen Seite erinnern daran, dass der Rothaarkamm schon seit Jahrhunderten eine Grenzlinie bildet (☞ Land und Leute).

Es geht nun sanfter bergauf, an einer Gabelung halten Sie sich links. Links hinüber können Sie den Hochheideturm auf dem Ettelsberg erkennen. Der Weg ist zunächst schmal und steinig und wird dann zu einem angenehmen Waldweg, der im folgenden Abschnitt mal schmaler, mal breiter ist. Etwa 850 m nach dem Richtplatz führt der Rothaarsteig nach rechts zum **Langenberg** ❶. Der mit 843,2 m höchste Berg Nordrhein-Westfalens präsentiert sich allerdings eher unspektakulär: Der Gipfel liegt auf einer Lichtung mitten im Wald, statt einer atemberaubenden Aussicht sehen Sie ringsum nur Bäume. Dafür gibt es aber ein Gipfelkreuz, ein Gipfelbuch, in das Sie sich eintragen können, einen Stempel für Ihren Wanderpass sowie eine ⊼ Picknickinsel und eine hölzerne Hängematte, um sich nach dem Anstieg auszuruhen.

Nach der Pause auf dem Gipfel wandern Sie weiter durch den Wald und biegen an einer T-Kreuzung links auf einen Schotterweg ab, dem Sie durch eine Kurve und vorbei am km-25-Stein folgen. An der nächsten großen Kreuzung (Oberer Burbecker Platz) halten Sie sich erneut links, an der Gabelung direkt

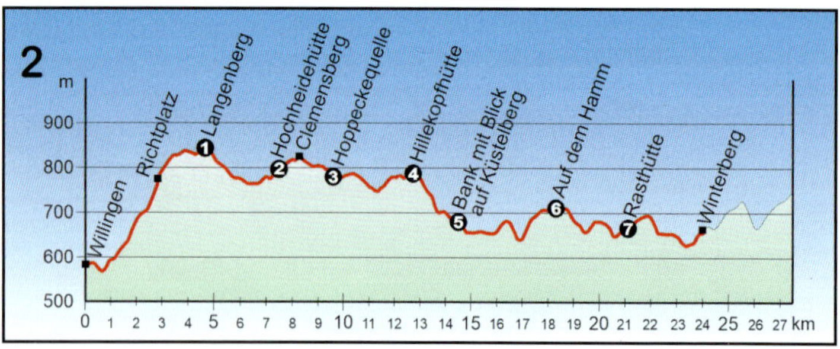

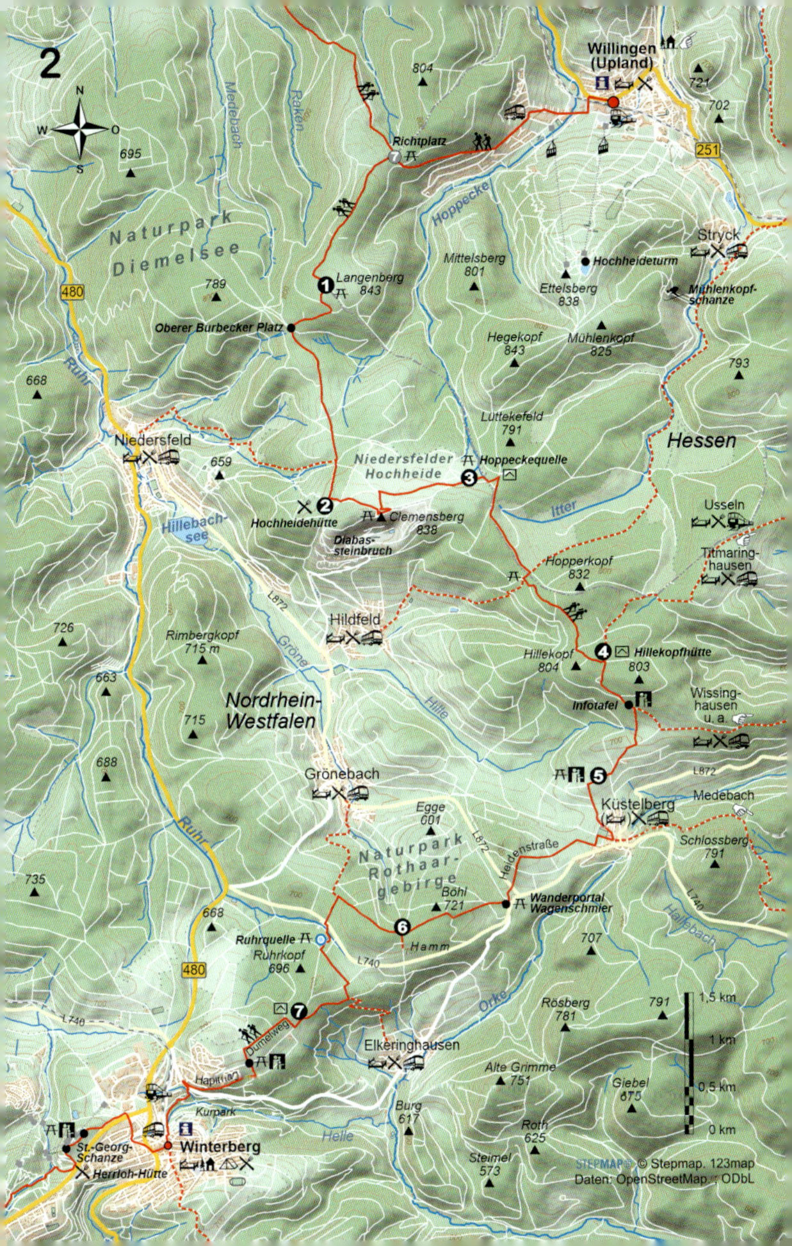
2
N
W
O
S
Willingen (Upland)
Richtplatz
Naturpark Diemelsee
Medebach
Raken
Hoppecke
Stryck
Hochheideturm
Mühlenkopf-schanze
Langenberg 843
Mittelsberg 801
Ettelsberg 838
Oberer Burbecker Platz
Hegekopf 843
Mühlenkopf 825
Lüttekefeld 791
Niedersfeld
Niedersfelder Hochheide
Hoppeckequelle
Hessen
Hochheidehütte
Clemensberg 838
Diabas-steinbruch
Hillebach-see
Itter
Usseln
Hopperkopf 832
Titmaring-hausen
Hildfeld
Rimbergkopf 715 m
Grönebach
Hille
Hillekopf 804
Hillekopfhütte 803
Nordrhein-Westfalen
Infotafel
Wissing-hausen u. a.
Grönebach
Egge 601
Küstelberg
Medebach
Naturpark Rothaar-gebirge
Heidenstraße
Schlossberg 791
Böhl 721
Wanderportal Wagenschmier
Ruhrquelle
Ruhrkopf 696
Hamm
Hallebach
Orke
Elkeringhausen
Rösberg 781
Alte Grimme 751
Giebel 675
Burg 617
Roth 625
Steimel 573
Dumelweg
Hapittal
Kurpark
Helle
St.-Georg-Schanze
Herrloh-Hütte
Winterberg
Ruhr
L872
L740
480
251
1,5 km
1 km
0,5 km
0 km
STEPMAP © Stepmap, 123map
Daten: OpenStreetMap, ODbL

danach rechts. Sie wandern leicht bergab durch lichten Wald, bei gutem Wetter kann es sehr sonnig sein. Verpassen Sie knapp 900 m nach der Gabelung nicht den Abzweig auf einen schmalen Pfad links! Sie queren auf ihm einen breiten Schotterweg und gehen dann auch an der nächsten Kreuzung geradeaus weiter. ↳ Knapp 300 m weiter führt ein Weg rechts nach Niedersfeld 🛏 ✕ 🚌 (3 km). Auf dem Rothaarsteig wandern Sie halb links auf einem schmalen, wurzeligen Pfad weiter, der parallel zu dem breiten Weg geradeaus verläuft. Bald ist die beliebte ✕ Hochheidehütte ❷ erreicht, von der sich nach Westen ein weiter Ausblick bietet – bei gutem Wetter können Sie sogar das Riesenrad des Freizeitparks Fort Fun erkennen.

✕ Hochheidehütte, Auf der Knippe 100, 59955 Winterberg-Niedersfeld, ☏ 029 85/325 03 83, ✉ info@hochheidehuette-niedersfeld.de, 💻 www.hochheidehütte-niedersfeld.de, 🚪 Sommer: tägl. ab 10:30 bis ca. Einbruch der Dunkelheit, Winter (ca. Mitte Okt bis März): Mo, Di und Do-So 10:30-17:00, Mi geschlossen, witterungsbedingte Änderungen möglich. ☺ Informieren Sie sich am besten vorab auf der Website oder telefonisch über die aktuellen Zeiten.

Der Rothaarsteig biegt noch vor der Hütte links ab und führt Sie nun leicht bergauf in das Naturschutzgebiet Neuer Hagen (Niedersfelder Hochheide).

Heide im Sauerland

Auf den nächsten 2 km wandern Sie durch eine einzigartige Landschaft, die Sie im waldreichen Sauerland vielleicht nicht erwartet hätten: die Niedersfelder Hochheide, das größte Hochheidegebiet Nordrhein-Westfalens (📷 S. 2/3). Seit den 1950er-Jahren steht das über 70 ha große Gebiet unter Naturschutz.

Die Heide ist ursprünglich ein Werk der Menschen: Die einst hier wachsenden Buchen wurden gerodet, die freie Fläche danach zur Beweidung genutzt. Außerdem wurde die oberste Schicht des Bodens abgestochen („geplaggt"), um sie als Streu und Dünger zu verwenden. Auf dem verbleibenden kargen Untergrund konnten sich nur noch wenige Pflanzenarten ansiedeln, die Sie auch heute noch sehen: Besenheide, Blaubeeren und Preiselbeeren, dazwischen knorrige Kiefern und Wacholder, außerdem seltenere arktische und alpine Pflanzen wie Alpenbärlapp und Islandflechte. Um diese einzigartige Landschaft, die Vögeln wie Wiesenpieper, Kuckuck und Raubwürger ein Zuhause bietet, zu erhalten, wird sie heute u. a. mit Ziegen, Heidschnucken und Schafen beweidet, die eine Verbuschung zu verhindern wissen.

Ähnliche Bergheidelandschaften gibt es übrigens auch am Ettelsberg in Willingen und am Kahlen Asten, über den Sie bei der 3. Etappe wandern.

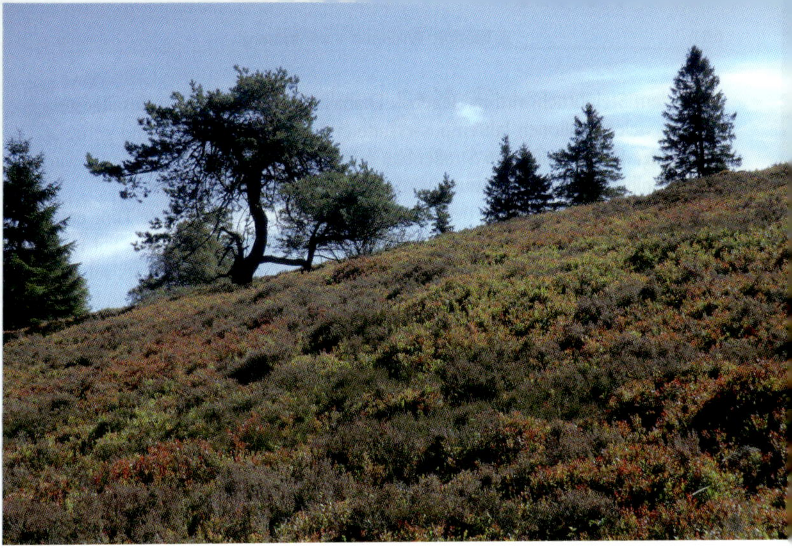

Niedersfelder Hochheide

Rechts hinüber sehen Sie eine Art Hütte – ein Sprengschutzunterstand, in dem man Zuflucht suchen kann, wenn im nahen Steinbruch Sprengungen stattfinden. Der Rothaarsteig führt auf einem breiten, steinigen Weg nach links und an der Gabelung nach wenigen Metern rechts leicht aufwärts. Bald sehen Sie vor sich schon das Gipfelkreuz des **Clemensbergs** hoch aufragen.

↳ Der Rothaarsteig macht nun einen (lohnenswerten) Schlenker zum Gipfel. Wenn Sie diesen aus Zeitgründen oder bei schlechtem Wetter auslassen wollen, gehen Sie einfach geradeaus weiter und biegen dann links in die Heide ab.

Ein schmaler, mit einem Geländer gesicherter Pfad führt Sie hinter dem nächsten Sprengschutzunterstand hinauf auf den Gipfel, der mit 838 m nur unwesentlich niedriger als der Langenberg ist, dafür aber eine beeindruckende Aussicht bietet. Über den Diabassteinbruch zu Ihren Füßen hinweg haben Sie nach Süden einen weiten Blick auf Hildfeld und Grönebach, den Schlossberg bei Küstelberg und andere Berge des Sauerlands. In der Ferne ist bei guter Sicht sogar schon der Kahle Asten zu erkennen.

Das Gipfelkreuz steht seit 1946 auf dem Clemensberg. Ein Soldat aus Hildfeld hatte sich im Zweiten Weltkrieg geschworen, ein Gipfelkreuz zu errichten, sollte er wieder nach Hause zurückkehren. Er überlebte und machte sein Versprechen wahr.

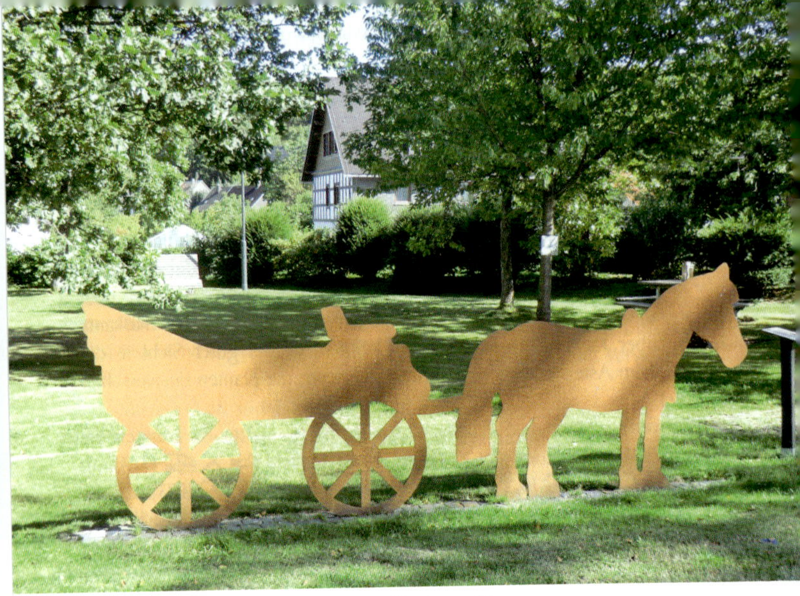

Erinnerung an den Küstelberger Pferdemarkt

In den Ferienwohnungen im Landhaus Schlossberg sind Einmalübernachtungen möglich. Winterbergerstr. 17-19, 59964 Küstelberg, 01 75/733 66 02, info@landhaus-schlossberg.de, landhaus-schlossberg.de, Ü ab € 45, Frühstücksservice möglich, € 5, QR, ca. 50 m vom Weg entfernt

GastHof Lichte, Schloßbergstr. 1, 59964 Medebach-Küstelberg, 029 81/404, gasthoflichte@gmail.com, www.gasthof-lichte.de, Fr-Mo und an Feiertagen 11:30-16:00 und 17:30-22:00, Di-Do Ruhetag

Busverbindungen nach Medebach, Winterberg und Brilon

Erstmals erwähnt wurde Küstelberg, ein Ortsteil von Medebach, im 12. Jh.: Dort, wo heute die Kirche des Dorfes steht, befand sich damals ein Kloster. Später machte die Lage an der sogenannten Heidenstraße, im Mittelalter eine wichtige Handelsstraße (☞ unten), Küstelberg zu einem bedeutenden Handels- und Rastplatz für Kaufleute und Fuhrwerke. Zweimal im Jahr war der Ort Schauplatz großer, überregionaler Märkte – der metallene Pferdewagen, an dem Sie eben vorbeigekommen sind, erinnert an die Küstelberger Pferdemärkte, die noch bis 1964 stattfanden.

Heute ist der kleine Ort, der ca. 230 Einwohnerinnen und Einwohner zählt, ein Ferienort für Aktive. Neben dem Rothaarsteig führt auch der Sauerland-

Höhenflug durch den Ort und im Winter kann man Ski fahren – bestimmt ist Ihnen die markante breite Schneise am Hang des Schlossbergs schon aufgefallen.

Die Schützenhalle und der Fußballplatz werden nun auf der anderen Seite passiert und am Ende des Fußballplatzes biegen Sie an einer Bank links auf einen Schotterweg zwischen Weihnachtsbaumkulturen ab. Vor den Häusern geht es nach rechts, wobei sich nach rechts ein weiter Blick bis zum Steinbruch am Clemensberg eröffnet. Nach dem km-35-Stein wird der Weg zum Feldweg und führt leicht bergauf, vorbei an zwei Bänken.

Am Waldrand biegen Sie links ab. Die Markierung mit der Jakobsmuschel, dem Zeichen des Pilgerwegs nach Santiago de Compostela, weist darauf hin, dass Sie gerade auch auf einer historischen Pilgerroute unterwegs sind – der Heidenstraße.

Heidenstraße

Zwischen Küstelberg und Winterberg wandeln Sie auf historischen Pfaden: Hier verlief einst die Heidenstraße, eine alte Handels- und Heeresstraße, die von Leipzig über Kassel nach Köln führte. Schon im 8. Jh. wurde diese Route genutzt, u. a., um die Heiden in Sachsen und im Sauerland zu missionieren – eine mögliche Erklärung des Namens. Vermutlich bestand die Verbindung aber sogar schon in römischer Zeit. Wie der Rothaarsteig führt sie über die Höhen des Sauerlands, da diese besser zu begehen bzw. zu befahren waren als die oft sumpfigen Täler.

Im Mittelalter war die Straße vor allem für den Handel zwischen Ost und West wichtig. Zudem wurde sie von Pilgernden genutzt, die sich aus dem Osten Deutschlands oder dem Sauerland auf den Weg nach Santiago de Compostela begaben. Während die traditionelle Nutzung als Handelsstraße im 19. Jh. ihre Bedeutung verlor, wurde die Straße als Pilgerroute inzwischen neu entdeckt.

Auf einem Wiesenweg geht es leicht bergab bis zu einer Straße (bitte vorsichtig queren, wer mit dem Auto hier unterwegs ist, rechnet hier nicht unbedingt mit kreuzenden Wanderinnen und Wanderern) und auf der anderen Seite auf einem schmalen Weg weiter zwischen Bäumen zu einem kleinen Feuchtgebiet, das Sie auf einem Holzsteg mit Bank trockenen Fußes hinter sich lassen können. Danach folgen Sie dem schmalen Weg bis zum Wanderportal und -parkplatz **Wagenschmier** mit Rothaarsteigsäule und Rastmöglichkeiten.

Der Weg führt hinter einer Infotafel rechts über einen wurzeligen Waldweg bergauf. Ein Schotterweg wird gekreuzt und gut 400 m weiter geht es erst an einer T-Kreuzung auf den breiten Forstweg nach rechts und nach wenigen Metern nach links. Der Anstieg ist geschafft. An der großen Kreuzung „Auf dem Hamm" ❻, die Sie nach etwa 550 m erreichen, führt der Rothaarsteig geradeaus weiter.

↬ Es lohnt sich ein kleiner Abstecher nach links: Nach knapp 150 m kann man über eine Wiese hinweg bis zum Etappenziel Winterberg blicken.

Nach einem Stein mit einem Wappen und der Aufschrift „Elkeringhausen" fällt der Weg leicht ab. An der Stelle, an der es geradeaus auf einem ↬ Zustiegsweg nach Grönebach geht (1,7 km), biegen Sie links ab und laufen weiter abwärts bis zu einer Straße (L740), die Sie überqueren (bitte vorsichtig, vom Auto aus kann man kaum erkennen, dass hier ein Weg einmündet). Auf der anderen Seite liegt der Parkplatz Ruhrquelle, halten Sie sich hier links. An seinem Ende geht es auf einem kleinen Weg rechts über die Brücke und dann auf einem Schotterweg nach links.

↬ Rechts könnten Sie einen Abstecher zum Erlebnispunkt „Wald als Wirtschaftsraum" machen, wo Sie in hölzernen Pavillons mehr über die Nutzung von Holz als Baustoff erfahren.

Sie „furten" die junge Ruhr (die nicht immer Wasser führt) und gehen danach rechts leicht bergauf zum Rastplatz an der **Ruhrquelle**. Über einen Steg und eine Brücke gelangen Sie zum renaturierten Quellbereich etwas weiter oben. Wenn man das kleine Rinnsal sieht, das hier aus dem Boden tritt, ist kaum zu glauben, dass dieser Fluss dem Ruhrgebiet seinen Namen gab und noch heute einen großen Teil dieser Region mit Trinkwasser versorgt. Nach knapp 220 km mündet die Ruhr bei Duisburg in den Rhein.

Nach der Brücke folgen Sie dem Schotterweg bergauf und biegen an einer Kreuzung links ab. Der Weg wird zum Wald- und dann zum Wiesenweg, rechts wachsen junge Weihnachtsbäume heran. An einer T-Kreuzung geht es rechts kurz auf einen Schotterweg und nach wenigen Metern schon wieder links bergab bis zu einem Forstweg, dem Sie dann leicht aufwärts nach rechts folgen. ↬ Links könnten Sie nach Elkeringhausen abbiegen (1,7 km). Bald macht der Wald links Wiesen Platz und Sie haben einen schönen Blick in die Sauerländer Bergwelt.

An einer Rasthütte ❼ führt Sie der Rothaarsteig links auf ein Asphaltsträßchen zwischen Wald und Wiesen und vorbei am km-40-Stein. Dahinter geht es rechts im Bogen am Waldrand entlang und kurz in den Wald, weiter leicht bergauf auf die Anhöhe Dumel. Nach dem Waldabschnitt können Sie links über Wiesen bis zu Ihrem Tagesziel Winterberg blicken, das nun nur noch wenige Kilometer entfernt ist.

Gut 150 m nach Verlassen des Waldes wenden Sie sich auf einen Feld-/Wiesenweg nach links. Am Ende des Weges bietet sich eine Bank mit schönem

Ausblick auf Winterberg mit dem auffällig geformten Hotel Oversum und dem Kurpark für eine Rast an, der Rothaarsteig führt kurz nach links, direkt wieder nach rechts und über einen schmalen Pfad – zum Teil mit Stufen – zwischen Wiesen weiter bergab. Dabei passieren Sie eine Infotafel zur Heidenstraße ⛩.

Am Ende des Weges wenden Sie sich auf dem breiten Weg nach rechts und steigen dann vor den Häusern ⛩ links eine Treppe hinab. Der Rothaarsteig verläuft nun für fast 700 m am Hang entlang, erst auf einem schmalen Pfad, dann auf einem etwas breiteren Weg. Rechts oberhalb liegen die Ferienhäuser des Hapimag Resorts Winterberg, links erhaschen Sie zwischen den Bäumen hindurch ab und zu Blicke auf Winterberg mit dem markanten Oversum und der Jakobuskirche. ⛩ Zwei Bänke laden zwischendurch noch einmal zu einer Pause ein.

Schließlich führt der Weg Sie hinab zu einer größeren Straße, die Sie überqueren. Geradeaus könnten Sie hier direkt zum 🛏 ✕ Hotel-Restaurant Forsthaus und zum Bahnhof gehen, der Rothaarsteig macht aber noch einen sehr lohnenswerten Schlenker durch das **Helletal**. Dazu gehen Sie kurz nach links zum Startpunkt des Schluchten- und Brückenpfads und steigen über einen Treppenpfad (✋ hohe Stufen) in die Schlucht hinab. Gerade erst in der Stadt angekommen, stehen Sie plötzlich schon wieder in einer einzigartigen Landschaft! Die Helle fließt hier durch eine wildromantische, alpin anmutende Klamm mit steilen Felswänden, kleinen Wasserfällen und herrlichen Wäldern.

Abstieg ins wilde Helletal
(📷 Fabian Risse)

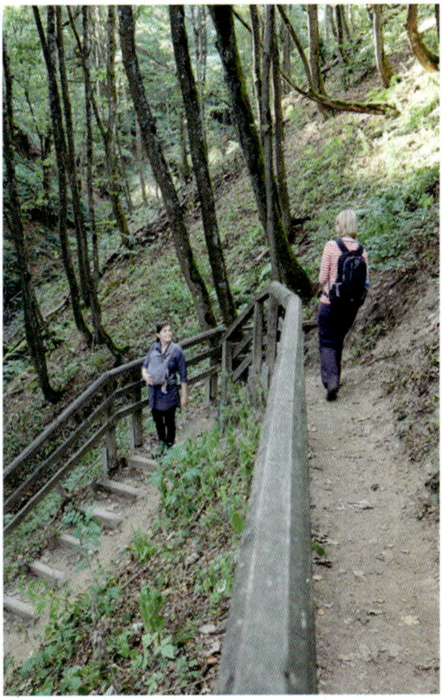

Sie überqueren den Bach und wandern links an den Felswänden entlang, nehmen an einer Dreiergabelung den mittleren Weg und laufen weiter durch den ursprünglichen Mischwald, in dem u. a. Buchen, Ahorn und Kastanien wachsen. Zu Ihrer Linken geht es zum Bach hin steil bergab. Genießen Sie diesen herrlich ruhigen Wegabschnitt, bevor Sie das lebhafte Stadtzentrum erreichen!

Nach einer Brücke steigen Sie über Treppen wieder aufwärts und erreichen den hübsch gestalteten Winterberger Kurpark. Noch davor halten Sie sich rechts und gehen zur Straße hoch (🚌 „Untere Pforte"). Rechts ginge es zum 🚆 Bahnhof, der Rothaarsteig überquert die Straße (Bahnhofstraße), führt geradeaus in die Straße Am Alten Garten und biegt nach wenigen Metern links zum Marktplatz ab, wo die heutige Etappe endet.

Winterberg

ℹ Tourist-Information Winterberg, Am Kurpark 4, 59955 Winterberg,
☏ 029 81/925 00, ✉ info@winterberg.de, 💻 www.winterberg.de,
🚪 Mo-Fr 10:00-17:00, Sa 10:00-14:00, an verkaufsoffenen Sonntagen 10:00-13:00

🛏 Wie in Willingen finden Sie auch in Winterberg eine Vielzahl von Unterkünften. Im Folgenden ist nur eine sehr kleine Auswahl von Hotels aufgeführt, die direkt am Rothaarsteig liegen.

🛏 ✕ Hotel Hessenhof, Am Waltenberg 1, 59955 Winterberg, ☏ 029 81/93 00,
✉ info@hotel-hessenhof.de, 💻 www.hotel-hessenhof.de, ÜF DZ ab € 80,
🐕, 🧳 Preis nach Entfernung, 🍎 € 9, QR, direkt am Weg

♦ Hotel-Restaurant Forsthaus, Orkestr. 14, 59955 Winterberg, ☏ 029 81/10 23,
✉ info@hotel-forsthaus-winterberg.de, 💻 www.hotel-forsthaus-winterberg.de,
ÜF DZ ab € 100, 🐕 € 5, 🍎, QR, direkt am Weg

♦ Hotel Winterberg Resort, In der Renau 1, 59955 Winterberg, ☏ 029 81/91 90,
✉ info@hotelwinterberg-resort.de, 💻 www.hotelwinterberg-resort.de,
ÜF DZ ab € 68, 🐕 € 20 (max. ein Hund pro Zimmer, im Restaurant nicht erlaubt),
🍎 € 7,50, direkt am Weg (am Stadtrand, ☞ 3. Etappe)

🏠 ✋ Die Jugendherberge von Winterberg liegt im Ortsteil Neuastenberg (☞ 3. Etappe, ca. 450 m ab km 7). Jugendherberge Winterberg, Winterberger Str. 1,
59955 Winterberg-Neuastenberg, ☏ 029 81/22 89, ✉ jh-winterberg@djh-wl.de,
💻 winterberg.jugendherberge.de, ÜF für Einzelreisende ab € 28,90 (unter 27 Jahren) bzw. € 32,80 (über 27 Jahren), Komfortzimmer mit eigener Dusche/WC gegen Aufpreis möglich, HP, VP und 🍎 Lunchpaket möglich

🚆 Regionalbahnanschluss Richtung Dortmund

Die Stadt Winterberg entstand bereits im 13. Jh. und lag am Kreuzungspunkt der Heidenstraße und der Fernstraße von Soest nach Frankfurt a. M., einer weiteren wichtigen Handelsroute. So verwundert es nicht, dass der Handel für die damalige Hansestadt eine wichtige Rolle spielte. Viele Winterberger waren zudem gezwungen, selbst als Wanderhändler auszuziehen (zum Teil bis in die Niederlande und nach Dänemark), um mit dem Verkauf von Holz-, Tuch- und Eisenwaren Geld zu verdienen, da die Landwirtschaft in der hoch gelegenen Stadt nur geringe

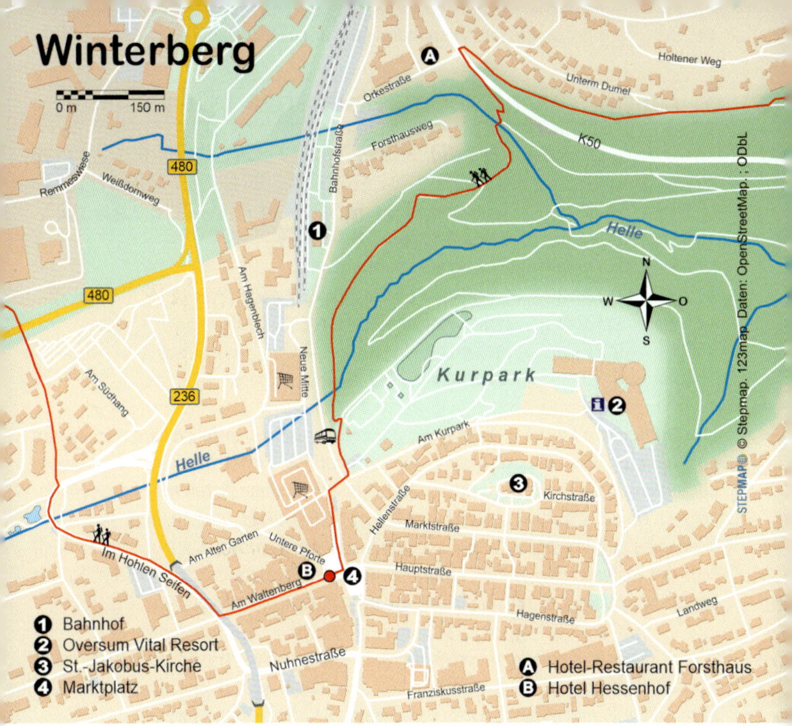

Erträge erzielte. Auf dem Marktplatz am Ende der Etappe steht eine Skulptur, die daran erinnert: das Denkmal des Winterberger Handelsmanns, der sich von Frau und Kind verabschiedet.

Mit dem Anschluss Winterbergs an den Bahnverkehr Anfang des 20. Jh. begann für die Stadt ein neues Kapitel: Der Tourismus wurde fortan zum Haupterwerbszweig – und ist es auch heute noch. Auf etwa 12.500 Einwohnerinnen und Einwohner kommen jährlich über 1 Million Übernachtungen! Im Zentrum steht dabei der Aktivtourismus, was der „Sportbrunnen", der ebenfalls auf dem Marktplatz steht, mit seinen kleinen Figuren sehr schön zeigt. Der Rothaarsteig und zahlreiche weitere attraktive Wege locken Wanderfans herbei, der Bikepark Winterpark begeistert tollkühne Mountainbikerinnen und -biker. Vor allem ist die höchstgelegene Stadt NRWs aber natürlich für ihr Wintersportangebot bekannt: zehn Skigebiete, eine Bob- und Rodelbahn, auf der regelmäßig auch Europa- und Weltmeisterschaften und Weltcuprennen stattfinden, die St.-Georg-Schanze, eine Biathlonarena ... Manches davon werden Sie bei der 3. Etappe selbst sehen.

3. Etappe: Winterberg – Schanze (Talvariante)

18,8 km, 6 Std. 15 Min., ↑ 514 m, ↓ 471 m, ⇧ 664-842 m

0,0 km	⇧ 665 m	Winterberg
5,9 km	⇧ 842 m	Kahler Asten
7,3 km	⇧ 772 m	DAV Haus Astenberg
10,2 km	⇧ 709 m	Langewiese
12,5 km	⇧ 722 m	Hoheleyer Hütte
16,3 km	⇧ 749 m	Wegteilung
18,8 km	⇧ 710 m	Schanze

Von Winterberg führt Sie diese Etappe vorbei an der Skisprungschanze St. Georg und anderen Wintersportanlagen zunächst auf den wohl bekanntesten – wenn auch nicht höchsten – Berg des Sauerlands: den Kahlen Asten mit seiner einzigartigen Heidelandschaft. Von dort geht es durch Wald und an Bergwiesen mit herrlichen Aussichten entlang zum Höhendorf Langewiese. Nach gut 16 km teilt sich der Rothaarsteig in eine Kamm- und eine Talvariante. Letztere führt Sie ins idyllische Höhendorf Schanze, wo Sie übernachten können.

☺ *Ein sehr empfehlenswertes alternatives Etappenende ist das hübsche Fachwerkdorf Latrop, das 7 km weiter an der Talvariante liegt. Der Weg kann sich am Ende eines Wandertages zwar etwas ziehen, ist aber leicht zu gehen.*

☺ *Berücksichtigen Sie bei Ihrer Planung die Öffnungszeiten der Einkehrmöglichkeiten in Schanze!*

Kammvariante oder Talvariante?

Bei km 60 des Rothaarsteigs müssen Sie sich entscheiden: Wollen Sie dem Hauptweg über den Kamm folgen oder auf der Talvariante über die Orte Schanze und Latrop weiterwandern?

In diesem Buch ist zunächst die Talvariante beschrieben, da sie im Gegensatz zur Kammvariante Übernachtungsmöglichkeiten direkt am Weg bietet. Eine Beschreibung der Kammvariante finden Sie ab S. 78. Bei den Gesamtkilometern des Rothaarsteigs ist übrigens die 9 km lange Kammvariante einberechnet, für die Talvariante (ca. 13 km) beginnt hier an der Wegteilung eine neue Zählung.

Wenn Sie der Kammvariante folgen wollen, finden Sie die nächste Übernachtungsmöglichkeit direkt am Weg erst in Jagdhaus (☞ 4. Etappe, 11,4 km ab Wegteilung). Alternativ könnten Sie zum Übernachten vom Wanderportal Kühhu-

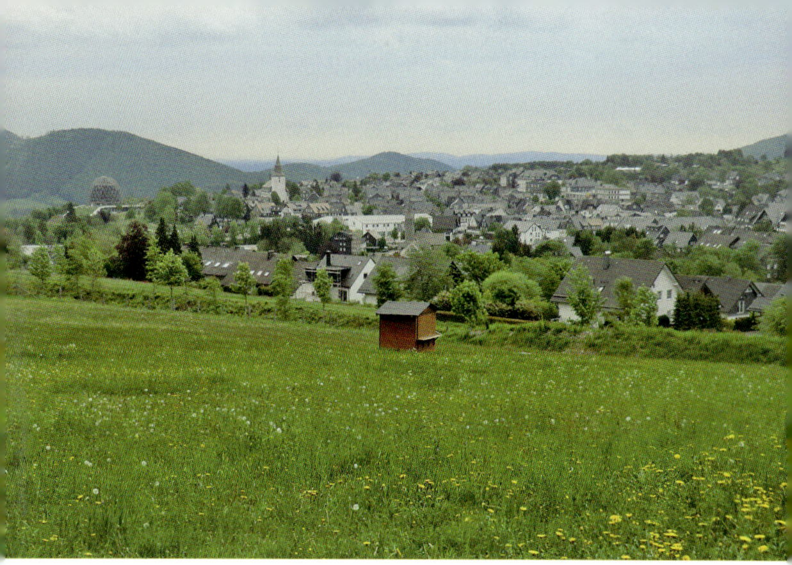

Blick zurück nach Winterberg

de mit dem Taxi oder dem Bus (✋ nur mit Voranmeldung) ins 8 km entfernte Bad Berleburg fahren oder die heutige Etappe in Schanze beenden, von dort am nächsten Tag zurück zur Wegteilung laufen (direkter Weg 1,6 km) und dann über die Kammvariante zum Rhein-Weser-Turm wandern.

Die 3. Etappe beginnt am Marktplatz von Winterberg, wo Sie sich vor dem Start noch in einem Supermarkt und diversen Bäckereien mit Proviant versorgen können. Sie wandern am Hotel Hessenhof vorbei Richtung Südwesten durch die Fußgängerzone und wenden sich dann rechts in die Straße Im Hohlen Seifen. Vorbei an einem Teich und einem Tretbecken gehen Sie leicht bergauf zu einer Brücke, auf der Sie die B480 überqueren. Beim Blick zurück sticht wieder das markante Gebäude des Oversum Vital Resorts ins Auge.

Nach der Brücke biegen Sie links ab und wandern an einem Campingplatz entlang. An einer Gabelung mit einem Kreuz setzen Sie Ihren Weg zwischen Nadelwald und Wiesen geradeaus fort. An der nächsten Gabelung halten Sie sich links und passieren eine erste kleine Liftanlage. Vorbei an einer hölzernen Liege mit Aussicht auf Winterberg laufen Sie durch Mischwald und Wiesen am Hang des Herrlohs zur **St.-Georg-Schanze**. Die Schanze mit dem 22 m hohen Anlaufturm, die 1959 errichtet und 2000 umgebaut wurde, gilt als Wahrzeichen der Stadt.

Wintersport im Sauerland

Nun sind Sie mittendrin in der Wintersport-Arena Sauerland! Vom Sauerland bis in den Kreis Siegen-Wittgenstein erstreckt sich ein weitläufiges Wintersportgebiet mit rund 30 Skigebieten, 130 Liftanlagen und einem Loipennetz mit einer Länge von mehr als 500 km. Und das ist auch beim Wandern auf dem Rothaarsteig unübersehbar: Immer wieder werden Sie auf den ersten Etappen Skipisten, Liftanlagen oder Ausschilderungen für Loipen passieren. Hier in Winterberg laufen Sie sogar mitten durch das Skigebiet hindurch.

In der Region kommen aber nicht nur diejenigen auf ihre Kosten, die gerne auf Abfahrt- und Langlaufskiern unterwegs sind, sondern auch Fans von Biathlon, Rodeln, Skispringen und Bobfahren. Die Winterberger Bobbahn und die Mühlenkopfschanze in Willingen sind sogar regelmäßig Schauplatz nationaler und internationaler Wettkämpfe und bringen die ganz großen Wintersportstars in die Region.

Übrigens: Die ersten Skier im Sauerland dienten nicht etwa dem Vergnügen, sondern halfen u. a. den Förstern und Waldarbeitern in der Region dabei, den Schnee zu überwinden, von dem es im Winter reichlich gab. Und so waren es auch nicht die Menschen aus dem Sauerland, sondern wohlhabende Urlauberinnen und Urlauber aus dem Ruhrgebiet und Rheinland, die das Skifahren um 1900 als Freizeitspaß entdeckten. 1907 wurde dann der Skiclub Sauerland gegründet und der Wintersporttourismus entwickelte sich fortan zu einer Haupteinnahmequelle der Region.

⌘ Einen interessanten Überblick über die Geschichte des Wintersports in der Region und die Entwicklung verschiedener Wintersportarten gibt das liebevoll gestaltete und betreute Westdeutsche Wintersport Museum in Neuastenberg.

♦ Westdeutsches Wintersport Museum (offizielles FIS-Skimuseum), Neuastenberger Str. 17 (im Restaurant Landfein), 59955 Winterberg-Neuastenberg, ☏ 029 81/26 36, ✉ info@skimuseum-winterberg.de, 💻 www.skimuseum-winterberg.de, 🚪 Sa und So 15:00-17:00 und nach Absprache, Eintritt € 3, Kinder € 1,50

Vor der Schanze halten Sie sich links und wandern an der Sommerrodelbahn entlang bergab. Kurz vor Erreichen der ✕ Herrloh-Hütte wenden Sie sich nach rechts und steigen weiter zum Eingang der Rodelbahnen hinab. Vor einem Teich gehen Sie nach links und dann links an den Garagen vorbei. Sie kommen wieder in den Wald und steigen links auf einem schmalen, von Wurzeln durchsetzten Pfad auf. (✋ Achtung, hier verlaufen auch Mountainbike-Trails.)

Nach dem Anstieg geht es eben weiter, rechts plätschert ein kleiner Bach, den Sie kurz danach auf einer Brücke überqueren. Ein schöner Waldweg führt

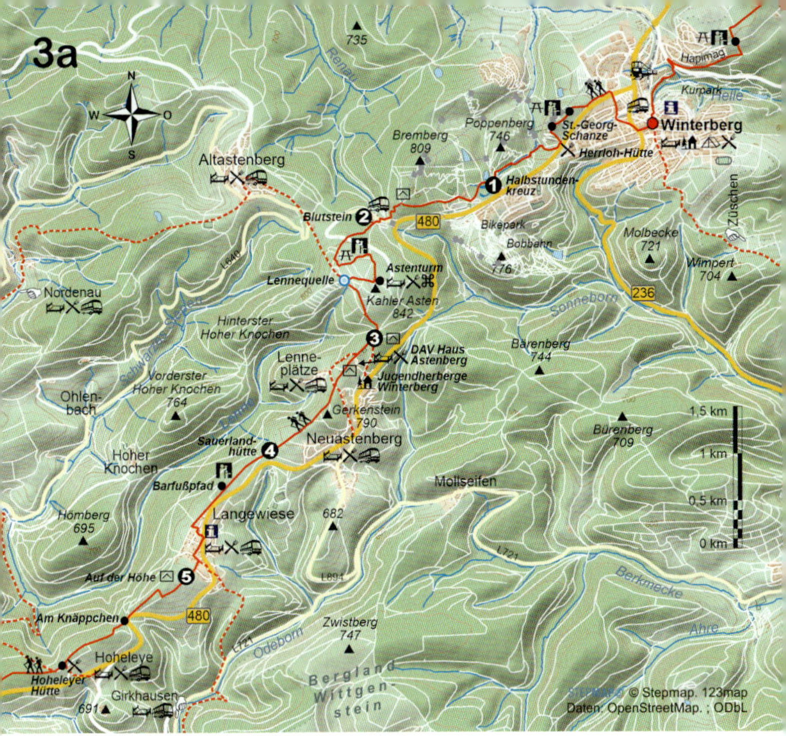

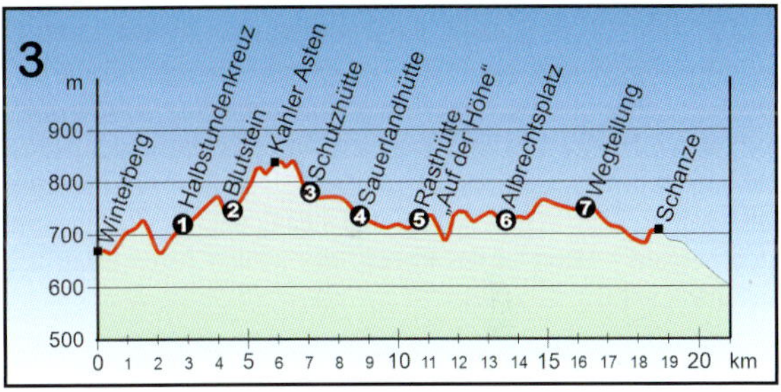

hinauf zu einem breiten Forstweg, an dem Sie links abbiegen. Wenn es rechts zur ✕ Bremberg Klause geht, folgen Sie dem Rothaarsteig nach links. An einer großen Kreuzung ist das **Halbstundenkreuz ❶** erreicht. Einst begleiteten die Winterberger Frauen ihre Männer, die im Sommer als Händler in die Ferne zogen, bis zu diesem Punkt aus der Stadt heraus – von hier aus ist es bis in die Stadtmitte etwa eine halbe Stunde. Das Kreuz erinnert zudem an die Kämpfe gegen die Schweden im Jahr 1639 im Dreißigjährigen Krieg.

Sie halten sich hinter dem Kreuz rechts und wandern durch Nadelwald bergauf bis zu einem großen Parkplatz an der B480. Auf der anderen Seite der Straße liegen der Bikepark Winterberg (vielleicht können Sie aus der Ferne sogar ein paar Mountainbikerinnen und -biker beobachten) und die Bobbahn.

Sie laufen parallel zum Parkplatz weiter und halten sich dann vor dem Biathlonstadion links. Ein kleiner Abstecher nach links würde Sie kurz danach zum Schneewittchenhaus führen. Auf einem Schotterweg laufen Sie leicht aufwärts durch den Wald, der zwischendurch durch Pisten und Liftanlagen unterbrochen wird. (Bitte überqueren Sie die Pisten im Winter bei Skibetrieb äußerst vorsichtig!) Die nahe Straße ist hier leider gut zu hören. An einer Lichtung mit einer Rasthütte am Bremberg-Rundweg wenden Sie sich nach links, wandern unter einem Lift hindurch und in Serpentinen bergab, bis Sie das Winterberg Resort und die Villa Nordhang erreichen. Hinter der Bushaltestelle „Nordhang" überqueren Sie die Straße (bitte vorsichtig!) zu einem weiteren großen Parkplatz hin, halten sich vor der Nordhangjause direkt rechts und gehen an einer Infotafel auf einem schmalen Waldweg weiter. Bis zum Kahlen Asten verläuft der Rothaarsteig nun wieder parallel zum Sauerland-Höhenflug.

Kurz darauf ist rechts im Wald der **Blutstein ❷** zu finden, der einst die Grenze zwischen Winterberg und Altastenberg markierte. Ein Schild erklärt die Herkunft des Namens: Mit der Grenze wechselte auch das zuständige Gericht. War sie einmal überschritten worden, verloren z. B. Todesurteile ihre Gültigkeit.

Auf einem von Wurzeln durchsetzten und teilweise vom Regen ausgewaschenen Weg laufen Sie erneut an einem Skihang entlang bergauf, vorbei an einer Bank. Sie queren eine weitere Straße und wandern danach auf steinigem Weg durch Heidelandschaft weiter aufwärts. Rechts können Sie bis nach Altastenberg blicken, bevor Sie wieder in den Wald eintauchen und sich vor dem Skilift links halten. Der Weg ist schmal und steinig und für 200 m geht es noch einmal steil bergauf – dann ist das Plateau des Kahlen Asten erreicht und Sie wenden sich nach links.

Kahler Asten

Mit 841,9 m Höhe ist der Kahle Asten zwar ein wenig niedriger als sein größerer Bruder, der Langenberg, dafür aber deutlich bekannter, was nicht zuletzt an der Wetterstation des Deutschen Wetterdienstes liegt, die hier seit über 100 Jahren eingerichtet ist. Allerdings fällt der Kahle Asten beim Wetterbericht häufig eher negativ auf: mit ordentlich Wind, frostigen Temperaturen und viel Regen und

Schnee. Ist die Sicht klar, hat man allerdings einen hervorragenden Blick ins Umland, vor allem vom Astenturm aus.

Wie schon rund um den Clemensberg auf der gestrigen Etappe erwartet Sie hier oben eine faszinierende Bergheidelandschaft, die von Heidekraut, Heidel- und Preiselbeeren dominiert wird. Sie steht seit 1965 unter Naturschutz.

Mehrere Rastbänke und Liegen bieten die Möglichkeit, sich bei fantastischer Aussicht vom Aufstieg zu erholen. Der Rothaarsteig führt Sie vorbei an den Infotafeln des Heidelehrpfads durch Heide und kurz durch Buchenwald über das Plateau, bis Sie kurz nach der Wetterstation den ⌘ Astenturm erreichen, der zu einer Rast einlädt.

Hotel & Restaurant Astenturm, Am Astenturm 1, 59955 Winterberg, ☏ 029 81/89 70, astenturm@bergresort.nrw, astenturm.com, Preise auf Anfrage, , Restaurant: Mi-So 11:00-18:00 (Küche: 11:00-17:30), Mo+Di Ruhetag

Auf dem Kahlen Asten

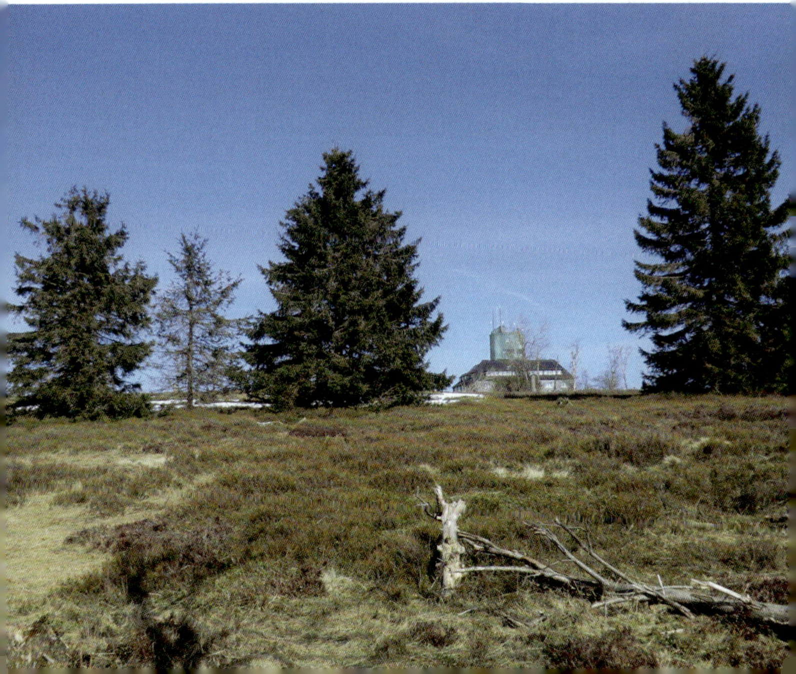

⌘ In einer kleinen Ausstellung des LWL-Museums für Naturkunde können Sie mehr über den Berg, seine Geschichte und Flora und Fauna erfahren.
💻 www.lwl-naturkundemuseum-muenster.de, abhängig von den Öffnungszeiten des ☞ Restaurants, Eintritt frei, Führungen inkl. Turmbesteigung € 2 (buchbar unter ☏ 029 81/26 36, Meinolf Pape)

♦ Der Astenturm kann bestiegen werden und bietet eine herrliche Aussicht. Eintritt € 1

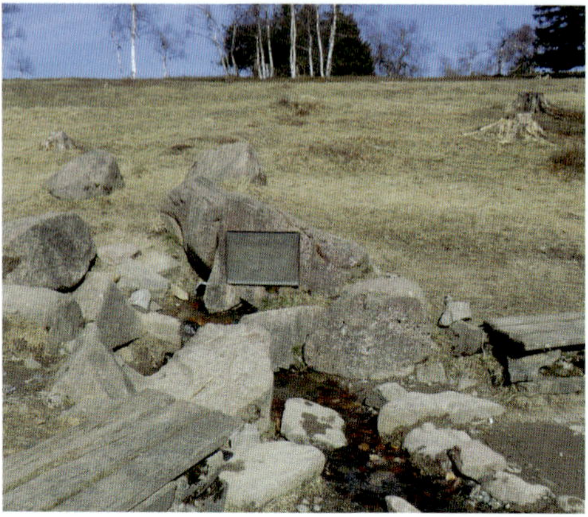
Lennequelle

An dem Gebäude vorbei geht es rechts weiter. An der zweiten Gabelung führt geradeaus ein ↳ Zustiegsweg nach Altastenberg 🛏 ✕ 🚌 (1,6 km) und Nordenau 🛏 ✕ 🚌 (5,8 km), der Rothaarsteig leitet Sie links zur **Lennequelle** ⛩. Mit einer Höhe von 830 m ist sie die höchstgelegene Quelle Nordwestdeutschlands, nach ca. 130 km mündet die Lenne in die Ruhr.

Auf einem schmalen Weg wandern Sie in den Wald. Hier verläuft auch die Rothaarsteig-Spur „Kahler-Asten-Steig", markiert mit dem liegenden weißen R auf schwarzem Grund. An einer Gabelung mit ⛩ Bank rechts gehen Sie links weiter und leicht aufwärts.

Etwa 450 m nach der Quelle halten Sie sich erst rechts und biegen danach direkt links in den Nadelwald ab. Parallel zum Schotterweg verläuft ein schmaler Waldweg, auf dem das Gehen mehr Spaß macht. Nach dem km-50-Stein wenden Sie sich nach rechts zu einer Kreuzung mit ⌂ Schutzhütte ❸ und halten sich auf der schmalen Straße rechts (↳ halb links könnten Sie zur Jugendherberge in **Neuastenberg** abbiegen, ca. 450 m), erst zwischen Wiesen und dann vorbei an einer Schonung. ↳ Rechts zweigt ein Weg in das kleine Höhendorf **Lenneplätze** 🛏 ✕ 🚌 ab (400 m). Geradeaus geht es auf dem Rothaarsteig am 🛏 ✕ DAV Haus Astenberg vorbei und weiter geradeaus.

DAV Haus Astenberg, Astenberg 3, 59955 Winterberg, ☏ 029 81/18 78, info@haus-astenberg.de, www.haus-astenberg.de, ÜF DZ ab € 100, € 15 (auf Anfrage), , € 7,50, QR

Der Asphalt geht anschließend in Schotter über und links öffnet sich ein weiter Blick über die Wiesen. Bei schlechtem Wetter können Sie kurz darauf in einem Unterstand Schutz suchen. Die Zufahrt zum Ort Lenneplätze wird gequert (links ginge es nach Neuastenberg mit dem ⌘ Wintersportmuseum, 550 m), Sie gehen geradeaus auf Schotter bergauf in den Wald und dann an der Gabelung geradeaus. Sie sind nun wieder auf einem alten Grenzweg unterwegs und haben im folgenden Abschnitt tolle Ausblicke auf idyllische Bergwiesen, bewaldete Höhenzüge und das vor Ihnen liegende Langewiese. Nachdem Sie 850 m immer geradeaus gegangen sind, erreichen Sie die Sauerlandhütte des DAV Wuppertal ❹ und eine Rasthütte.

Sauerlandhütte, Selbstversorgerhütte des DAV Wuppertal, Lenneplätze 131, 59955 Winterberg-Lenneplätze, dav-wuppertal.de, nur nach vorheriger Anmeldung, Buchungen über die Geschäftsstelle des DAV Wuppertal: ☏ 02 02/28 15 18 20, wuppertal@dav-wuppertal.de, Ü im Matratzenlager für DAV-Mitglieder € 6 p. P. (18-25 Jahre) bzw. € 8 (ab 26 Jahren), für Nichtmitglieder € 12 bzw. € 16, nicht erlaubt

Der Lärm der nahen Bundesstraße und der Asphalt unter den Füßen stören das Wandervergnügen in diesem Abschnitt ein wenig, aber die schönen Fernblicke bieten viel Abwechslung. Rechts hinüber sehen Sie z. B. den Vordersten Hohen Knochen, geradeaus bzw. schräg rechts den Hömberg.

Sie passieren den liebevoll gestalteten Barfußpfad Langewiese und ein Tretbecken und laufen am Ortsrand von Langewiese entlang. An einem Infoschild zum alten Grenzweg und zu den Gipfeln der Umgebung (bei klarem Wetter erkennen Sie sogar den Fernmeldeturm auf der Hunau, das ferne Eggegebirge und den Astenturm, von dem Sie gerade gekommen sind) biegen Sie links in die kleine Straße Am Dorfbrunnen ein und spazieren ins Dorf. Vor einem ehemaligen Biergarten halten Sie sich rechts und kurz darauf links. Sie erreichen den hübsch gestalteten Dorfplatz an der Kirche, an der Sie weitere Rastmöglichkeiten (auch überdacht) und einen schönen Brunnen finden. Auf der anderen Straßenseite liegen die Touristinfo und ein paar Schritte weiter das Landhotel Gasthof Zur Post, außerdem finden Sie an der Straße die Haltestelle „Langewiese Bundesstraße“.

Langewiese

Verkehrsbüro Langewiese, Bundesstr. 24, 59955 Winterberg-Langewiese, 027 58/457, info@langewiese.de, www.langewiese.de, Mo-Fr 9:00-12:00 und 14:00-17:00

Landhotel Gasthof Zur Post, Bundesstr. 20, 59955 Winterberg-Langewiese, 027 58/98 43-0, info@landhotel-zur-post.de, www.landhotel-zur-post.de, aktuelle Preise auf der Website, QR, ca. 10 m vom Weg entfernt

♦ Landgasthof & Hotel Gilsbach, Bundesstr. 25, 59955 Winterberg-Langewiese, 027 58/98 42-0, info@landgasthof-gilsbach.de, www.landgasthof-gilsbach.de, ÜF DZ ab € 88, auf Anfrage, in einem Umkreis von 30 km, QR, ca. 50 m vom Weg entfernt

Bauernhofpension Hof Gretchens, Gilbert Gerke, Grenzweg 14, 59955 Winterberg-Langewiese, 027 58/259, 015 17/43 74 36, info@haus-gerke.de, gilbert.gerke@t-online.de, www.haus-gerke.de, ÜF ab € 50 p. P., keine Kartenzahlung möglich, € 5 (nach vorheriger Absprache), ca. 100 m vom Weg entfernt

Busverbindung nach Winterberg und Bad Berleburg

Um das (zunächst unbesiedelte) Grenzgebiet rund um Langewiese stritten sich schon die Sachsen und Franken, später waren es dann die Wittgensteiner Grafen und der Erzbischof von Köln. Anfang des 18. Jh. veranlasste der Graf von Sayn-Wittgenstein Ansiedlungen in dem umstrittenen Bereich, die Höhendörfer Langewiese, Neuastenberg, Hoheleye und Mollseifen entstanden. 1783 konnten die Streitigkeiten zwischen den beiden Herrschaften durch Verhandlungen beendet werden. Zwei Jahrhunderte später ging es dann ein weiteres Mal um die Zugehörigkeit des Gebietes – dieses Mal mit besserem Ausgang für die westfälische Seite: Seit der Gebietsreform 1975 gehört das Dorf zu Winterberg.

Sauerländer Holzlöffel

Ein Denkmal auf dem Dorfplatz erinnert an Johannes Trippe (1877-1961), den letzten Löffelschnitzer von Langewiese. Lange Zeit verdienten sich die Menschen in Langewiese und anderen kleinen Dörfern im Hochsauerland, oft Köhler oder Bauern, die in der kargen Landschaft mehr schlecht als recht über die Runden kamen, ein wenig dazu, indem sie in den langen und harten Wintern Holzlöffel schnitzten, die dann im Sommer bis in die Schweiz und die Niederlande verkauft wurden.

Sie gehen kurz an der Hauptstraße rechts und nach der Kirche halb rechts ins Dorf. Viele Häuser sind hier mit Schiefer verkleidet. Nach 200 m biegen Sie links

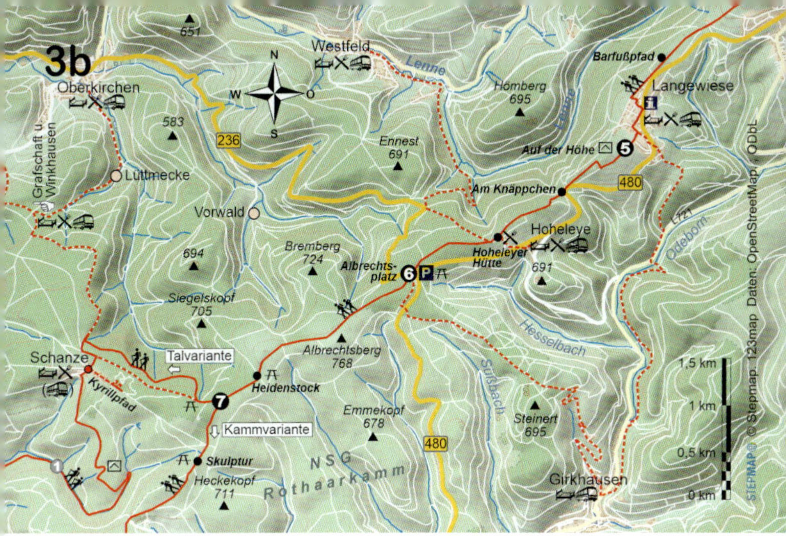

in den Heckenweg und vor der alten evangelischen Schule direkt wieder rechts ab. Geradeaus zweigt ein Zustiegsweg nach Girkhausen (5,9 km) ab.

Es geht nun wieder bergauf aus dem Ort hinaus. Rechts haben Sie erneut eine schöne Aussicht über Wiesen auf die Berge, wenn Sie zurückschauen, können Sie über das Dorf hinweg bis zum Kahlen Asten blicken. Sie erreichen eine Hütte mit Kreuz und Bänken („Auf der Höhe") ❺ und folgen weiter zwischen Wiesen hindurch dem Asphaltweg, der später in einen Schotterweg übergeht. Links können Sie immer noch über die grünen Täler und Wälder schauen.

Nach knapp 350 m können Sie den breiten Weg endlich verlassen und wandern auf einem schmalen Pfad rechts bergauf. An einer Bank am Waldrand wenden Sie sich nach links und laufen auf einem schmalen und wurzeligen Pfad leicht bergab. Am Ende des Pfads gehen Sie gut geschützt hinter der Leitplanke kurz an einer Straße (B480) entlang und dann an der Kreuzung geradeaus in den Wald. Nun führt Sie ein kurzer, aber steiler Aufstieg über einen breiten, mit Steinen durchsetzten Waldweg auf das **Knäppchen** (⇧ 720 m). Sowohl vor dem Aufstieg als auch kurz vor dem Ende können Sie auf Bänken eine Pause einlegen.

Oben angekommen wenden Sie sich nach rechts und wandern auf einem Schotterweg erst leicht bergauf, dann eben zwischen Nadelwald zur Rechten und Laubwald zur Linken weiter. Ein hübsches rotes Häuschen und ein Sendemast werden passiert, dann erreichen Sie die Hoheleyer Hütte.

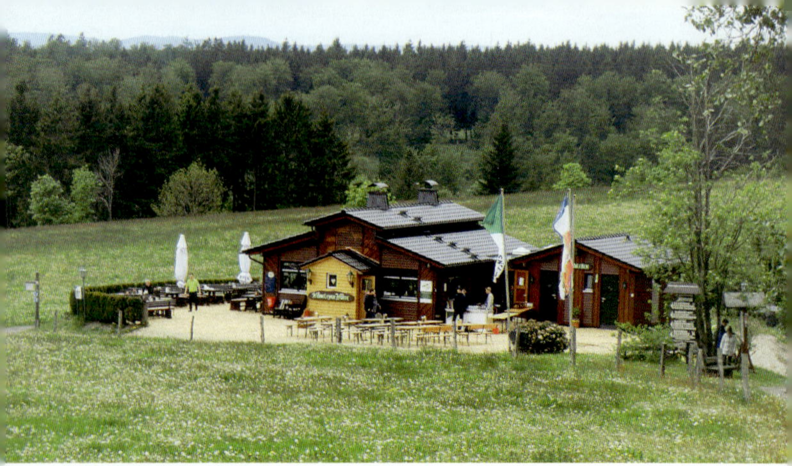

Die idyllisch gelegene Hoheleyer Hütte

✕ Hoheleyer Hütte, Hoheleye 17, 59955 Winterberg, ☏ 027 58/201 98 66, info@hoheleyer-huette.de, www.hoheleyer-huette.de, Di-So 11:00-19:00, Küche 11:30-18:00

Der Rothaarsteig führt rechts neben der Hütte zwischen Nadelbäumen hindurch und an Bänken vorbei weiter. (Links vor der Hütte könnten Sie nach Hoheleye abbiegen, 300 m.) An der Kreuzung lohnt sich ein kurzer Abstecher nach links, wo ein hölzerner Bilderrahmen die idyllische Landschaft in Szene setzt. Der Rothaarsteig führt rechts weiter. An der Weggabelung mit dem Erinnerungsstein „300 Jahre Höhendörfer" geht es rechts nach Westfeld (4,2 km) und links auf dem Rothaarsteig weiter. Ein breiter Schotterweg führt Sie zwischen einer Kahlfläche und hohen Fichten leicht bergauf, wieder mit schönen Fernblicken. Wenn Sie rechts zurückblicken, können Sie bei klarer Sicht noch einmal den Kahlen Asten ausmachen. Gut 1 km nach der Hoheleyer Hütte queren Sie die B236 (bitte vorsichtig) und laufen am Wanderparkplatz Albrechtsplatz ❻ vorbei. Schräg links geht ein weiterer Zustiegsweg nach Girkhausen (5,3 km) ab.

Ein breiter, eventuell matschiger Weg führt Sie geradeaus leicht auf und ab weiter, auf der rechten Seite wachsen junge Weihnachtsbäume heran. Eine Infotafel an einer Weggabelung nach knapp 800 m erklärt Ihnen, dass Sie nun auf der Grenze zwischen dem Hochsauerlandkreis und dem Kreis Siegen-Wittgenstein unterwegs sind. Sie halten sich hier links und gehen wieder bergauf. Auf den nächsten 1,4 km bis zum Heidenstock ist der Wald mal dichter, mal lichter, in den Nadelwald mischen sich mehr und mehr Buchen. Sie passieren eine freie Fläche mit jungen Buchen und weitere Weihnachtsbaumkulturen und können rechts bis zum Siegelskopf (⇧ 705 m) schauen. Dann ist der **Heidenstock** ⛼ erreicht, ein recht unscheinbarer Felsblock. Als vor etwa 1.000 Jahren die Christianisierung des Sauerlands begann, sollen sich die heidnischen Sachsen an diesen Ort zurückgezogen haben, um dem Göttervater Wodan zu opfern. Dies blieb aber nicht unentdeckt und sie bezahlten das geheime Tun mit ihrem Leben.

Sie wandern an dem Stein vorbei auf einem breiten Forstweg weiter durch Nadelwald und erreichen knapp 500 m weiter schließlich den km-60-Stein, an dem sich Kamm- und Talvariante des Rothaarsteigs trennen ❼. Die Gabelung ist mit Wegweisern und vielen kleinen Steinmännchen gut markiert und nicht zu übersehen.

Für die hier zuerst beschriebene Talvariante halten Sie sich rechts und nehmen etwa 250 m weiter nach einer ⛼ Bank über einem tiefen Taleinschnitt den Abzweig nach rechts. (↳ Wer ein wenig abkürzen möchte, läuft einfach geradeaus weiter.) Es geht nun 1,7 km immer leicht abwärts – leider ist der Wegabschnitt nicht besonders abwechslungsreich. Sie laufen überwiegend durch Nadel- oder Mischwald und später an weiteren Schonungen vorbei. An Kahlflächen eröffnen sich ab und zu Fernblicke auf bewaldete Höhen.

Dann wird ein Wegdreieck erreicht, ↳ an dem Sie geradeaus nach Oberkirchen 🛏 ✕ 🚌 (4,3 km), Grafschaft 🛏 ✕ 🚌 (5,8 km) oder Winkhausen 🛏 ✕ 🚌 (6,8 km) weitergehen könnten. Der Rothaarsteig führt in einer Haarnadelkurve links leicht aufwärts weiter. Sie stoßen auf einen Forstweg, halten sich links und direkt wieder links (noch vor dem Denkmal für die Gefallenen auf der rechten Seite). Im Winter verlaufen hier Loipen, wie der Ausschilderung zu entnehmen ist. An einer Infotafel zur Landwehr Schanze biegen Sie rechts ab.

↳ Wenn Sie am nächsten Morgen zur Wegteilung zurückkehren möchten, um die Wanderung über die Kammvariante fortzusetzen, folgen Sie dem Weg an der Infotafel geradeaus bzw. von Schanze kommend rechts.

Ein angenehmer Holzschnitzelpfad führt Sie vorbei an den ehemaligen Wehranlagen nach Schanze hinein.

Schanze 🛏 ✕ ✝ (🚌)

🛏 Landhaus zum Rothaarkamm, Schanze 2, 57292 Schmallenberg-Schanze, ☎ 029 75/473, ✉ info@landhaus-zum-rothaarkamm.de, 💻 www.landhaus-zum-rothaarkamm.de, ÜF DZ ab € 74, ✋ keine Kartenzahlung möglich, (🧳) wird nicht vom Hotel selbst angeboten, kann bei Bedarf aber vermittelt werden, 🍎, am Weg

Die Betreiber der Almhütte Schanze bieten vier Ferienwohnungen für 2-6 Personen an, die auch für einzelne Nächte vermietet werden. Schanze 17, 57392 Schmallenberg-Schanze, 029 75/400, info@fewo-schanze.de, www.fewo-schanze.de, Ü ab € 40 p. P. (inkl. Bettwäsche und Handtücher), nach Absprache und gegen Aufpreis, QR. Auf Vorbestellung kann man in der Almhütte Schanze frühstücken oder ein Frühstückspaket bekommen.

Almhütte Schanze, Schanze 24, 57392 Schmallenberg-Schanze, 029 75/400, info@almhuette-schanze.de, www.almhuette-schanze.de, QR, Di-Fr 12:00-18:00, Sa 11:00-19:00 (Getränke bei Bedarf bis max. 22:00), So 11:00-19:00, Mo Ruhetag. Hier können Sie nach Ihrer Wanderung einkehren und am „Almbeach Schanze“, dem höchsten Strand im Sauerland, entspannen.

Landschaftsgasthaus Schanze 1, Schanze 1, 57392 Schmallenberg-Schanze, 029 75/454, hallo@schanze1.de, schanze1.de. Aktuelle Öffnungszeiten erfährt man in den sozialen Medien, z. B. unter www.facebook.com/Schanzeeins. Die Schanze 1 ist als Outdoor-Location und Gruppenhaus gestartet, weitere Angebote sind laut Facebook-Seite in Planung.

Schanze wird vom Schmallenberger Wanderbus angefahren.

Das kleine Höhendorf ist nach den alten Verteidigungsanlagen („Schanzen“) benannt, deren Reste Sie beim Weg in den Ort sehen konnten. Im Mittelalter war das Leben in den Dörfern und Städten recht unsicher: Durch Fehden und Raubüberfälle kam es immer wieder zur Zerstörung von Feldern, Feuern oder Viehraub. Um dem Einhalt zu gebieten, wurden ab dem 14. Jh. Landwehren errichtet, Befestigungsanlagen mit Gräben, Erdwällen und Hecken. An Wachstationen wurde nun genau kontrolliert, wer die Stadt betreten wollte, um für mehr Sicherheit zu sorgen. Bei der Landwehr hier in Schanze handelte es sich um eine Befestigungsanlage des Klosters Grafschaft an der Heidenstraße.

Wenn Sie der Straße vom Parkplatz 300 m nach links folgen, kommen Sie zum Kyrillpfad und zum Kunstwerk „Krummstab“ des WaldSkulpturenWegs.

Kyrill

Am 18. Januar 2007 fegte ein heftiger Sturm mit über 200 km/h über Deutschland und Europa hinweg: der Orkan Kyrill. Der Strom fiel aus, der Bahnverkehr war lahmgelegt, Straßen mussten gesperrt und Schulen und andere öffentliche Behörden geschlossen werden. 13 Menschen kamen allein in Deutschland ums Leben. Gewaltigen Schaden richtete Kyrill außerdem in den deutschen Wäldern an, vor allem in Südwestfalen. Von allen Bäumen, die Kyrill in Deutschland umknickte oder entwurzelte, stand jeder zweite im Sauerland, Siegerland oder

Wittgensteiner Land. Vor allem die flach wurzelnden Fichten waren ein leichtes Opfer.

Die Folgen des Sturms kann man am Ortsrand von Schanze noch sehen. Auf einer ca. 3,5 ha großen Fläche am Ortsrand, die auf dem Kyrillpfad erkundet werden kann, beließ man alles so, wie der Sturm es hinterlassen hat. Einen Teil des Weges hat man mit Holzstegen und Brücken sogar barrierefrei gestaltet.

WaldSkulpturenWeg

Im Bereich von Schanze und auf der Kammvariante verläuft der Rothaarsteig teilweise parallel zum WaldSkulpturenWeg Wittgenstein – Sauerland. Der knapp 23 km lange Weg führt über den Rothaarkamm von Schmallenberg nach Bad Berleburg und verbindet so das Sauerland mit dem Wittgensteiner Land. Am Weg stehen elf Großplastiken internationaler Künstlerinnen und Künstler, die sich mit Natur und Kultur der Region auseinandersetzen.

www.waldskulpturenweg.de

Das Kunstwerk „Krummstab" am WaldSkulpturenWeg

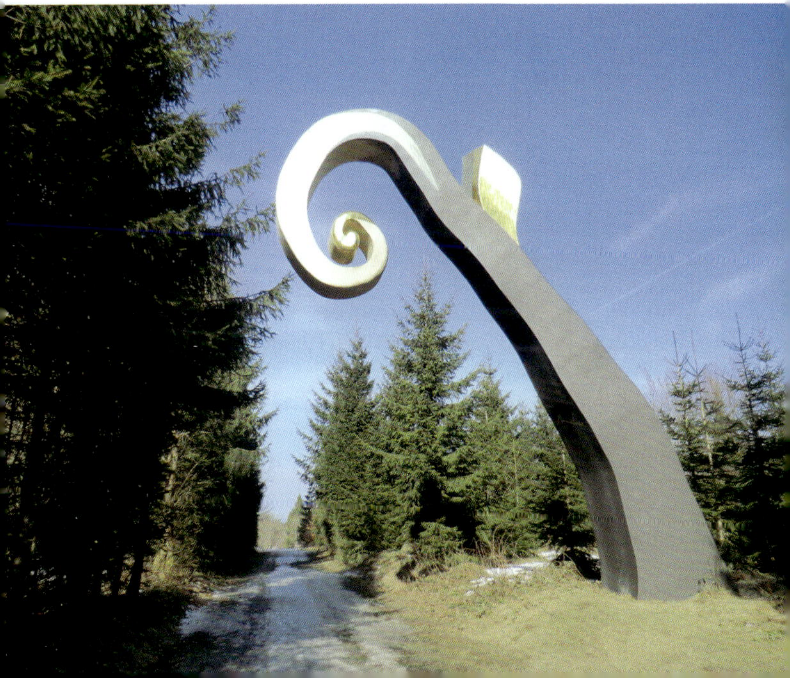

Kammvariante

⮌ 9 km, ⧖ 2 Std. 45 Min., ↑ 143 m, ↓ 253 m, ⇧ 632-749 m
Karten S. 73 und 83

0,0 km	⇧ 749 m	Wegteilung
0,8 km	⇧ 716 m	Skulptur „Kein leichtes Spiel" ⌘
1,8 km	⇧ 694 m	Wanderportal Kühhude ⊼ (🚌)
2,6 km	⇧ 682 m	Erlebnisstation „Ökosystem Wald" mit Hängebrücke ⊼
5,2 km	⇧ 716 m	Kreuzung Zinseseck ⌂ ⊼
9,0 km	⇧ 632 m	Millionenbank ⌂ ⊼ (Zusammentreffen mit der Talvariante)

Die Höhepunkte der Kammvariante warten schon auf den ersten Kilometern: die Skulptur „Kein leichtes Spiel" und die Hängebrücke an der Erlebnisstation „Ökosystem Wald". Danach führt der Weg eher unspektakulär durch den Wald.

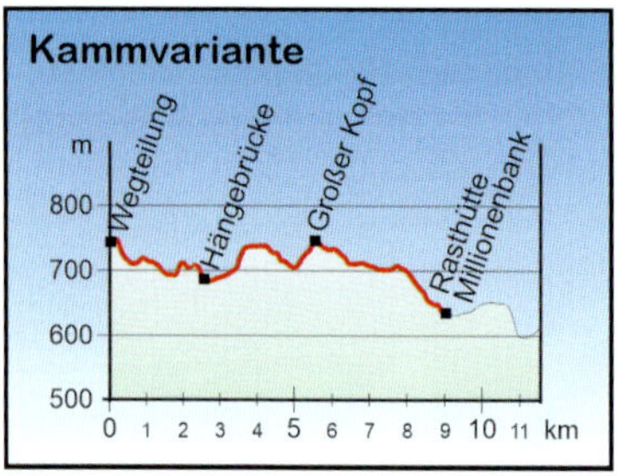

Um auf der Kammvariante zur Millionenbank und weiter nach Jagdhaus zu wandern, wenden Sie sich an der Wegteilung bei km 60 nach links und laufen auf steinigem Weg in den Nadelwald, bald abwärts. Nach einer Kreuzung, die Sie geradeaus überqueren, geht es mal eben, mal leicht bergauf weiter. Sie wandern nun auch auf dem WaldSkulpturenWeg und erreichen bald die ⌘ Skulptur **„Kein leichtes Spiel"** ⊼ des Künstlers Ansgar Nierhoff, drei stählerne, ineinanderpassende Tore und zwei liegende Blöcke.

Wenige Meter danach passieren Sie eine Infotafel zur Naturwaldzelle Schiefe Wand, in der sich die Natur seit über 40 Jahren frei von Eingriffen durch die Menschen entwickeln darf, und eine ⊼ Picknickinsel. Kurz danach halten Sie sich an einer Gabelung links. Auf einem steinigen Weg geht es eben weiter durch den Nadelwald, der mal lichter und niedriger, mal dichter und höher ist. Später mischen sich Buchen zwischen die Fichten. Sie passieren zwei ⊼ Liegebänke mit schönem Blick auf den Wald und wandern auf einem breiten Schotterweg weiter zum **Wanderportal Kühhude** mit Parkplatz und ⊼ Picknickinsel. Sie befinden sich nun auf der Wittgensteiner Seite des Rothaarkamms.

🚌 Von April bis Oktober gibt es samstags, sonntags und an Feiertagen einen Shuttleservice zwischen dem Wanderportal und Bad Berleburg (morgens um 9:45 und 10:45 ab Bad Berleburg, nachmittags um 17:00 zurück). Wer mitfahren möchte, muss sich am Vortag bis 16:00 bei Peter's Taxiservice (☏ 027 55/767) oder der Touristinfo (☏ 027 51/936 33) anmelden.

Es geht kurz bergauf, dann eben weiter. An einer Gabelung zweigen links der WaldSkulpturenWeg und der Zustiegsweg nach Bad Berleburg (8,4 km) ab, an dem Sie nach wenigen Metern eine weitere Skulptur („Stein-Zeit-Mensch") erreichen könnten. Der Rothaarsteig führt allerdings geradeaus weiter und nach einer Picknickinsel und Infotafeln nach rechts auf einen Holzbohlenweg. An dessen Ende geht es links bzw. geradeaus unter einem dichten Blätterdach erst leicht, dann deutlich bergab. Teilweise ist der Waldweg stark ausgewaschen. Er mündet schließlich in einen Forstweg mit Picknickinsel und großem Insektenhotel zur Rechten. Die eigentliche Attraktion, die **Erlebnisstation „Ökosystem Wald"**, liegt aber etwas weiter links und sollte unbedingt ausprobiert werden: Auf einer wackeligen Hängebrücke können Sie einen kleinen Taleinschnitt überqueren. In den Baumwipfeln darüber ist ein Spinnennetz mit Holztafeln

Die Hängebrücke an der Erlebnisstation, das Highlight der Kammvariante

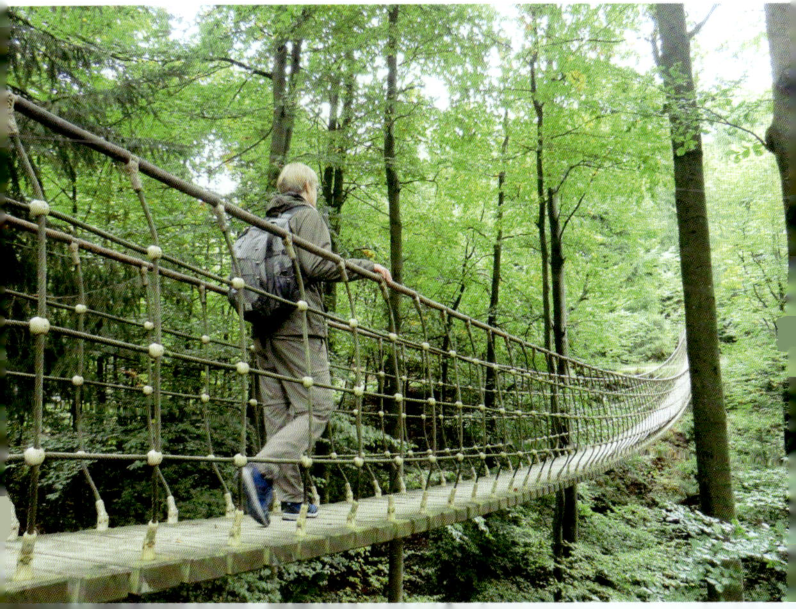

gespannt, das die verschiedenen Elemente des Waldes verknüpft. (☺ Für alle mit Höhenangst: Es ist nicht notwendig, die Hängebrücke zu überqueren!)

Der Rothaarsteig führt ebenfalls nach links und auf einem breiten Weg, der bei Nässe sehr matschig sein kann, leicht bergauf. Wenn der Weg nach knapp 900 m endet, gehen Sie auf einem schmalen Pfad weiter, der über Steine und Wurzeln steil auf den Kamm hinaufführt. (Anfangs waren hier zum Zeitpunkt der Recherche keine Markierungen zu entdecken.) Oben angekommen wenden Sie sich auf dem nun wieder breiteren Weg nach rechts und laufen zunächst mit Nadel-, später mit Laub- und Mischwald zu beiden Seiten weiter. Für 1 km folgen Sie immer dem Weg, bis er an einer T-Kreuzung endet, an der Sie rechts auf einen Schotterweg abbiegen. Sie passieren den km-65-Stein, laufen weiter auf ebenem Weg durch den Laubwald und erreichen gut 400 m nach dem Stein die Kreuzung „Zinseseck" (⇧ 709 m) mit ⊡ ⚻ Rothaarsteighütte und Picknickinsel.

↬ Über den Wanderweg X23 könnten Sie hier zu den 🛏 ✕ Übernachtungsmöglichkeiten in Latrop absteigen (3,4 km).

Der Weg führt danach geradeaus leicht aufwärts weiter zu einer weiteren Infotafel („Das Rothaargebirge als Religionsgrenze") ⚻ auf dem Großen Kopf (⇧ 740 m). Auf einem breiten Schotter-Gras-Weg laufen Sie weiter durch den Wald, in dem es inzwischen auch ein paar Kahlflächen gibt, passieren eine weitere ⚻ Bank und erreichen knapp 1,5 km nach dem Gipfel am Wegweiser „Auf der Redder" den zweiten ↬ Zustiegsweg nach Bad Berleburg 🛏 ✕ 🚆 (9,1 km), der unauffällig links in den Wald führt. Der Rothaarsteig verläuft weiter geradeaus und zweigt kurz danach an einer Gabelung rechts auf einen nun etwas schmaleren Weg ab, dem Sie knapp 2 km folgen. Der Nadelwald wird wieder durch mehr Laubwald – u. a. hohe Buchen – abgelöst, Sie passieren weitere ⚻ Bänke und laufen bald stetig bergab, mal leicht, mal steiler. Am Ende wenden Sie sich an einer T-Kreuzung nach rechts und folgen dem Forstweg weiter bergab. Bald ist schon das Dach der Rasthütte an der Millionenbank zu sehen.

↬ Kurz davor empfiehlt sich noch ein kleiner Abstecher nach rechts in den Wald zum Erlebnispunkt „Wald und seine Eigentümer" ⊡, der auf originelle Weise darstellt, wem der Wald in NRW eigentlich gehört.

Zurück auf dem Forstweg sind es nur noch wenige Schritte bis zur **Millionenbank** (⇧ 632 m) ⊡ ⚻, wo Kamm- und Talvariante des Rothaarsteigs wieder zusammentreffen.

4. Etappe: Schanze – Rhein-Weser-Turm (Talvariante)

23,6 km, 7 Std. 15 Min., ↑ 531 m, ↓ 567 m, ⇧ 423-710 m

0,0 km	⇧ 710 m	Schanze
7,1 km	⇧ 432 m	Latrop
10,8 km	⇧ 632 m	Millionenbank (Zusammentreffen mit der Kammvariante)
14,1 km	⇧ 642 m	Jagdhaus
19,8 km	⇧ 685 m	Margaretenstein
23,6 km	⇧ 680 m	Rhein-Weser-Turm

Durch das Schladebachtal und das Grubental wandern Sie immer weiter bergab nach Latrop und steigen dann entlang des Lüttmeckesiepens wieder zum Rothaarkamm auf, wo Tal- und Kammvariante an der Millionenbank zusammentreffen. Nach einem kleinen Schlenker zu einem Aussichtspunkt am Heidkopf erreichen Sie Jagdhaus und setzen Ihren Weg danach über Forstwege und schmale Waldwege fort, zum Teil mit herrlichen Fernblicken. Die Etappe endet am Rhein-Weser-Turm, wo Sie noch einmal einen fantastischen Ausblick genießen, einkehren und sogar übernachten können.

Durch das Tal des Schladebachs geht es nach Latrop (Fabian Risse)

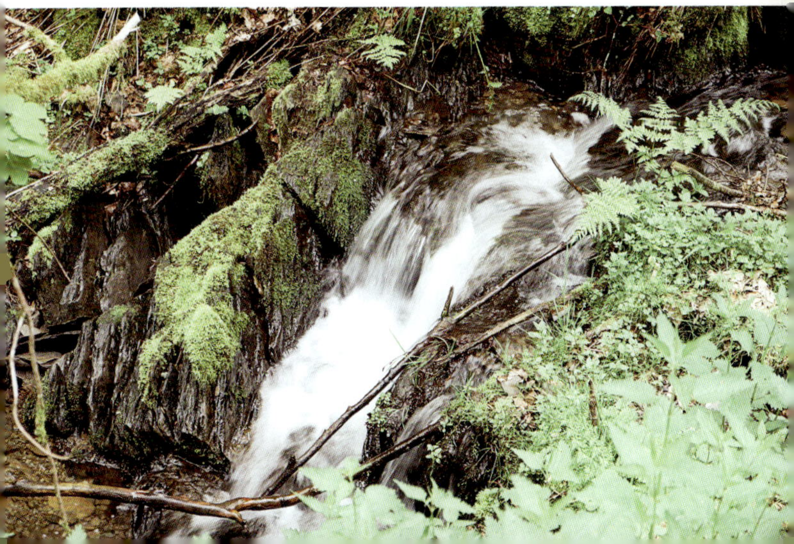

Vom Parkplatz aus gehen Sie geradeaus auf der Straße in den kleinen Ort und passieren nach wenigen Metern das 🛏 Landhaus zum Rothaarkamm. Ein schmaler Asphaltweg führt Sie steil bergab, am Ende halten Sie sich links und gelangen auf einen breiten Forstweg. Schanze wird verlassen und vorbei an einer Schranke tauchen Sie wieder in den Wald ein, der bald von Buchen und Ahorn dominiert wird. Der Weg ist teilweise von Steinen durchsetzt und endet schließlich nach einem guten Kilometer an einer T-Kreuzung mit ⌂ Hütte, an der Sie sich rechts halten. Im Tal können Sie bald das Rauschen des Schladebachs hören, der nach gut 650 m in einer Haarnadelkurve überquert wird und nun links neben dem (Asphalt-)Weg fließt. Schon nach ein paar Hundert Metern wird er in einer Rechtskurve erneut überquert und plätschert nach einem Miniaturwasserfall nun zu Ihrer Rechten. Der Asphaltweg geht wieder in Schotter über und fällt leicht ab. Gut 600 m nach der letzten Bachüberquerung sehen Sie auf der rechten Seite einen Teich mit einem Denkmal – der **Altarstein** ⛩ ❶ ist erreicht. Um ihn genauer in Augenschein nehmen zu können, müssen Sie den Schladebach und einen weiteren Zufluss überqueren.

⌘ Zur Zeit der Christianisierung der Region sollen sich an dieser Stelle sächsische Heiden getroffen haben, um heimlich ihren Göttern zu opfern. Die Gedenksäule am Teich hat hiermit allerdings nichts zu tun, wie man unschwer an dem christlichen Symbol des Kreuzes erkennen kann. Sie erinnert an die Neugründung der Siedlung Latrop im Jahr 1737. Während der Soester Fehde in der Mitte des 15. Jh. hatte die Bevölkerung den verwüsteten Ort verlassen.

Nach dem kleinen Abstecher geht es auf dem Forstweg weiter am Bach entlang, das Tal ist nun tief eingeschnitten. Auf der linken Seite können Sie ab und zu die für die Region typischen Schieferfelsen sehen. Sie passieren einen weiteren Teich mit einer kleinen Hütte rechts unten im Tal und erreichen schließlich 1,5 km nach dem Altarstein an einer T-Kreuzung den **Rastplatz Dicke Eiche** ❷ mit ⌂ Schutzhütte und einer wirklich großen Eiche, dort halten Sie sich links. Rechts von Ihnen fließt nun der kleine Bach Adams Siepen, den Sie nach wenigen Metern an einem Abzweig nach rechts überqueren. Es geht kurz sanft bergauf und dann halb rechts leicht abwärts. Das idyllische Grubental mit dem tief unten im Tal fließenden Grubensiepen ist erreicht. Auf einem bequemen Weg wandern Sie gut 1 km immer oberhalb des Siepens weiter, überqueren einmal einen kleinen Zufluss, kommen an der großen ⌂ Rast- und Grillhütte des SGV Latrop vorbei und passieren einen Löschwasserteich. Direkt danach halten Sie sich an der T-Kreuzung rechts und überqueren den Grubensiepen, der im Folgenden links nah neben dem Weg fließt. Der Weg mündet in eine breite Forststraße (Sie biegen

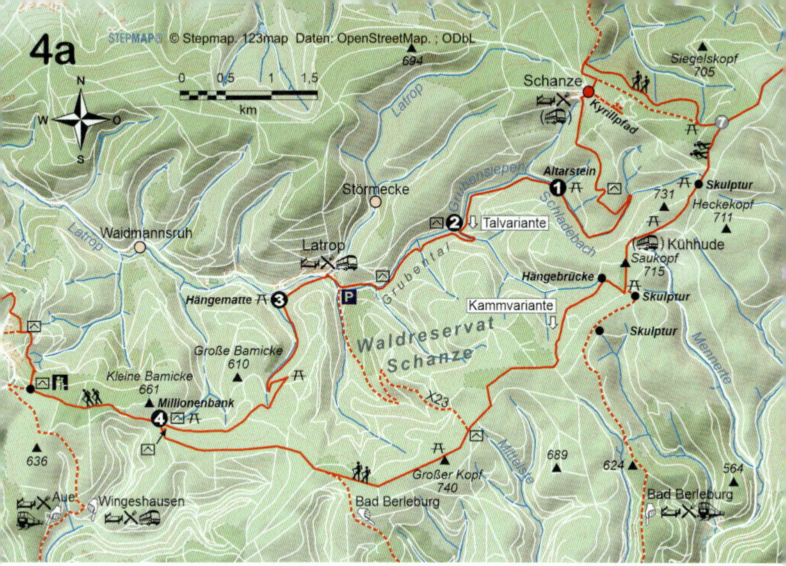

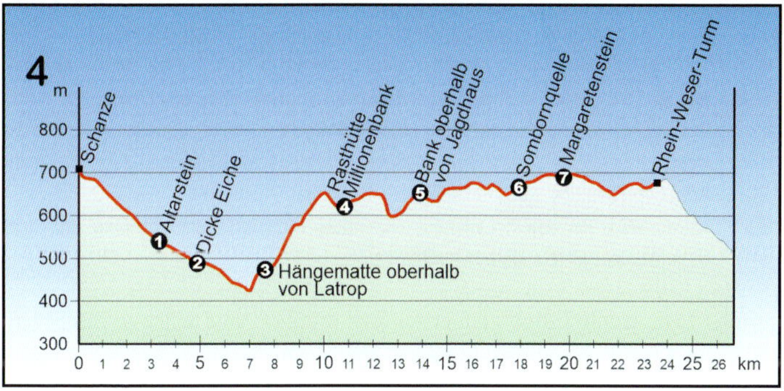

nach links ab) und ein Forstbetrieb zeigt an, dass Sie nun am Ortsrand von Latrop angekommen sind. Der Weg geht in eine Straße über und an einem Park- und Rastplatz mit einer Liegebank ist der Ort erreicht. Sie spazieren geradeaus weiter, vorbei am Gasthof Zum Grubental. Der Rothaarsteig führt dann links in die hübsche Grünanlage und über die Brücke; geradeaus ginge es zu weiteren Unterkünften.

Latrop

Verkehrsverein Latrop e. V., 57392 Schmallenberg, 029 72/60 06, info@latrop.de, www.latrop.de

Gasthof Zum Grubental, Latrop 5, 57392 Schmallenberg, 029 72/97 74 40, info@grubental.de, www.grubental.de, ÜF DZ ab € 106, € 8 (auf Anfrage), auf Anfrage, € 7, am Weg

♦ Landgasthof Hotel Hanses-Bräutigam, Latrop 27, 57392 Schmallenberg, 029 72/990-0, info@hotel-hanses.de, www.hotel-hanses.de, ÜF DZ ab € 110 (Nebensaison) bzw. ab € 130 (Hauptsaison), € 12 (nach Absprache), Preis je nach Entfernung, ca. € 15-30 (bitte vorher Bescheid sagen), , QR, ca. 100 m vom Weg entfernt

♦ Hotel & Gasthof Hubertushöhe, Latrop 11-13, 57392 Schmallenberg, 029 72/971 10, info@hubertushoehe-latrop.de, www.hubertushoehe-latrop.de, ÜF DZ ab € 110, € 7, sehr hundefreundlich, , QR, ca. 100 m vom Weg entfernt, ☺ sehr empfehlenswert

Pension Altes Schulhaus, Latrop 35, 57392 Schmallenberg, 029 72/16 10, info@altes-schulhaus-latrop.de, www.altes-schulhaus-latrop.de, ÜF ab € 90, keine Kartenzahlung möglich!, , QR, ca. 200 m vom Weg entfernt (am anderen Ende des Ortes)

♦ Pension Latröpchen, Latrop 47, 57392 Schmallenberg, 029 72/390 60, info@latroepchen.de, www.latroepchen.de, ÜF DZ ab € 80, auf Anfrage, , QR, ca. 800 m vom Weg entfernt (am anderen Ende des Ortes)

⌘ Waldarbeitermuseum in der Alten Mühle, tägl. 9:00-18:00, Eintritt frei (man freut sich aber über eine Spende zur Erhaltung und Pflege des Museums), Ausstellung zur Arbeit im Wald und zum Dorfleben

Latrop wird von einem Linienbus (Kleinbus) Richtung Schmallenberg und dem Schmallenberger Wanderbus angefahren.

Im 13. Jh. wurde Latrop zum ersten Mal erwähnt, im 15. Jh. verwüstet und verlassen, ab dem 17. Jh. neu besiedelt. Heute, im 21. Jh., stehen Sie in einem hübschen kleinen Ort mit den typischen Sauerländer Fachwerkhäusern, das 2004 sogar mit der Goldmedaille im deutschlandweiten Wettbewerb „Unser Dorf soll schöner werden, unser Dorf hat Zukunft" ausgezeichnet wurde. Von einem Waldarbeiter- und Köhlerdorf hat sich Latrop inzwischen zu einem besonders bei Wanderinnen und Wanderern beliebten Ferienort entwickelt. Vergangenheit und Gegenwart verbindet der Wald- und Försterpfad, ein interessanter Lehrpfad rund um den Wald und seine Nutzung, der am Waldarbeitermuseum beginnt und teilweise auch parallel zum Rothaarsteig verläuft. Sie werden auf den nächsten Kilometern ein paar Stationen passieren.

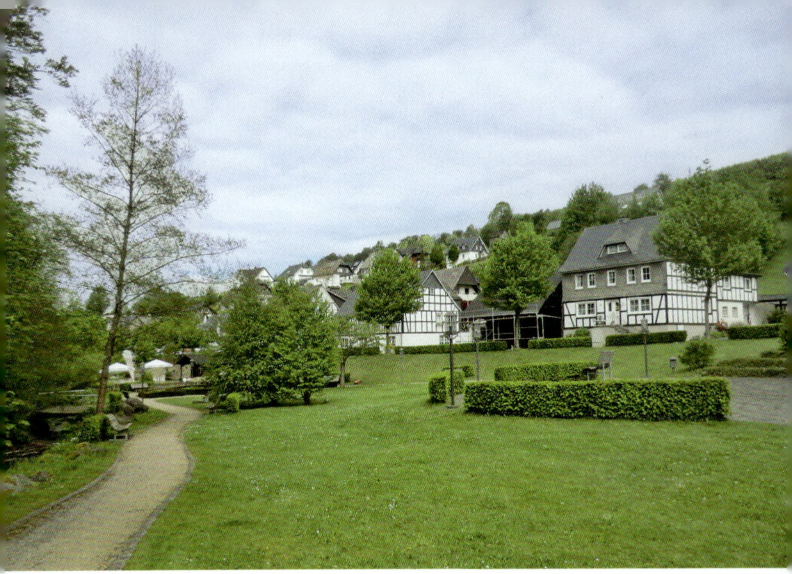

Das hübsche Fachwerkdorf Latrop

Nachdem Sie die Brücke über den Bach Latrop überquert haben, steigen Sie auf einem Waldpfad kurz auf, passieren eine ⩩ Bank und wandern dann geradeaus auf dem Wanderweg oberhalb des Bachs weiter. Zu Ihrer Linken erhebt sich der Wald mit vielen Ginstersträuchern, rechts haben Sie über die Wiesen einen schönen Blick auf Latrop. Nach 300 m versperrt ein kleiner Buchenwald kurzzeitig den Blick ins Tal, dann eröffnet sich rechts nochmals ein Ausblick auf den idyllischen Ort, den Sie kurz vor einer Linkskurve aus einer ⩩ hölzernen Hängematte ❸ heraus genießen können. In der Kurve verlassen Sie den Bach Latrop und hören stattdessen rechts unten nun das Rauschen des Lüttmeckesiepens, der Sie auf dem nächsten Kilometer begleiten wird. Außerdem finden Sie am Weg Infotafeln des Waldarbeiter- und Försterpfads.

Allmählich geht es leicht aufwärts – Sie müssen schließlich wieder zum Kamm hinauf! Einen verlockenden Abzweig rechts abwärts zu einer Brücke müssen Sie leider ignorieren und weiter geradeaus aufsteigen, erst leicht, dann deutlicher bergauf. Sie wandern unter hohen Buchen und Ahorn oberhalb des wilden Bachtals entlang. An einem kleinen Wasserfall verlassen Sie den Siepen schließlich mit der Haarnadelkurve nach links und laufen durch schönen Mischwald auf einem Forstweg weiter leicht bergauf. An einem Holzlagerplatz ⩩ wenden Sie sich nach 300 m scharf nach rechts, es geht nun wieder deutlicher aufwärts. Der Weg kann teilweise sehr matschig sein. Nach einer weiteren ⩩ Bank, die Sie nach einem knappen Kilometer passieren, ist der Anstieg geschafft und es geht auf einem ebenen, breiten Forstweg noch einmal 500 m weiter bis zu einer T-Kreuzung, an der Sie sich links halten. Vorbei an einer Schranke erreichen Sie den ⌂ Ꟁ Rastplatz **Millionenbank ❹** und damit auch wieder den Hauptweg (Kammvariante) des Rothaarsteigs.

Geldsegen mitten im Wald?

Nach Millionen sehen die bescheidene Hütte und die Bank nicht gerade aus. Warum also dieser Name? Der Ursprung ist unklar, es kursieren verschiedene Theorien. Eine vermutet, dass Schmuggler hier einst lukrative Geschäfte machten. Eine andere besagt, dass eine hier in den 1920er-Jahren gefällte Buche Millionen wert war – nur dass man mit diesen Millionen wegen der Inflation nicht viel anfangen konnte. So machte man aus der Buche lieber eine Bank, statt sie zu verkaufen.

Es geht rechts auf dem breiten Weg weiter durch den Wald. Zunächst wandern Sie durch Buchenwald, dann an Nadelbäumen vorbei, zwischen denen man immer wieder auch die Stümpfe von vom Sturm abgebrochenen Bäumen sieht. Zuletzt wird der Nadelwald wieder höher. Auf zwei Ꟁ Bänken können Sie unterwegs bei Bedarf eine Pause einlegen – einen schöneren Rastplatz erreichen Sie aber nach insgesamt 1,5 km (ab der Millionenbank) nach der Unterquerung einer Stromtrasse: Ein origineller ⌂ Unterstand in einem Fass und Ꟁ Liegebänke laden dazu ein, in Ruhe die herrliche Aussicht auf die bewaldeten Höhenzüge des Sauerlands zu genießen, die nur durch die Stromleitungen getrübt wird. Ein Fernglas steht bereit, mit dem Sie weit entfernte Berge und sogar den Fernmeldeturm auf der Hunau ganz nah heranholen können. ↳ Geradeaus könnten Sie hier nach Wingeshausen (6,2 km) und Aue (8,6 km) wandern.

Rasten im Fass

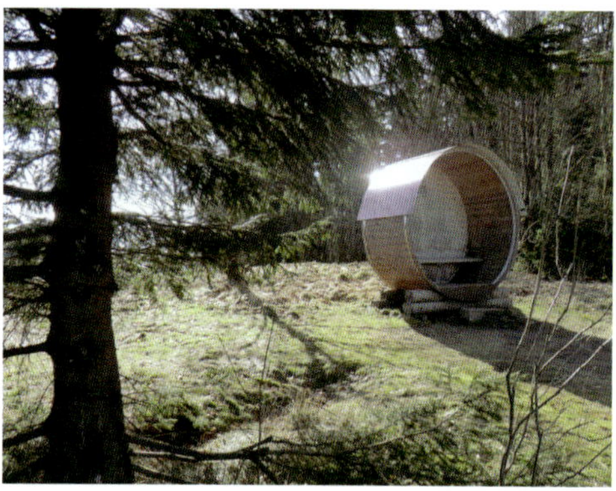

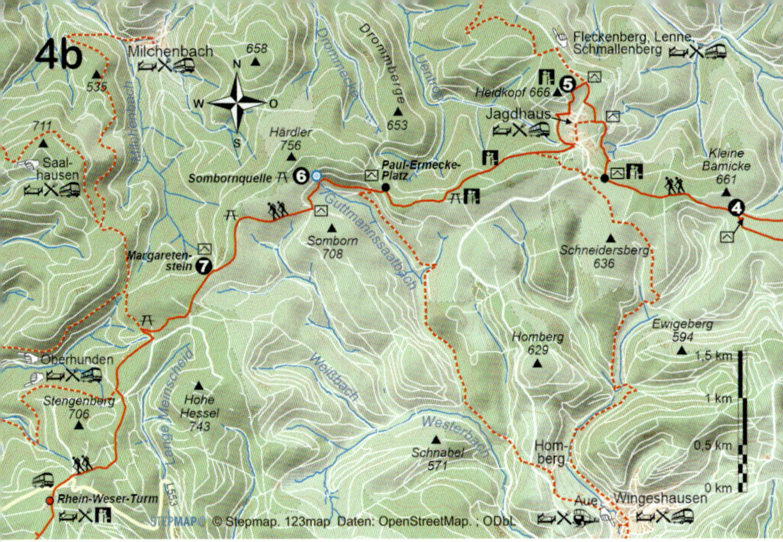

Der Rothaarsteig führt rechts auf dem schmalen Weg am Waldrand hinab, parallel zur Stromtrasse. Ein Forstweg wird gekreuzt, Sie bleiben aber auf dem kleinen Wiesenweg, der im zweiten Teil deutlich abwärts führt und teilweise steinig ist. Stufen erleichtern den Abstieg. Dann gelangen Sie wieder in den Wald und am Ende über Stufen auf einen Forstweg, dem Sie nach links folgen. Im Sommer ist es hier angenehm kühl und nur das Zwitschern der Vögel ist zu hören. Sie laufen unter hohen Bäumen weiter, der Untergrund geht in Asphalt über und zwei Abzweige nach rechts werden ignoriert. Kurz nach dem zweiten (mit Bank) wenden Sie sich an einer Hütte nach links und laufen unter Buchen, Ahorn und Ebereschen aufwärts. Ein Grundstück mit Jägerzaun zur Linken kündigt Jagdhaus an, das Sie aber erst einmal umrunden werden. An einer Kreuzung nehmen Sie den zweiten Abzweig rechts und laufen an weiteren Grundstücken entlang.

Wer abkürzen will, geht geradeaus weiter am Zaun entlang und stößt am Ende bei der Bushaltestelle auf die Hauptstraße von Jagdhaus. Links geht es vorbei am Hotel Gasthaus Tröster zum Hotel Jagdhaus Wiese, an dem dann auch der Rothaarsteig wieder vorbeiführt.

Zwischen Wiesen mit viel Ginster geht es in einer Linkskurve auf einem breiten und steinigen Fahrweg bergauf. Links liegt ein fast schon parkähnlich anmutendes Grundstück und rechts haben Sie über eine Weide hinweg wieder einmal einen schönen Fernblick. Sie überqueren eine Straße (links ginge es in den Ort hinein) und gehen rechts auf dem Fußweg neben der Straße weiter bis zu einer Hütte. Hier biegen Sie links auf den Feldweg am Waldrand ab und steigen auf. Geradeaus könnten Sie nach Fleckenberg (5,7 km), Lenne (7,8 km) oder Schmallenberg (9,1 km) wandern.

Am Ende des Anstiegs, etwas unterhalb des 666 m hohen **Heidkopfs**, setzt ein hölzerner Bilderrahmen ❺ die schöne Wald- und Wiesenlandschaft toll in Szene (S. 20). Sie können sich entweder hier auf der Liegebank ausruhen oder dem Wiesenweg am Bilderrahmen vorbei noch ein paar Schritte nach links zu einer hölzernen Hängematte folgen.

Sie wandern nun mit herrlicher Sicht oberhalb der Wiese entlang und kommen an weiteren Bänken vorbei. An der Kreuzung vor dem Spielplatz gehen Sie links bergab, passieren den Schäferhof und wenden sich vor dem mit Schiefer verkleideten Haus rechts in die schmale Asphaltstraße, die an einer Weide entlang verläuft. An der T-Kreuzung geht es nach links und auf einem schönen kleinen Sträßchen zwischen Wiesen bzw. Weiden hindurch um den Ort herum. Am Waldrand biegen Sie links auf einen aufwärtsführenden Asphaltweg ab und erreichen die Gebäude des Hotels Jagdhaus Wiese. Geradeaus können Sie die kleine Hubertuskapelle erkennen.

Jagdhaus

Verkehrsverein Jagdhaus e. V., Jagdhaus 29, 57392 Schmallenberg, 029 72/30 62 02, willkommen@jagdhaus.info, www.jagdhaus.info

Hotel Schäferhof, Jagdhaus 21, 57392 Schmallenberg, 029 72/96 39 83-0, info@schaeferhof.com, www.schaeferhof.com, ÜF DZ ab € 122, € 10-20, nach Absprache, , QR, direkt am Weg

♦ Hotel Jagdhaus Wiese, Jagdhaus 3, 57392 Schmallenberg, 029 72/306-0, info@jagdhaus-wiese.de, www.jagdhaus-wiese.de, ÜF DZ ab € 180, eingeschränkt möglich, Kosten abhängig vom Zielort, € 7, QR, direkt am Weg

♦ Hotel Gasthaus Tröster, Jagdhaus 7, 57392 Schmallenberg, 029 72/97 30-0, gasthaus@troester-jagdhaus.de, www.troester-jagdhaus.de, ÜF DZ ab € 81, nach Voranmeldung möglich (€ 7-12), , ca. 200 m vom Weg entfernt

Jagdhaus wird von einem Linienbus (Kleinbus) Richtung Schmallenberg und dem Schmallenberger Wanderbus angefahren.

So rätselhaft die Herkunft des Namens Millionenbank ist, so eindeutig ist der Ursprung des Namens Jagdhaus: Der Ort entstand rund um ein Jagdhaus der Freiherren von Fürstenberg. Erst nutzten es Jagdaufseher und Jäger als Unterkunft, ab dem 18. Jh. wurde es dann dauerhaft bewohnt. Dass die kleine Kapelle im Ort dem heiligen Hubertus, dem Schutzpatron der Jagd, geweiht ist, ist also nicht sehr verwunderlich.

Ähnlich wie Latrop war Jagdhaus erst Heimat von Waldarbeitern und Köhlern und wurde dann dank der idyllischen Lage zu einem Ferienort. Das erste Gasthaus eröffnete übrigens Klemens Wiese mit seiner Frau Ferdinande, deren Nachfahren noch heute das Hotel Jagdhaus Wiese betreiben.

Gegenüber der Terrasse des Hotels geht es rechts erst eine Treppe hinauf und dann wieder rechts auf einem schmalen Pfad in den Wald. Der Weg führt erst leicht bergauf und dann eben weiter, zwischen hohen Fichten und Sturmflächen, über die Sie noch einmal bis zum Schäferhof zurückblicken können. Hier verläuft parallel zum Rothaarsteig die Rothaarsteig-Spur „Wisent-Pfad", die auch an der „Wisent-Wildnis" vorbeiführt.

Achtung, wild: Wisente am Rothaarsteig

Zotteliges Fell, ein bulliger Kopf mit zwei kräftigen Hörnern und eine beeindruckende Statur: Wenn Ihnen so ein Wesen im Wald auffällt, sind Sie wahrscheinlich einem Wisent begegnet. Seit 2013 lebt eine Herde der imposanten Tiere, die auch als Europäische Bisons bekannt sind, wild im Wald rund um Bad Berleburg.

Aus Tierschutzsicht ist das Artenschutzprojekt „Wisente im Rothaargebirge" eine Sensation, denn nirgendwo sonst in Westeuropa leben Wisente frei in einem ganz normalen Wald. Für viele, die von der Waldwirtschaft leben, allerdings ein bisschen zu frei, denn Wisente knabbern gerne die Rinde von Buchen ab – und wessen Bäume sie da gerade schälen, ist ihnen dabei ziemlich egal. Das sorgte in den vergangenen Jahren immer wieder für Schäden und führte zu einem langjährigen Rechtsstreit zwischen Trägerverein und Waldbauern. Es bleibt spannend, wie es mit den Wisenten weitergehen wird …

Wisente sind eher scheu und vermeiden Begegnungen mit Menschen, sodass Sie die Tiere voraussichtlich nicht zu Gesicht bekommen werden. In der Regel geht von ihnen keine Gefahr aus, aber natürlich sollten Sie ihnen wie allen Wildtieren mit Respekt begegnen! Verhalten Sie sich ruhig und unauffällig und passieren Sie die Tiere – falls Sie welche sehen – in möglichst großem Abstand.

⌘ In der „Wisent-Wildnis am Rothaarsteig" (ca. 1 km vom Rothaarsteig entfernt) können Sie eine zweite Wisentherde in einem Schaugehege aus sicherem Abstand beobachten.

www.wisent-welt.de

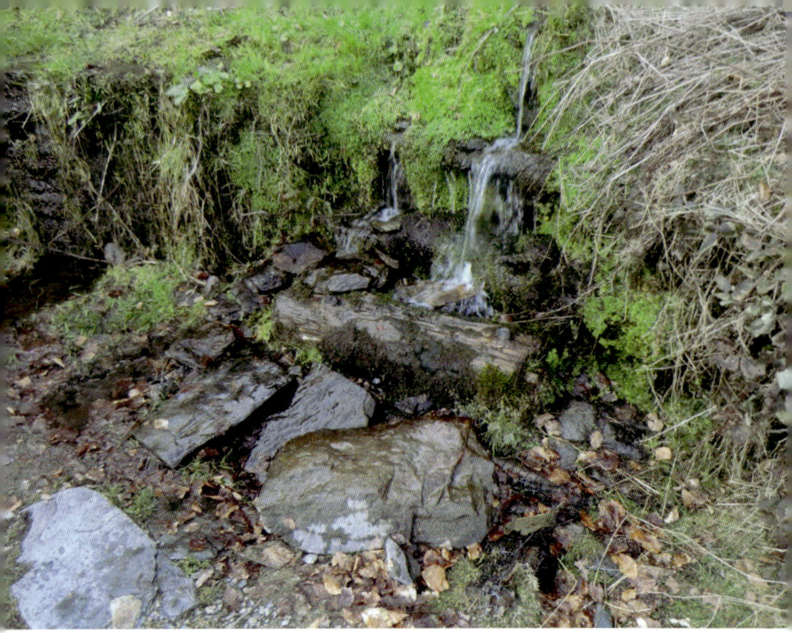

Sombornquelle

Ein Weg kreuzt, hier könnten Sie links wieder nach Wingeshausen abbiegen (6,5 km). Der Rothaarsteig führt geradeaus weiter, bald unter höheren Buchen. Der angenehme Waldpfad endet nach insgesamt knapp 800 m an einem Forstweg und Sie wenden sich nach links. Kurz darauf eröffnet sich rechts ein herrlicher Fernblick ins Tal. Die Spuren, die Trockenheit und Stürme in den Wäldern hinterlassen haben, sind hier zum Teil deutlich zu erkennen. Wenig später zweigt ein schmaler Waldweg links ab und führt Sie leicht bergauf. Nur das Zwitschern der Vögel ist hier zu hören und der Weg ist angenehm zu gehen. Nach einer Weile können Sie den Ausblick auf den Dromberg (rechts) und den Härdler (schräg rechts) genießen. Eine Bank mit Aussicht wird passiert, dann geht es zwischen nachwachsenden Nadelbäumen aufwärts. Der teilweise wurzelige Pfad endet an einem breiten Schotterweg, halten Sie sich hier rechts. Auf den nächsten 750 m ist der Wald mal mehr, mal weniger dicht, die Bäume mal höher, mal niedriger und es geht leicht auf und ab. Zuletzt laufen Sie durch Kahlflächen und haben einen weiten Blick nach rechts und nach vorn bis zur Hütte am **Paul-Ermecke-Platz.** Ein paar Meter neben der Hütte steht Trudes Sonnenbank. Dank der Kahlschläge ist es inzwischen nicht mehr schwierig, hier ein paar Sonnenstrahlen zu erhaschen. Sie biegen links ab und folgen dem Weg leicht bergab. Nach ein paar Birken endet er an einem Forstweg, ↳ wo von links ein weiterer Zustiegsweg aus Wingeshausen (5,7 km) dazukommt. Der Rothaarsteig führt nach rechts.

Sie befinden sich nun am Südhang des Rothaarkamms. Einzelne Buchen, Birken und Weiden mischen sich in den Nadelwald und am Hang zur Rechten wächst Heidekraut. Links geht es tief ins Tal des Guttmannssaatbachs hinab, auch wenn das zwischen den dichten Bäumen kaum zu erkennen ist. In einer Linkskurve erreichen Sie nach gut 550 m die **Sombornquelle** ⑥.

Mit Blick auf den 708 m hohen Somborn folgen Sie weiter dem Weg. Rechts bzw. hinter Ihnen erhebt sich der Härdler (756 m). Leicht bergauf geht es zu der großen Kreuzung „Potsdamer Platz" mit Schutzhütte, die angeblich nach dem gleichnamigen Verkehrsknotenpunkt in Berlin benannt wurde. Sie biegen hinter der Hütte rechts ab und wandern erst durch Laub-, dann wieder durch Nadelwald am Hang entlang. Wenn an einer Bank rechts der Grenzweg abzweigt, bleiben Sie geradeaus auf dem angenehm zu gehenden Waldweg. 1,5 km nach dem Potsdamer Platz ist der Rastplatz am **Margaretenstein** ⑦ mit Rothaarsteighütte und Picknickinsel erreicht. Beim Margaretenstein handelt es sich um einen besonders alten Grenzstein aus dem Jahr 1692, der nach einer Fürstin aus Wittgenstein benannt sein soll.

Wenn Sie keine Pause machen wollen, folgen Sie direkt weiter dem Weg durch den Wald. An einem Abzweig nach ca. 500 m biegen Sie nach rechts ab. Trotz der Wurzeln im Boden ist der Weg im dichten Wald angenehm zu gehen. An einer Kreuzung geht es geradeaus weiter, dann mündet der Weg am Wegweiser „Am Wildhöfer" in einen Forstweg mit Bank (die ehemals vermutlich gute Aussicht ist recht zugewachsen) und Sie halten sich links. ↳ Rechts könnten Sie u. a. nach Oberhundem (3,3 km), Milchenbach (5,1 km), Saalhausen (8,2 km), Altenhundem (13,1 km) oder zum Alpenhaus (3,6 km) abbiegen. Hier stößt auch die Rothaarsteig-Spur „Oberhundemer Bergtour" auf den Hauptweg.

An der nächsten Kreuzung biegen Sie rechts ab, es geht weiter durch Nadelwald, in den sich vereinzelt Laubbäume mischen. Wenn nach knapp 750 m geradeaus ↳ Zustiegswege nach Oberhundem (4,2 km) und zu den Oberhundemer Klippen (1,2 km) führen, wenden Sie sich nach links. Nach einem kurzen kräftigen Anstieg geht es leicht aufwärts weiter. Eine schmale Straße wird schräg nach rechts überquert, Sie bleiben im Wald. Unter den hohen Nadelbäumen wachsen niedrigere Ahornbäume und Buchen und auch Heidelbeeren sind wieder zu entdecken. In einer Rechtskurve wird der Wald kurz lichter und lässt Fernblicke durch die Bäume zu. Motorengeräusche kündigen an, dass Sie

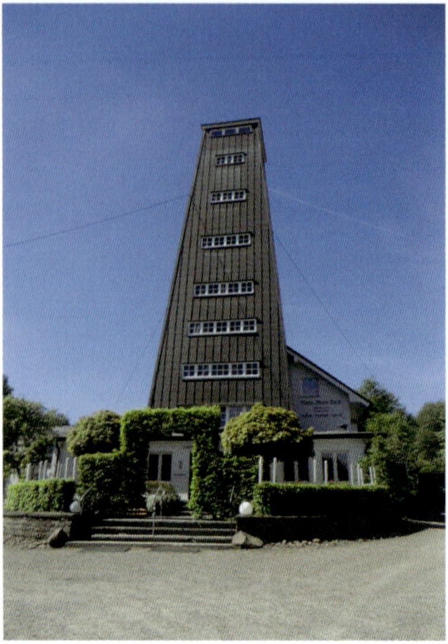

Der Rhein-Weser-Turm

sich Ihrem Etappenziel nähern (noch gut 900 m), doch ansonsten ist das Wandern auf dem mit Nadeln bedeckten Weg angenehm.

Dann nimmt der Straßenlärm zu. An einem Sendemast wenden Sie sich kurz nach links auf eine schmale Asphaltstraße und werden dann vor Erreichen der L553 auf einen parallel verlaufenden Waldweg mit vielen Wurzeln geleitet. An einer Hütte, die den Eingang zur Rothaarloipe markiert, verlassen Sie den Wald, überqueren die Straße (🚌 „Rhein-Weser-Turm", RUF-Bus) und müssen nun nur noch geradeaus (am 🛏 ✕ Hotel Zur Hahnenquelle vorbei) die Zufahrt zum **Rhein-Weser-Turm** hinauflaufen, um das Ziel der heutigen Etappe zu erreichen.

🛏 ✕ Zur Hahnenquelle, Rhein-Weser-Turm 1, 57399 Kirchhundem, ☎ 027 23/928 99 14, ✉ info@zurhahnenquelle.de, 💻 www.zurhahnenquelle.de, Ü DZ € 60, F € 13,90 p. P., 🧳 🍎, QR, ☺ sehr empfehlenswert

♦ Berghotel Rhein-Weser-Turm, Rhein-Weser-Turm 2, 57399 Kirchhundem, ☎ 027 23/722 42, ✉ rheinweserturm@aol.com, 💻 www.rhein-weser-turm.de, ÜF DZ € 109, 🐕 🧳 🍎, QR

🚌 Busverbindung nach Oberhundem (RUF-Bus)

⌘ 113 Stufen führen hinauf auf die ca. 4 x 4 m große Aussichtsplattform des 24 m hohen hölzernen Rhein-Weser-Turms, der im Jahr 1932 errichtet wurde. Oben angekommen haben Sie eine fantastische Aussicht: Über die Wälder hinweg können Sie weit über das südliche Sauerland und das Wittgensteiner Land schauen. Im Erdgeschoss können Sie in der gemütlichen Gaststube einkehren, im Anbau übernachten – und im Turm selbst können Sie sich sogar trauen lassen.

♦ Der Turm kann zu den Öffnungszeiten des Restaurants des Berghotels Rhein-Weser-Turm bestiegen werden.

5. Etappe: Rhein-Weser-Turm – Lützel

18,7 km, 6 Std., ↑ 428 m, ↓ 572 m, ⇧ 507-680 m

0,0 km	⇧ 680 m	Rhein-Weser-Turm
5,6 km	⇧ 606 m	Heinsberger Hochheide
9,9 km	⇧ 610 m	Abzweig Rothaarhütte (400 m)
11,0 km	⇧ 617 m	Kreuzung nahe der Ferndorfquelle
14,1 km	⇧ 614 m	Abzweig Hotel Ginsberger Heide (50 m)
15,2 km	⇧ 592 m	Ginsburg
18,7 km	⇧ 574 m	Lützel

Nach einem Besuch der fleißigen „Baumschüler" in der Waldschule wandern Sie durch das idyllische Schwarzbachtal und steigen dann am Habecker Bach entlang zur Heinsberger Heide auf. Ein längerer Wanderabschnitt auf Forstwegen wird durch einen kurzen Abstecher zur Ferndorfquelle unterbrochen. Am Ende der Etappe warten mit der Ginsburg und dem Aussichtsturm auf dem Giller noch zwei Höhepunkte im wahrsten Sinne des Wortes, bevor Sie durch Wiesen in den kleinen Ort Lützel hinabwandern. Sie lassen nun das Sauerland hinter sich und kommen ins Siegerland und Wittgensteiner Land.

☺ *Als alternatives Etappenende bietet sich das Hotel Ginsberger Heide an. Die kurze 6. Etappe verlängert sich dann auf immer noch gut zu bewältigende 18,8 km.*

Von der Ginsburg bietet sich eine wunderbare Aussicht

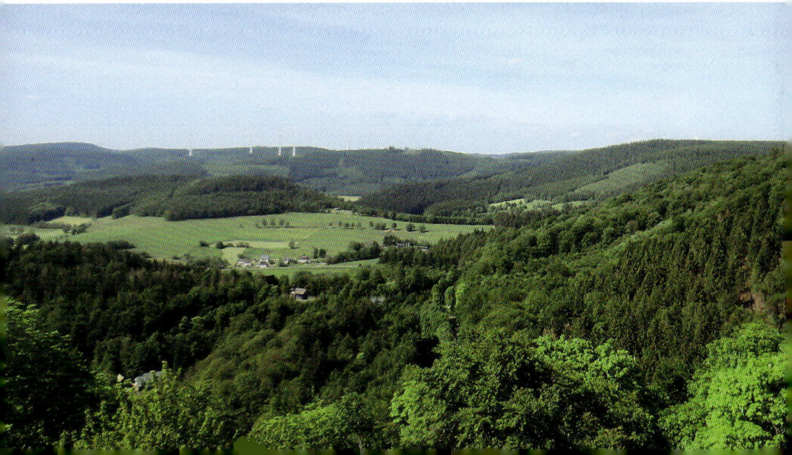

☺ *Da es in Lützel am Ende der Etappe kein Restaurant o. Ä. gibt, empfiehlt es sich, schon im Hotel Restaurant Ginsberger Heide oder in der Ginsburg-Schänke einzukehren. Erkundigen Sie sich vorab nach den aktuellen Öffnungszeiten!*

Sie gehen links am Rhein-Weser-Turm vorbei und halten sich am ersten Abzweig rechts. Der angenehm zu gehende Weg führt sanft bergab.

Nach etwa 400 m führt ein kurzer Abstecher (50 m) nach rechts zur liebevoll gestalteten Waldschule. In einem „Klassenzimmer" mit Fichten-, Bergahorn- und Buchenschülern werden die Baumarten, die man hier in der Region besonders oft findet, erklärt. Gegenüber wird der Aufbau des Waldbodens im Sauer- und Siegerland erläutert.

Sie wandern weiter geradeaus (von der Waldschule kommend rechts) zwischen Sturmflächen und Wald, der durch den Bewuchs im Unterholz sehr grün wirkt, hindurch. Es geht nun deutlicher bergab.

Rechts des Weges fließt schon der Schwarzbach, allerdings ist er anfangs so schmal, dass er zwischen dem Farn kaum zu erkennen ist. 1,2 km nach dem Start liegt auf der anderen Seite des Bachs ein erster Rastplatz.

Kurz danach biegen Sie an der T-Kreuzung links ab, rechts ginge es zum Panoramapark, einem Freizeitpark (600 m). Der Rothaarsteig führt ab hier knapp 2 km immer am Schwarzbach entlang. Nach einer Gabelung, an der Sie sich rechts halten, geht es stetig leicht bergab. Ein kleiner Teich im Tal wird passiert. Anfangs prägen Sturmflächen das Bild, später wandern Sie durch Wald. Zu Ihrer Linken können Sie einige imposante Ameisenhaufen bewundern. Das Bachtal ist mal tiefer, mal weniger tief, der plätschernde Bach teilweise mehr zu hören als zu sehen.

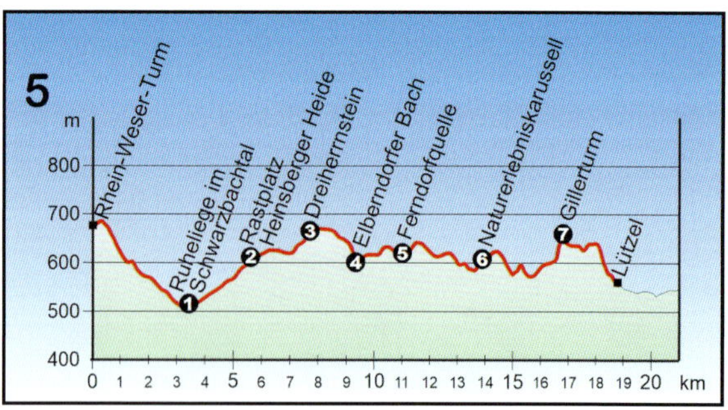

Schließlich lichtet sich der Wald und der Schwarzbach mäandert zu Ihrer Rechten in hübschen kleinen Schleifen durch eine Wiese. Sie erreichen einen Abzweig, an dem es geradeaus nach Röspe (4,2 km) und zum Bahnhof in Birkelbach (6 km) geht. Der Rothaarsteig führt nach rechts zum Schwarzbach, den Sie auf einer Brücke oder Steinen überqueren (Titelbild).

Ein wetterfestes Buch auf dem Brückengeländer stellt Ihnen Flora und Fauna des **Schwarzbachtals** vor, durch das Sie gerade wandern und das unter Naturschutz steht. In der idyllischen Landschaft mitsamt dem Bach fühlen sich z. B. Bachforellen, Neunaugen, Graureiher, Schwarzstörche, und Wasseramseln wohl. In den 1960er-Jahren wurden hier im Tal noch Fichten angepflanzt, später bemühte man sich erfolgreich, die ursprüngliche Pflanzenwelt mit ihren Auen-Bruchwäldern, Feuchtwiesen und Moorgebieten zu bewahren bzw. wiederherzustellen.

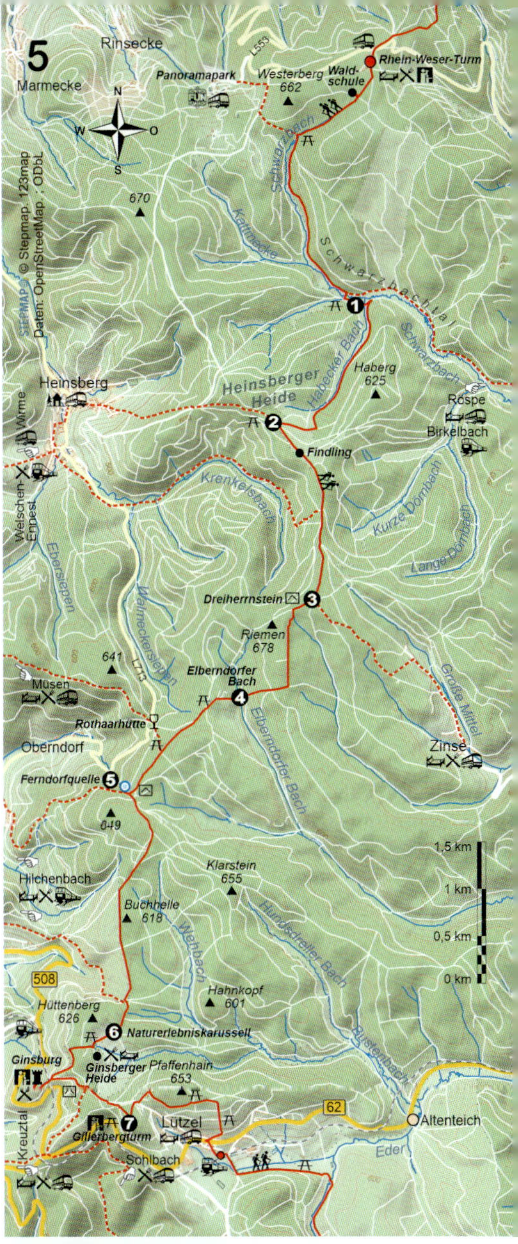

Nach dem Überqueren der Brücke führt der Rothaarsteig links am Waldrand entlang. Zu Ihrer Linken haben Sie einen wunderbaren Blick über das herrlich grüne Schwarzbachtal, den Sie nach knapp 200 m auf einer ⛩ Ruheliege ❶ genießen können. An einer Furt an einem kleinen Teich überqueren Sie kurz darauf auf Steinen den Habecker Bach, einen Zufluss des Schwarzbachs, der Sie auf dem folgenden Wegabschnitt begleiten wird.

Kurz nach der Furt geht es scharf nach rechts. Sie verlassen nun das Schwarzbachtal und wandern die nächsten 2 km stetig bergauf. Rechts fließt tief im Tal kaum sichtbar, aber ab und zu hörbar der Habecker Bach. Zu Beginn wandern Sie am Waldrand entlang, zu Ihrer Linken stehen hohe Fichten, während rechts im Tal vor allem Laubbäume wie Birken und Ebereschen wachsen. Später wird der Wald dichter. An einem Abzweig nach rechts versteckt sich hinter einem Wall und Bäumen ein kleiner Teich, Sie gehen geradeaus weiter. Moose, Farne und Heidelbeeren färben den Waldboden leuchtend grün. Ein steiniger Wegabschnitt mit deutlicher Steigung endet an einer T-Kreuzung und Sie wenden sich nach rechts. Der Untergrund ist nun wieder angenehmer. Bald wird der Wald lichter, Birken und andere Laubbäume mischen sich zwischen die Fichten und eine Lichtung mit Heidekraut kündigt an, dass Sie nun allmählich die **Heinsberger Heide** erreichen. Der Weg endet schließlich an einem ⛩ Rastplatz ❷ an einer kleinen Asphaltstraße (Wanderparkplatz Hochheide). ↳ Rechts könnten Sie nach 2,6 km Heinsberg 🏠 🚌 erreichen.

Der Rothaarsteig führt links weiter in die Heinsberger Heide, die wie das Schwarzbachtal unter Naturschutz steht. Dieses Heidegebiet ist nicht ganz so weitläufig wie die schon durchwanderten am Clemensberg und am Kahlen Asten (☞ Heide im Sauerland, S. 54), aber ebenfalls mit der typischen Heideflora bewachsen: Am Boden breiten sich Heidekraut und Heidelbeeren aus, dazwischen wachsen Wacholderbüsche und einzeln stehende Bäume wie Kiefern, Fichten oder Birken. Ringsum ist die Heide von hohen Fichtenwäldern umgeben.

Nach gut 400 m passieren Sie einen großen Findling unter einer Lärche, halten sich kurz danach an einer Gabelung ⛩ auf den Schotterweg rechts und wandern weiter durch die Heide. Bei Sonnenschein kann es hier sehr warm werden. Bald rücken die Fichten an beiden Seiten wieder nah an den Weg, kurz darauf eröffnet eine Kahlfläche bzw. Schonung rechts vorübergehend einen weiten Blick auf bewaldete Höhenzüge. An einer Gabelung, ↳ an der es rechts noch einmal nach Heinsberg 🏠 🚌 (4,6 km), Wirme 🚌 (10,8 km) und Welschen Ennest ✕ 🚆 (19 km) abgeht, führt der Rothaarsteig links weiter. Über Kahlfläche haben Sie nach links einen schönen Ausblick, dann wandern Sie auf einem breiten, steinigen Weg weiter. Wenn sich der Weg in drei schmalere teilt, nehmen Sie den ganz rechten und laufen aufwärts weiter. 650 m weiter erreichen Sie mit

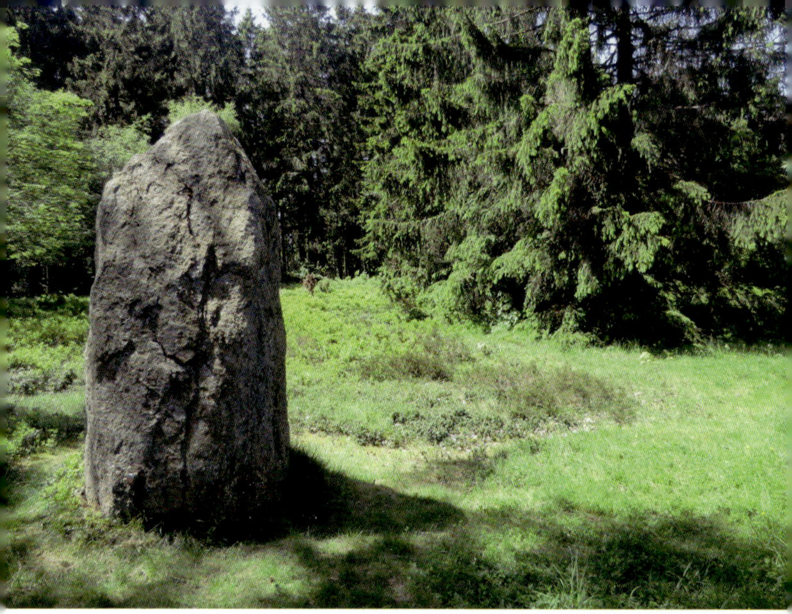

Findling in der Heinsberger Heide

einem kleinen Schlenker nach links den **Dreiherrnstein** ⛰ ⛩ ❸. (Im Frühjahr 2022 hat ein Sturm in diesem Bereich große Schäden angerichtet.) ↳ Links führt ein Zustiegsweg nach Zinse 🛏 ✕ 🚌 (2,5 km).

⌘ Bei den drei „Herren", deren Herrschaftsgebiete hier aufeinandertrafen, handelte es sich um das Kurfürstentum Köln, die Grafschaft Nassau und die Grafschaft Wittgenstein, auf dem Grenzstein symbolisiert durch ein Kreuz, die Wolfsangel (ein blitzförmiges Zeichen) und ein großes W. Jahrhundertelang wurde in diesem Bereich erbittert über den genauen Grenzverlauf (und die damit verbundene Nutzung von Land und Rohstoffen) gestritten. Heute treffen an dieser Stelle die Kreise Olpe und Siegen-Wittgenstein aufeinander.

Der Rothaarsteig führt geradeaus am Stein vorbei und nach 250 m an einer Gabelung nach links. Etwa 150 m Luftlinie von hier entfernt erhebt sich (für Sie unsichtbar auf der rechten Seite) der Riemen, der höchste Berg des Siegerlands (⇧ 678 m).

Nach einer Einmündung von rechts wird der Weg zum breiten Forstweg und Sie passieren eine Wetterstation und eine Infotafel zum Thema „Umweltmonitoring".

Nun beginnt einer der wenigen nicht ganz so abwechslungsreichen Abschnitte des Rothaarsteigs, denn auf den nächsten 5,5 km sind Sie überwiegend auf Forstwegen in teilweise dichtem Wald unterwegs. Ungefähr auf der Hälfte bietet die Ferndorfquelle allerdings eine schöne Unterbrechung, außerdem können Sie sich schon auf die anschließend folgende Ginsburg und den Gillerturm freuen.

Der Weg ist mit Schotter befestigt, es geht leicht bergab. An einer T-Kreuzung wenden Sie sich nach rechts, etwa 200 m weiter nehmen Sie an einer 5er-Kreuzung den zweiten Weg von rechts und wandern durch lichten Mischwald auf dem Forstweg abwärts. Am Ende des Abstiegs queren Sie den Elberndorfer Bach ❹ und steigen dann auf Schotter wieder bergauf. 400 m nach der Bachüberquerung erreichen Sie eine Kreuzung, an der endlich mal wieder eine Bank zu finden ist, und wandern geradeaus. An einem Abzweig, an dem geradeaus die Rothaarhütte (Sa 13:30-18:00, So und Fei 10:00-18:00, 400 m vom Weg) ausgeschildert ist, halten Sie sich links, es geht leicht bergauf.

An einer Kreuzung mit einer Bank der Rothaarhütte hätten Sie erneut die Chance, dorthin abzubiegen (250 m). Außerdem geht es rechts nach Müsen (14,2 km). Auf dem Rothaarsteig laufen Sie noch 450 m geradeaus weiter, dann halten Sie sich an einem Forstweg rechts. Hier an der Kreuzung finden Sie einen Rastplatz mit Hütte, aber der schönere Platz für eine Pause liegt ein paar Meter weiter an der Ferndorfquelle. Gehen Sie dafür rechts weiter zu der kleinen Asphaltstraße, die Sie rechts sowohl nach Hilchenbach (5,2 km) als auch zur **Ferndorfquelle** ❺ (50 m vom Weg entfernt) führt.

Nach wenigen Metern ist eine Infotafel zur Ferndorfquelle erreicht und Sie steigen auf einem kleinen Pfad (teilweise mit Stufen) hinab zur neu eingefassten Quelle. Sie sprudelt recht prosaisch aus einem Rohr, plätschert danach aber hübsch über Steine weiter. Kaum zu glauben, dass das kleine Bächlein im 16. Jh. eine ganze Reihe von eisenverarbeitenden Betrieben mit Energie versorgte. Der Bach wurde dafür mehrmals gestaut und über die Wasserräder der Eisenhütten geleitet, die Schmiedehämmer und Blasebälge antrieben.

Oberhalb der Quelle lädt eine Ruhebank zu einer Pause ein.

Der Rothaarsteig führt an der Straße links weiter, an der Kreuzung geradeaus und kurz darauf an der Gabelung rechts. Der Asphaltweg wird zu einem Schotterweg und Sie wandern zunächst knapp 400 m bergauf. An den einst dichten, Schatten spendenden Wald erinnern hier leider nur noch Überreste. Ab dem höchsten Punkt folgen Sie für die nächsten 2 km immer dem Hauptweg – nun wieder durch Wald und meistens leicht bergab. Alle Abzweige ignorieren Sie. Der Fichtenwald weicht nach einer Weile einem schönen Mischwald, in dem Sie Eichen, Ahorn, Birken, Ebereschen und Buchen, aber auch Kastanien und Kirschbäume entdecken können. Infotafeln zu den verschiedenen Baumarten und Themen rund um den Wald sorgen für Abwechslung. Schließlich erreichen Sie eine Kreuzung, ↳ an der rechts ein ganz schmaler Weg im Wald nach Hilchenbach 🛏 ✕ 🚆 führt (6,3 km). Sie gehen auf dem zweiten Weg von links zwischen hohen Nadel- und niedrigeren Laubbäumen auf einem breiten Schotterweg weiter, nun wieder bergauf. Vorbei an einem Willkommensschild des Dorfes Grund erreichen Sie das Naturerlebniskarussell mit Rangerstation, Rothaarsteigschaukel und Spielplatz ❻. Verschiedene Lehrstationen zum Ausprobieren bringen kleinen (und großen) Wanderinnen und Wanderern spielerisch die Natur näher. Der Aufstieg ist nun geschafft und es geht geradeaus auf Asphalt weiter zum Hof Ginsberg mit einer Infotafel zur **Ginsberger Heide**.

Blick vom Skilift über die Heide zum Ginsberger Hof (📷 Fabian Risse)

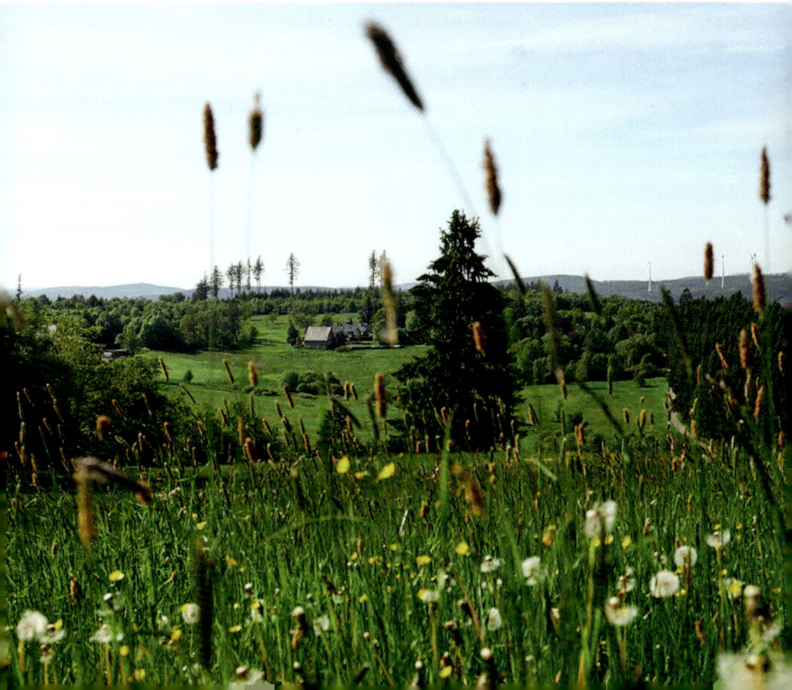

Am Hof eröffnet sich eine schöne Aussicht über die Hochebene. Den Skilift, den Sie auf der anderen Seite erkennen können, werden Sie später noch unterqueren.

Nach einer Linkskurve mit Rastplatz liegt das Hotel Ginsberger Heide vor Ihnen (ca. 50 m vom Weg entfernt).

Hotel Restaurant Ginsberger Heide, Hof Ginsberg 2, 57271 Hilchenbach,
027 33/32 24, info@ginsberger-heide.de,
www.hotel-ginsberger-heide.de, ÜF DZ ab € 76, QR

Der Rothaarsteig leitet Sie noch vor dem Hotel rechts durch Mischwald an einem Funkturm vorbei leicht bergauf und wieder bergab bis zu einem Forstweg und hier nach links. Bei zwei Ruheliegen biegen Sie rechts ab und steigen durch schönen Buchen-Ahorn-Wald in den Schlossbergsattel hinab, wo eine weitere Bank und eine Entscheidung auf Sie warten: Geradeaus geht es auf den Schlossberg hinauf zur Ruine der Ginsburg und zur Ginsburg-Schänke, links direkt auf dem Rothaarsteig weiter.

Die Ginsburg (S. 8), eine Höhenburg der Grafen von Nassau, wurde im 12./13. Jh. errichtet. Sie war u. a. zur Sicherung der Grenze und als Zollstation von Bedeutung, denn auf der nahen Ginsberger Heide kreuzten sich im Mittelalter wichtige Handelsstraßen.

1568 war die Burg Schauplatz einer historischen Begebenheit: Wilhelm von Oranien (Dillenburg und die Niederlande, S. 133) hielt hier in Vorbereitung auf den niederländischen Befreiungskampf gegen die Spanier heimliche Verhandlungen ab und soll in der Folge auf der Ginsberger Heide erste Heeresteile versammelt haben. Eine kleine Ausstellung und eine Gedenktafel für Wilhelm erinnern an die Geschehnisse.

Nach Ausbauten im 16. und 17. Jh. verfiel die Burg, ab den 1960er-Jahren wurden die Mauerreste dann wieder freigelegt und der Turm neu aufgebaut. Er kann heute bestiegen werden und bietet eine fantastische Fernsicht über die Berge und Wälder des Sauer- und Siegerlands und bis ins Siebengebirge und die Eifel. 2001 gab es übrigens ein weiteres „historisches" Ereignis auf der Ginsburg: Am 6. Mai 2001 wurde hier der Rothaarsteig eröffnet! Für alle, die den Rothaarsteig wandern, ist es also eigentlich ein Muss, die Burg zu besuchen.

♦ Ruine Ginsburg, Schlossberg 1, 57271 Hilchenbach, dieginsburg.de, Turmbesteigung ganztägig bis Einbruch der Dunkelheit möglich, Eintritt € 1, Kinder € 0,50

✕ Ginsburg-Schänke, Schlossberg 1, 57271 Hilchenbach, ☏ 027 33/669 02 01, post@ginsburg.info, Mi-So 13:00-18:00

Ohne den Abstecher zur Burg gehen Sie am Schlossbergsattel nach links, von der Burg kommend nach rechts, auf jeden Fall bergauf. Eine Grillhütte wird passiert und Sie erreichen einen großen Parkplatz am Sportplatz am Jugendwaldheim Gillerberg. Rechts zweigt hier ein Zustiegsweg nach Sohlbach ✕ (5,1 km) und zum Bahnhof Kreuztal ✕ (14,7 km) ab.

FUN Jedes Jahr zu Pfingsten findet hier und auf der Ginsburg das Theater- und Musikfestival KulturPur statt.

Der Rothaarsteig führt Sie geradeaus auf der Asphaltstraße entlang, dann biegen Sie nach ca. 250 m rechts und direkt wieder links auf einen schmalen Pfad im Wald ab und wandern parallel zur Straße bergauf. Sie kreuzen einen breiten Waldweg und steigen weiter aufwärts – der Aufstieg zum 653 m hohen Giller fordert Sie noch einmal ordentlich. Oben angekommen schickt Sie die Markierung

Der luftig konstruierte Turm ist nichts für Menschen mit Höhenangst

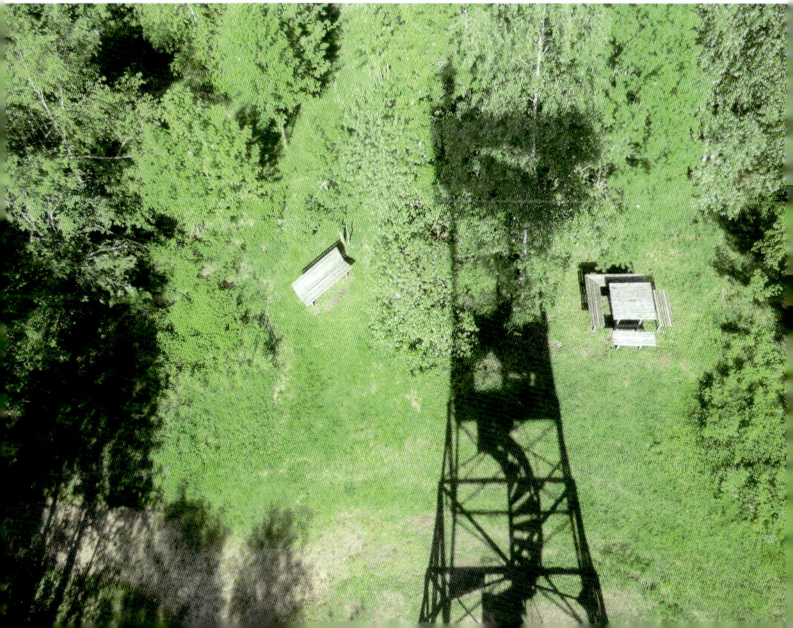

des Rothaarsteigs nach links, rechts liegt der **Gillerbergturm ❼**. Der Aufstieg auf den 15 m hohen Aussichtsturm lohnt sich: Sie haben eine weite Sicht in alle Richtungen.

Vom Turm aus gesehen geht es rechts zwischen knorrigen Eichen, Birken, Fichten und Ebereschen hindurch abwärts zu einem großen Parkplatz, durch eine Rechtskurve und dann links über den lang gezogenen Wanderparkplatz Gillerberg. Sie passieren ein Haus, laufen unter einer Liftanlage hindurch und haben nach links einen weiten Blick zurück zum Hof Ginsberg und zum Hotel Ginsberger Heide (S. 99). Auf einer Bank unter einer verzweigten Eiche können Sie eine Pause einlegen.

Hinter dem Lift wenden Sie sich nach rechts und laufen nun auf einem Schotterweg am Hang des Pfaffenhains (⇧ 653) entlang, teilweise durch herrlichen Laubwald mit vielen Birken, Eichen und Ahorn. In diesem Bereich sind auch Loipen ausgeschildert. Der km-100-Stein des Rothaarsteigs und eine Bank mit Blick auf eine Schonung werden passiert, dann ist der letzte Aufstieg der Etappe geschafft und es geht an einer Gabelung rechts am Waldrand bergab. Über die kleinen Bäumchen rechts können Sie weit blicken.

An einer Gabelung bleiben Sie rechts auf dem Wiesenweg zwischen Waldrand und Zaun, auch am Ende der Schonung gehen Sie rechts zwischen Zaun und Wald weiter. An zwei Bänken und einer Liege können Sie die tolle Fernsicht über Wiesen bis nach Lützel in Ruhe genießen. Nach der zweiten Bank laufen Sie auf einem Wiesenweg weiter abwärts Richtung Dorf, eine Straße wird geradeaus gekreuzt. Am Ende nehmen Sie den Feldweg nach rechts (An der Stern) und erreichen die ersten Häuser von Lützel. 200 m weiter stehen Sie an der Hauptstraße mit der Haltestelle „Oberdorf". An der Ampel überqueren Sie die Straße, gehen kurz nach links und rechts durch den Ahornweg hinab bis zum Bahnhof (Haltepunkt) von Lützel.

Lützel

- Pension Vogt, Im Stillen Winkel 9, 57271 Hilchenbach-Lützel, ☏ 027 33/32 06, info@pension-vogt-luetzel.de, www.pension-vogt-luetzel.de, ÜF DZ ab € 80, nur Barzahlung, € 5, , ca. 100 m vom Weg entfernt
- Busverbindung nach Siegen
- Regionalbahnanschluss Richtung Siegen (über Hilchenbach) und Bad Berleburg (über Erndtebrück und Aue-Wingeshausen)

Der kleine Ort Lützel ist der höchstgelegene Stadtteil von Hilchenbach und wurde im 16. Jh. das erste Mal urkundlich erwähnt. Besiedelt ist das Gebiet aber vermutlich schon seit dem 12. Jh.

6. Etappe: Lützel – Lahnhof

14,2 km, 4 Std. 15 Min., ↑ 368 m, ↓ 339 m, ⇧ 527-650 m

0,0 km	⇧ 574 m	Lützel
5,9 km	⇧ 631 m	Ederquelle
7,9 km	⇧ 578 m	Benfe-Waldheim
10,1 km	⇧ 632 m	Großenbach
10,6 km	⇧ 608 m	Siegquelle
14,2 km	⇧ 608 m	Lahnhof

Quellen, Quellen, Quellen: Von Lützel spazieren Sie durch das idyllische Tal der Eder zum Quellgebiet des Flusses, passieren danach die kleinen Ortschaften Benfe und Großenbach und wandern schließlich auf gewundenen Wegen von der Sieg- zur Ilmquelle. Und auch am Endpunkt der Etappe wartet noch eine Quelle: Im Lahntopf in Lahnhof entspringt – wie könnte es anders sein – die Lahn.

Sie folgen dem Ahornweg am Haltepunkt der Bahn vorbei weiter nach Osten und überqueren dann rechts die Gleise. Nach 200 m auf einem breiten Weg

Auf den ersten Kilometern folgen Sie der jungen Eder

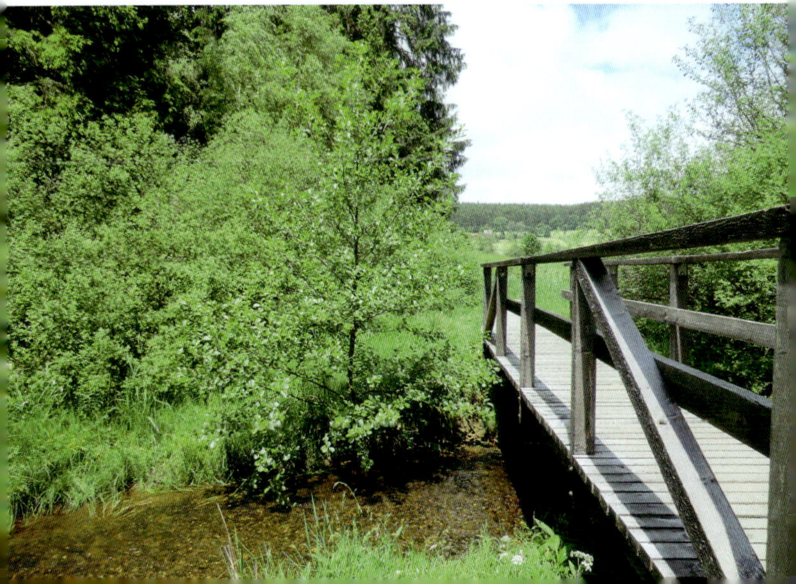

zwischen Bäumen zweigt der Rothaarsteig links in einen schmaleren Schotterweg ab. Links eröffnet sich bald ein weites Wiesental, in dem (für Sie unsichtbar) der kleine Lützelbach fließt. An einer Gabelung nach 650 m halten Sie sich links, passieren eine Bank, nehmen auch an der nächsten Gabelung den linken Abzweig und folgen dem schmalen Pfad zu einer Brücke über die Eder. Auf einem wurzeligen Waldweg geht es nach der Brücke bergauf bis zu einem breiten Forstweg, wo links der Zustiegsweg nach Erndtebrück (7,3 km) abgeht und der Rothaarsteig nach rechts führt. Die nächsten knapp 4,5 km folgt der Weg nun dem Verlauf der Eder flussaufwärts bis zu ihrer Quelle, eben oder leicht bergauf. Zu Ihrer Linken säumt lichter Nadelwald den Weg, rechts mäandert die Eder in Kurven und Schleifen durch ihr grünes Wiesental. Wie im Schwarzbachtal pflanzte man auch im Edertal im 20. Jh. Fichten an, machte dies aber später rückgängig. Heute wachsen hier vor allem Erlen, Weiden und Moorbirken. Ein Teil des Edertals mit Moorgebieten und Birkenbruchwald steht sogar unter Naturschutz.

Nach 2 km auf dem Weg am Fluss passieren Sie den km-105-Stein des Rothaarsteigs am **Steinbruch Drei Fichten ❶**. Wenige Meter danach erreichen Sie kurz vor einer Kreuzung einen Rastplatz mit Bänken und Liegen am Fluss. An der Kreuzung gehen Sie geradeaus auf dem Schotterweg bergauf, kurz eben weiter und dann wieder bergauf zwischen hohen Fichten und dem Wiesental weiter. Knapp 1 km nach dem Rastplatz passieren Sie eine Infotafel zum Thema „Teich“ und können rechts unterhalb des Weges noch ein solches Gewässer erahnen.

An der folgenden Gabelung halten Sie sich links (beide Wege treffen wieder zusammen, der linke ist etwas kürzer). Der Weg führt Sie nun weiter bergauf in einem Bogen vom Bach weg, der Wald wird dichter und höher. 650 m nach der Gabelung dürfen Sie den Abzweig nach rechts zur Ederquelle nicht verpassen. Er ist durch einen Wegweiser markiert, aber trotzdem leicht zu übersehen, da der Rothaarsteig hier auf einen unscheinbaren schmalen Graspfad abzweigt. Es geht bergab in den Wald und Sie erreichen erste Infotafeln und kleine Wasserstellen im Quellgebiet der Eder. Ein Graspfad führt an einer Wiese entlang zu einem (leicht morsch wirkenden) Steg ins Sumpfgebiet. Wieder auf einem wurzeligen Waldpfad geht es weiter zu einem Rastplatz an einem Stein mit der Aufschrift „**Ederquelle**“ ❷.

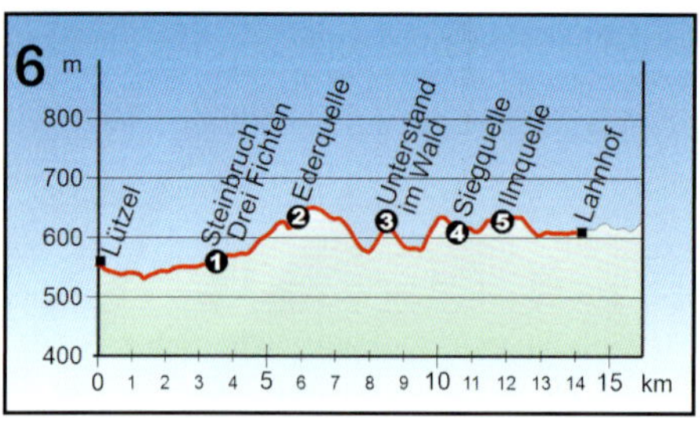

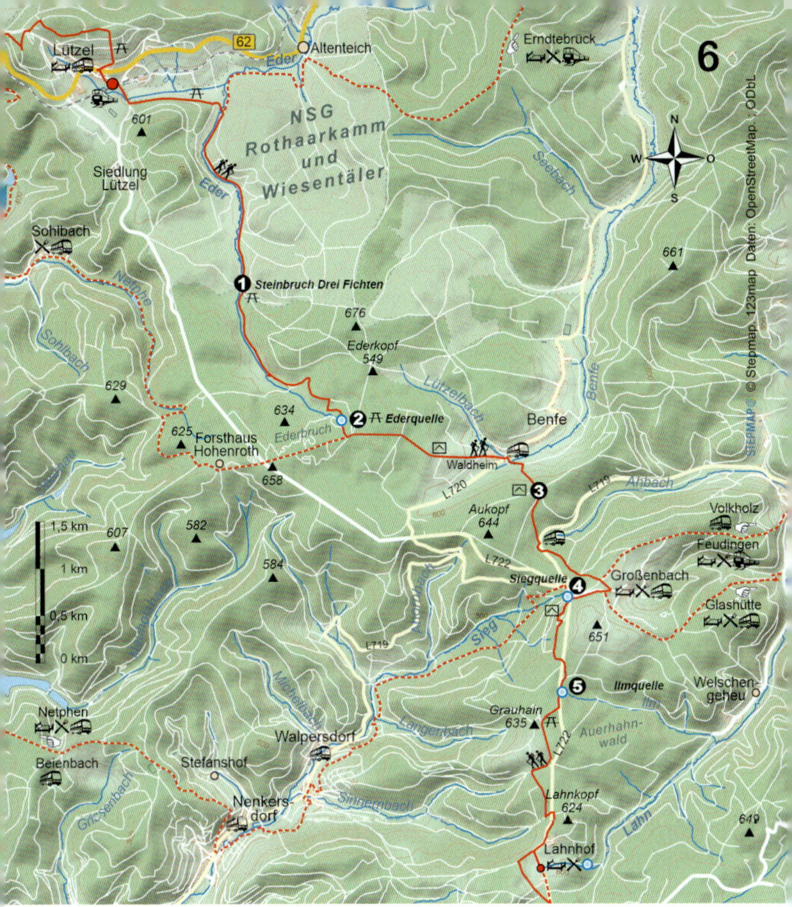

Eine Quelle, wie sie z. B. an der Ferndorfquelle zu sehen war, ist hier allerdings nicht zu entdecken. Nachdem die Hauptquelle der Eder in den 1970er-Jahren in Beton gefasst worden war, wurde das Quellgebiet in den 90ern renaturiert. Eine Hauptquelle, zwei ähnlich starke Nebenquellen sowie verschiedene Rinnsale und Sickerwasser fließen etwa 100 m hangabwärts zur Eder zusammen. Auf dem torfigen Untergrund wächst ein lichter Bruchwald mit Moorbirken und Schwarzerlen, im Unterholz wuchern Moose und Farne – eine für Quellgebiete typische Flora. Die Eder fließt von hier aus weiter Richtung Osten, wird bei Waldeck zum Edersee gestaut und mündet schließlich nahe Kassel in die Fulda.

Vom Rastplatz laufen Sie auf einem breiteren Pfad leicht bergauf zu einem Forstweg, wenden sich dort nach links (↳ rechts ginge es nach Sohlbach ✕ 🚌, 5,8 km) und kurz darauf an einer Kreuzung nach rechts ⛩. Eine Infotafel informiert Sie über die Kohlenstraße, auf der Sie nun unterwegs sind.

Transportwege im Rothaargebirge

Wo Sie heute gemütlich und nur mit Ihrem Rucksack beladen entlangspazieren, wurden vor einigen Jahrhunderten noch schwere Lasten transportiert: Auf der sogenannten Kohlenstraße brachte man Holzkohle aus dem Wittgensteiner Land ins Siegerland, wo für die Eisenverhüttung große Mengen Brennmaterial benötigt wurden (☞ Land und Leute).

Auch für den Handel mit den fertigen Eisenwaren waren Transportwege von großer Bedeutung. Südlich der Siegquelle trifft der Rothaarsteig immer wieder auf die ehemalige Eisenstraße, eine wichtige Handelsroute. Wie viele Handelswege verlief auch diese direkt auf dem Kamm, da die Täler oftmals zu sumpfig waren.

Als die Hütten im Siegerland auf die günstigere Steinkohle aus dem Ruhrgebiet umstiegen, verloren Kohlen- und Eisenstraße ihre wirtschaftliche Bedeutung.

Sie folgen dem breiten Weg ca. 900 m durch den Mischwald bis zu einem großen Holztor, das Fußgänger problemlos passieren können. Dann wird der Schotter unter Ihren Füßen zu Asphalt, Sie kommen an einer Scheune und einem Stall am Waldrand vorbei und haben nun einen schönen 🏞 Blick über Wiesen und Weiden. Sie wandern mit Aussicht auf Benfe auf dem Asphaltsträßchen zwischen Baumreihen weiter, vorbei an einer ⌂ Rothaarsteighütte und ⛩ 🏞 Liegen, und erreichen schließlich den Ortsteil **Benfe-Waldheim** 🚌. Die ersten Bewohner des kleinen Ortes mit heute knapp 400 Einwohnerinnen und Einwohnern waren vermutlich Köhler, die dort siedelten, wo es viel von dem von ihnen benötigten Rohstoff – Holz – gab.

Auf einer Wohnstraße (Waldheim) gehen Sie vorbei an einigen mit Schiefer verkleideten Häusern bergab zur Dorfstraße (L720), überqueren die Straße und das Flüsschen Lützelbach (links) und wenden sich anschließend nach rechts. An der 🚌 Haltestelle „Benfe Wendeplatz" (Busverbindung nach Erndtebrück, RUF) vorbei geht es direkt wieder aus dem Ort heraus.

Sie laufen kurz am Lützelbach entlang, überqueren dann die Benfe und steigen halb links auf. Zu beiden Seiten des Weges erstrecken sich Wiesen und Weiden, nach links haben Sie einen schönen 🏞 Blick auf Benfe und das Benfetal. An einem Abzweig mit einer ⛩ Bank und Infotafeln folgen Sie dem steinigen Weg rechts aufwärts, bis Sie am Waldrand wieder ein hölzernes Tor erreichen. Dahinter geht es links auf einem unebenen Weg aufwärts in den Wald (eine Markierung war 2021 nicht zu entdecken). Nach ca. 300 m passieren Sie einen etwas windschiefen ⌂ Unterstand ❸ und gehen dann nach einer Bank halb rechts auf einem Waldweg weiter. Der Rothaarsteig führt Sie nun auf mal schmalerem, mal breiterem Weg durch dichten Wald und hinab zu einer Straße (L719), die schon deutlich zu hören ist, bevor Sie sie erreichen (Bushaltestelle „Großenbach Abzw. Benfe", Busverbindung nach Bad Laasphe und Siegen).

Noch vor der Straße wenden Sie sich direkt wieder rechts auf einem schmalen Pfad in den schönen Wald, kehren aber nach einem kurzen Schlenker zur Straße zurück und überqueren sie dieses Mal (Gegenhaltestelle). Hier wurde der Fichtenwald größtenteils abgeholzt, weshalb die Straße leider noch eine Weile in Hör- und Sichtweite bleibt. Nach einem kurzen ebenen Stück folgen Sie dem Weg immer bergauf. Ein kleines Bächlein wird an einer Furt gequert und ab und zu sehen Sie wieder alte Grenzsteine.

Schließlich wird der Weg breiter, Sie kreuzen einen Forstweg und erreichen 750 m nach der Straßenquerung die Kreuzung „Auf der Höh" am Rande von Großenbach. Links könnten Sie nach Volkholz (2,5 km) und Feudingen (6,6 km) abbiegen, der Rothaarsteig führt an einem einzelnen Haus vorbei weiter geradeaus auf Asphalt am Waldrand aufwärts. Links eröffnet sich bald über Wiesen hinweg ein herrlicher Fernblick. An der Kreuzung an der ⌂ Aukopfhütte führt der Rothaarsteig nach rechts weiter (die Markierung auf dem Wegweiser war zur Zeit der Recherche z. T. etwas ausgeblichen), geradeaus würden Sie nach wenigen Schritten eine Einkehr- und Übernachtungsmöglichkeit erreichen.

Großenbach

Landgasthof zur Siegquelle, Großenbacher Str. 2, 57334 Bad Laasphe-Großenbach, ☏ 027 54/83 21, info@landgasthof-zur-siegquelle.de, www.landgasthof-zur-siegquelle.de, ÜF DZ ab € 89, QR

Busverbindungen nach Bad Laasphe und Siegen

Das winzige Dörfchen (ca. 50 Einwohnerinnen und Einwohner) wurde im 14. Jh. erstmals erwähnt und gehört heute zu Bad Laasphe.

Dem Rothaarsteig nach rechts folgend erreichen Sie auf der wenig befahrenen Straße aus dem Ort heraus schon nach wenigen Metern den nächsten Zustiegsweg, der links nach Glashütte (2,7 km) führt. Kurz danach biegen Sie links in einen kleinen, leicht zu übersehenden Trampelpfad ab, der parallel zur Straße abwärts führt. Der Weg ist teilweise etwas zugewachsen, aber sehr schön. Nach etwa 350 m erreichen Sie eine Infotafel zu zwei Lehr- bzw. Erlebnispfaden rund um die Siegquelle, denen auch der Rothaarsteig teilweise folgt, und wenig später die **Siegquelle ❹** selbst. Sie plätschert durch eine Holzrinne auf einen Stein hinab und macht sich dann auf den etwa 150 km langen Weg durch das nach ihr benannte Siegerland Richtung Rhein. Sie stehen übrigens gerade an einem sagenumwobenen Ort: Eine Sage berichtet, dass unter der Quelle einst ein wertvoller Schatz vergraben wurde, eine andere erzählt von einem Riesen, der alle Menschen, die seinem Schloss hier an der Quelle zu nahe kamen, in Bäume verwandelte. Seien Sie also vorsichtig, falls Sie nach dem Schatz suchen wollen ...

Die Siegquelle

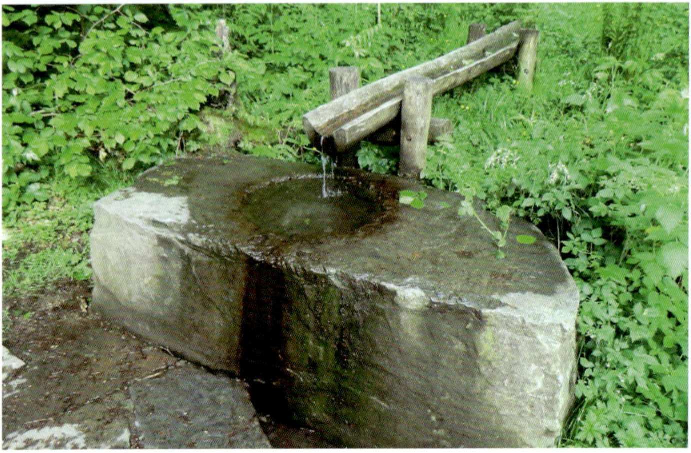

Über eine Brücke kommen Sie zur L722. ↳ Rechts könnten Sie u. a. nach Walpersdorf 🚌 (5,2 km), Nenkersdorf 🚌 (6,6 km), Beienbach 🚌 (12,4 km) und Netphen 🛏 ✕ 🚌 (14 km) abbiegen. Der Rothaarsteig leitet Sie auf der anderen Straßenseite schräg links wieder in den Wald. Der breite Weg führt leicht aufwärts zu einer Lichtung mit ⌂ ⩚ Rothaarsteighütte, Rastplatz und einer großen Waldgitarre. Danach gehen Sie halb rechts weiter auf einem schmalen Weg durch den lichten Wald. Wenig später steigen Sie an einem leicht zu übersehenden Abzweig links auf und erreichen oben angekommen eine Aussichtsplattform, von der Sie aber nur noch in die Baumwipfel schauen können. Vor der Plattform geht es rechts auf einem schmalen Hohlweg weiter und an dessen Ende links auf einen sehr schönen Weg im dichten Buchenwald. Sie passieren die Stationen „Rindenfühler" und „Quellbrille" des Walderlebnispfads Siegquelle und wandern erst leicht und dann deutlicher ansteigend bergauf. Etwa 850 m nach der Querung an der Siegquelle wird die L722 erneut gekreuzt und es geht halb rechts im Wald weiter. An einem Forstweg halten Sie sich wieder halb rechts bzw. geradeaus und biegen dann auf einen schmalen Pfad links ab, der später breiter wird und parallel zur Straße verläuft. Etwa 150 m nach der Gabelung überqueren Sie die L722 ein weiteres Mal. Auf der anderen Seite weist ein Holzschild auf die **Ilmquelle ❺** hin – ein kleines Wasserloch im Boden, das man ohne den Hinweis leicht übersehen könnte. Nach ca. 2 km fließt die Ilm in die Lahn.

Vorbei an der Quelle wandern Sie auf einem unebenen Weg weiter, zunächst parallel zur Straße, dann rechtsherum. Am Weg haben sich einige kleine Tümpel gebildet. An einer T-Kreuzung wenden Sie sich nach links und gehen vorbei an einem Platz mit Bank auf einem breiten Weg weiter. Sie tauchen wieder in den Wald ein, in dem nun auch Birken und Ginster zu entdecken sind. Kurz bevor Sie wieder die L722 erreichen, biegen Sie rechts ab und halten sich bald erneut rechts. Am folgenden Abzweig wenden Sie sich nach links. Der Anstieg, der nun wartet, wird mit einem weiten Blick zur rechten Seite belohnt. Am Ende der Steigung geht der breite Weg in einen Trampelpfad über und führt Sie durch eine ältere Kahlfläche, auf der sich schon wieder Ginster und Gräser ausgebreitet haben. Schließlich wird der Weg wieder breiter, Sie gehen an einem Forstweg links zur L722 (vorbei am km-115-Stein) und überqueren sie ein weiteres Mal. Auf der anderen Straßenseite folgen Sie kurz dem Forstweg und biegen dann rechts auf einen schmalen Pfad ab. Er führt kurz durch Wald und über eine Kahlfläche bergauf, dann fällt der Blick auf ein Stallgebäude. Vor einem Zaun wenden Sie sich nach rechts und laufen anschließend links auf einem Pfad parallel zur Straße (L722) weiter. Vorbei an dem Rinderhof wandern Sie in den Weiler Lahnhof, nun direkt an der wenig befahrenen Straße entlang. An einem Abzweig nach knapp 200 m geht es rechts auf dem Rothaarsteig weiter, die Straße führt Sie zwischen Weiden hindurch zu den Häusern von Lahnhof.

Lahnhof

Forsthaus Lahnquelle, Lahnhof 1, 57250 Netphen-Lahnhof, ☎ 027 37/595 80, info@forsthaus-lahnquelle.de, www.forsthaus-lahnquelle.de, ÜF DZ ab € 115, € 8-12,

Zwei Gasthöfe und ein Hof – mehr gibt es in Lahnhof nicht. Genießen Sie die Ruhe und die herrlich idyllische Lage zwischen Wald und Wiesen!

Das Forsthaus Lahnquelle hat seinen Namen natürlich nicht ohne Grund: In dem kleinen Teich neben dem Hotel, dem sogenannten Lahntopf, entspringt die Lahn. Sie plätschert als winziger Abfluss aus dem Teich durch die Wiesen davon und mündet nach 245 km als stattlicher Fluss in den Rhein.

7. Etappe: Lahnhof – Wilgersdorf

22,4 km, 6 Std. 45 Min., ↑ 462 m, ↓ 600 m, ⇧ 475-675 m

0,0 km	⇧ 608 m	Lahnhof
4,7 km	⇧ 613 m	Ilsequelle
6,0 km	⇧ 669 m	Dietzhölztaler Hütte
12,4 km	⇧ 567 m	Dillquelle
17,1 km	⇧ 553 m	Nase im Wind
18,9 km	⇧ 511 m	Wegteilung (Dill-/Westerwaldvariante)
22,4 km	⇧ 475 m	Gästehaus Wilgersdorf
		(ca. 1 km: Wilgersdorf BANK)

Gewundene Wege im Wald führen Sie im ersten Teil der Etappe zur Ilsequelle, deren Wasser heilende Kräfte nachgesagt werden. Danach umrunden Sie den Jagdberg und wandern entlang der Grenze zwischen NRW und Hessen zur Dillquelle. Die zweite Hälfte der Etappe führt über die Gernsbacher und die Tiefenrother Höhe und bietet herrliche Aussichten. Auf einem anschaulichen Haubergspfad lernen Sie schließlich noch einiges über die Waldwirtschaft früherer Zeiten, bevor Sie vom Hauptweg des Rothaarsteigs auf die Westerwaldvariante abbiegen und über einen Zustiegsweg zum Gästehaus in Wilgersdorf wandern.

Herbststimmung am Rothaarsteig

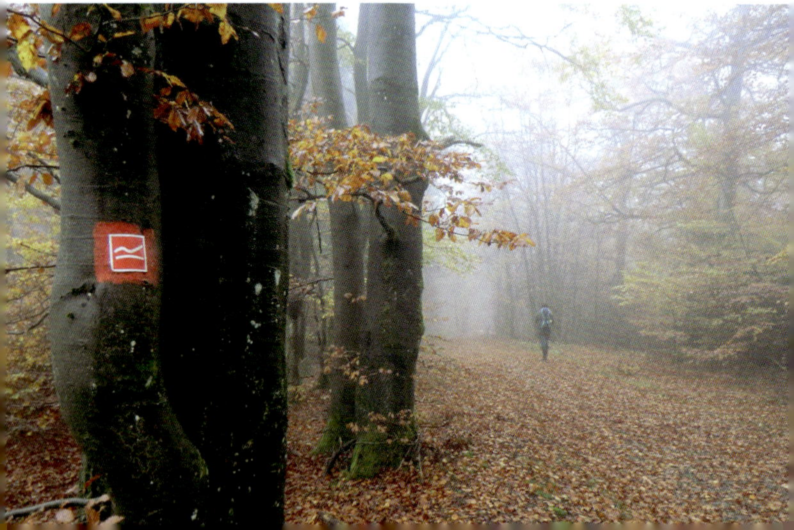

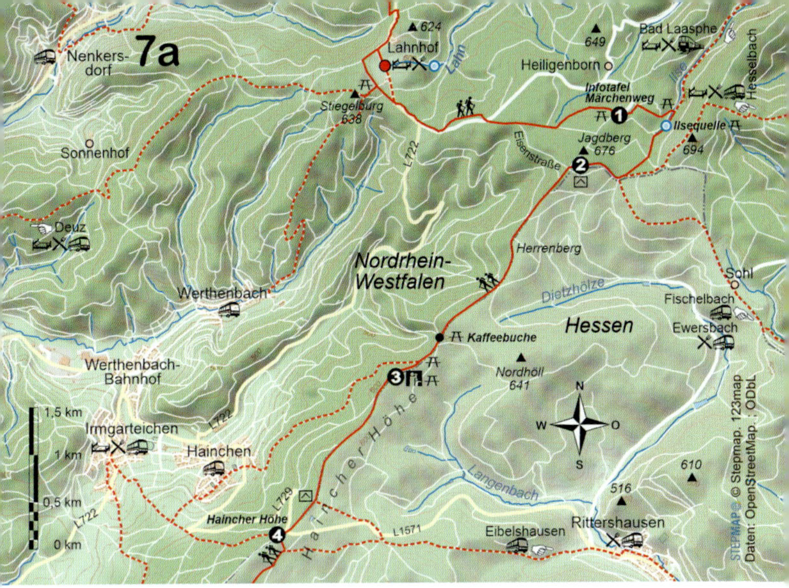

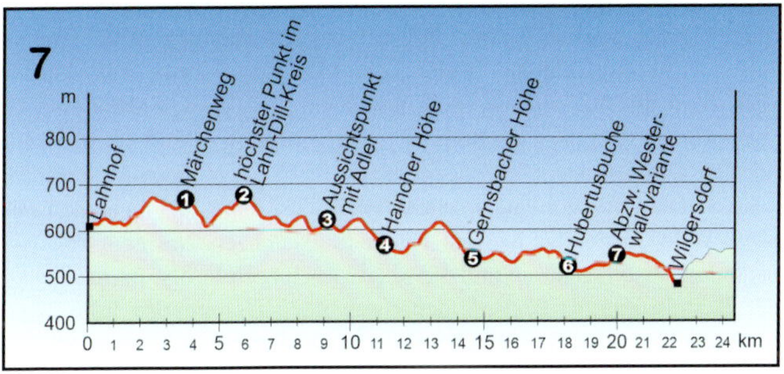

Vom Hotel kehren Sie zu dem Punkt am Ortseingang zurück, an dem Sie den Rothaarsteig am Vortag verlassen haben, und biegen dort links in den Wald ein.

↳ Wer ca. 500 m sparen möchte, folgt einfach der Straße nach Süden bis zum unten erwähnten Parkplatz.

Wenig später geht es links auf einem Pfad in den Wald. Sie laufen nun in einem Bogen um Lahnhof herum. Hinter den Bäumen entlang des Weges erstrecken sich Weiden. An einer Kreuzung ⩚ gehen Sie geradeaus – ↳ rechts führt ein Weg

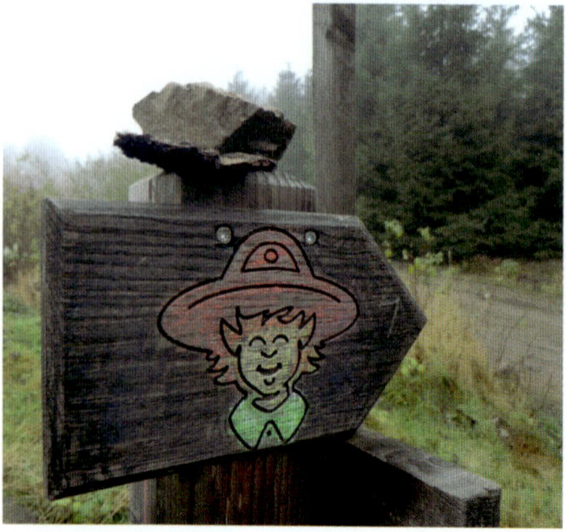

Auf dem Märchenwanderweg

nach Deuz (8,1 km) und nach Werthenbach (3,4 km) – und erreichen an einem Parkplatz wieder die Straße (K17), der Sie kurz folgen, bevor Sie sie queren. Dann biegen Sie links auf einen schönen Waldweg ab. Der Pfad schlängelt sich durch den Wald und verläuft dabei immer parallel zur Straße. Nach Querung eines Forstweges wandern Sie auf einem breiten Weg durch Kahlfläche weiter. Nach insgesamt gut 1 km überqueren Sie erneut die Straße und gehen geradeaus auf einem Forstweg weiter. Abzweige werden ignoriert, eine Bank passiert. An einer Kreuzung halten Sie sich links. 1,5 km nach der zweiten Straßenkreuzung wenden Sie sich an einer T-Kreuzung nach links zu einem Parkplatz mit Bänken. An der Infotafel zum hier beginnenden Märchenwanderweg vorbei gehen Sie in den Wald ❶. Auf dem liebevoll gestalteten Weg können Kleine und Große gemeinsam mit dem „Kleinen Rothaar“, einem rothaarigen Kobold, und der Waldeidechse Otti verschiedene geheime Plätze im Wald entdecken.

Sie wandern nun auf einem sehr schönen Pfad durch mal mehr, mal weniger dichten Wald. Achten Sie hier gut auf die Markierungen. Nach gut 250 m stößt der Pfad auf einen Forstweg und Sie wenden sich nach rechts. Bergab geht es zu einer Ruheliege mit Blick auf den etwas unterhalb liegenden Teich. Sie überqueren die Ilse an einer Furt auf Steinen (Geländer vorhanden) und könnten nun links nach Banfe (5,8 km), Feudingen (8,3 km) und Bad Laasphe (14,2 km) abbiegen. Der Rothaarsteig führt Sie rechts zur **Ilsequelle**, wo eine Picknickinsel und eine Liege zum Verweilen einladen.

Wunderkraft am Rothaarsteig

Im Mittelalter war die Ilsequelle als Heilquelle weithin bekannt. Jahrhundertelang pilgerten Kranke hierher zum „heiligen Born“ und erhofften sich eine Linderung ihrer Leiden. Es wurden Hütten und Bäder angelegt und die Unterbringung und Verpflegung der Wallfahrerinnen und -fahrer wurde für die Einheimischen zu einer wichtigen Einnahmequelle. Erst der Dreißigjährige Krieg setzte dem im 17. Jh. ein

Ende. In den 1980er-Jahren wurde die Heilkraft der Ilse wiederentdeckt und die Quelle neu eingefasst. Falls Sie sich heute nicht ganz fit fühlen, sollten Sie hier also unbedingt Ihre Wasservorräte aufstocken!

Vom Rastplatz wandern Sie weiter zunächst am Bach entlang (eine weitere Quelle der Ilse liegt noch etwas oberhalb), es geht nun bergauf. Bei Regen kann dieser Wegabschnitt sehr matschig sein. Etwa 400 m nach der Ilsequelle folgen Sie an einem Abzweig dem Forstweg halb rechts bzw. geradeaus leicht aufwärts und erreichen kurz darauf eine T-Kreuzung, ↳ an der links ein Zustiegsweg nach Hesselbach 🛏 ✕ 🚌 (8,1 km) und noch einmal nach Bad Laasphe 🛏 ✕ 🚆 (16,7 km) abzweigt. Sie halten sich rechts und kommen wenig später schon zum nächsten ↳ Zustiegsweg: Er führt links nach Sohl 🚌 (1, 9 km), Fischelbach 🚌 (7,3 km) und Ewersbach ✕ 🚌 (7,3 km). Auf dem Rothaarsteig geht es rechts weiter und wieder aufwärts.

500 m nach dem letzten Zustiegsweg macht Sie ein Schild darauf aufmerksam, dass Sie nun den höchsten Punkt des Lahn-Dill-Kreises erklommen haben (⇧ 673,1 m) ❷. Rechts des Weges erhebt sich der 676 m hohe **Jagdberg**, er liegt im nordrhein-westfälischen Kreis Siegen-Wittgenstein. Sie laufen nun genau auf der Grenze zwischen NRW und Hessen – das gilt übrigens fast für die gesamte restliche Etappe! Das erkennen Sie auch daran, dass unterwegs wieder einige alte Grenzsteine am Weg stehen, die mit den Kürzeln KP (Königreich Preußen) und HN (Hessen-Nassau) versehen sind.

An der nächsten Kreuzung erreichen Sie kurz darauf die ⌂ Dietzhölztaler Hütte. Ein Stein informiert Sie, dass Sie hier nur noch 15 km Luftlinie von Dillenburg entfernt sind – auf dem Rothaarsteig sind es allerdings noch ein paar Kilometer mehr. Sie folgen dem breiten Forstweg an der Hütte vorbei und halten sich vor einer kleinen Wiese mit ⩩ Holzliegen links. Erst durch Misch-, später durch Nadelwald geht es bergab, anfangs über sehr steinigen Boden, der an die alte Eisenstraße erinnert. Am Wegweiser „Herrenberg" ⩩ kreuzen Sie einen Querweg und nehmen anschließend den kleinen Weg, der halb links in den Wald führt und bald breiter wird. Auf den folgenden Kilometern wanderte man früher durch dichten Wald – inzwischen bieten sich über die abgeholzten Flächen hinweg immer wieder fantastische Fernblicke. Knapp 2,4 km nach der Dietzhölztaler Hütte liegt rechts unterhalb des Weges die **Kaffeebuche**. Einst war der Baum, der inzwischen leider gefällt werden musste, bei Waldarbeitern und Kirchgängern auf ihrem sonntäglichen Weg nach Irmgarteichen ein beliebter Rastplatz. An einer nahen Quelle konnte damals Wasser zum Kaffeekochen geholt werden, was den Namen des Baums erklärt. ⩩ Eine Picknickinsel lädt auch heute noch zu einer Rast an dieser Stelle ein.

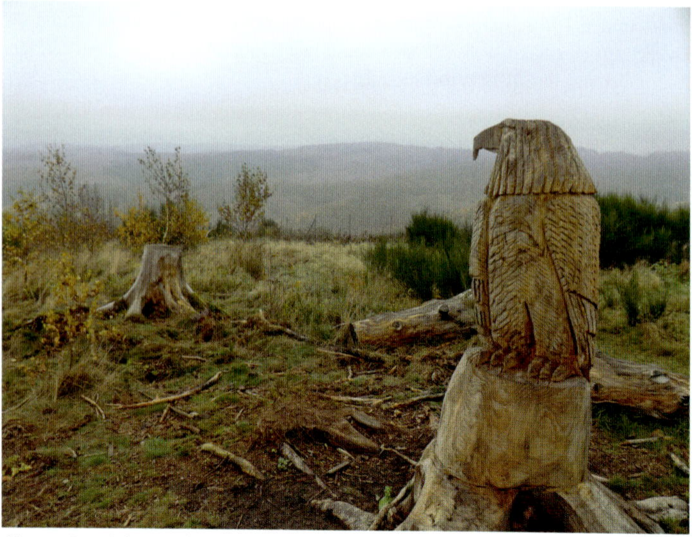

Neuer Aussichtspunkt

Von der Kaffeebuche laufen Sie noch wenige Meter bis zu einer Kreuzung und queren sie. Nur 350 m weiter geradeaus stand früher ein weiterer besonderer Baum: die Zwillingsbuche, die mit ihrem geteilten Stamm tatsächlich ein wenig an ein Zwillingspärchen erinnerte. Sie ist bei einem Sturm leider umgestürzt, doch der Wegweiser ist immer noch nach ihr benannt.

Sie halten sich an der Gabelung hinter der Bank links, rechts könnten Sie nach Hainchen (2,7 km) abbiegen. Auch in diesem Bereich hat sich die Landschaft in den letzten Jahren komplett verändert. Entlang der Landesgrenze laufen Sie zunächst aufwärts weiter und können vor allem rechter Hand weit in die Ferne blicken – im Sommer leider ohne jeden Schatten. Am Ende des Aufstiegs nach ca. 300 m wartet ein neu geschaffener **Aussichtspunkt** mit Bank und einem hölzernen Adler ❸. Anschließend geht es eben weiter. Der Höhenzug, auf dem Sie nun wandern, heißt übrigens **Haincher Höhe**.

Sie passieren den km-125-Stein des Rothaarsteigs und halten sich kurz danach an einer Gabelung links, ebenso an der nächsten, wo 2021 die Markierung fehlte. Nun haben Sie auch links eine gute Aussicht. Ca. 1,9 km nach der Zwillingsbuche erreichen Sie eine Rothaarsteighütte. Links geht es hier nach Rittershausen (3,7 km) und Eibelshausen (8,9 km), der Rothaarsteig führt geradeaus weiter. Ginstersträucher und Birken sorgen für ein bisschen Abwechslung am Wegesrand. Dann kommt eine Straße (L729) in Sicht- und Hörweite, kurz davor können Sie auf Hainchen und Irmgarteichen blicken und passieren noch eine Bank. Queren Sie die Straße bitte vorsichtig, denn sie vollführt hier eine Kurve und ist nicht gut einsehbar. Sie gehen kurz geradeaus auf Asphalt weiter zum Wegweiser „Haincher Höhe" ❹ und könnten hier rechts nach Hainchen (2,2 km) und Irmgarteichen (2,3 km) abbiegen.

Der Rothaarsteig setzt sich auf einem Weg nach links fort. Sie gehen mit weiter Sicht bergab, erreichen einen Schotterweg und wenden sich nach rechts. Auf dem zweiten Weg von links geht es wieder nach Rittershausen (4,5 km) und Eibelshausen (10,4 km). Von dort kommt auch der Jakobsweg von Marburg nach Köln, der nun ein Stück auf dem Rothaarsteig verläuft.

An den nächsten beiden Gabelungen wählen Sie einmal den linken, einmal den rechten Zweig. An der dritten geht es wieder rechts auf einem unebenen Weg zwischen Kahlfläche und einem Zaun knapp 300 m bergauf, dann ist die in Stein gefasste **Dillquelle** auf 567 m Höhe erreicht. Die Dill fließt weiter nach Dillenburg und nach 55 km bei Wetzlar in die Lahn.

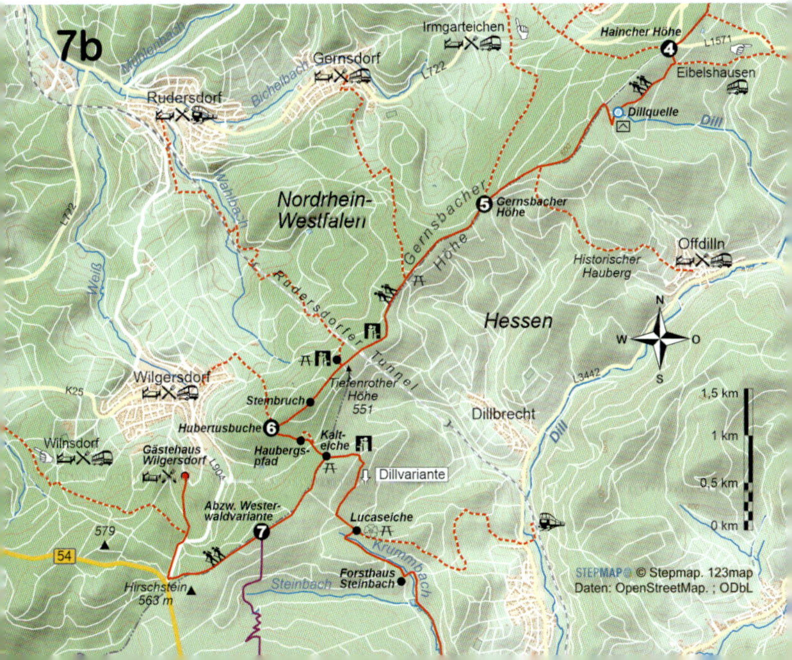

Etwa 150 m nach der Dillquelle halten Sie sich an der T-Kreuzung rechts und steigen auf. An einer Kreuzung führt Sie der Rothaarsteig wenig später nach links. Auf einem teilweise steinigen Weg geht es erst weiter bergauf und nach ca. 550 m über Wurzeln und Steine wieder abwärts. (Bei den Recherchen im Herbst 2021 erschwerten hier umgestürzte Bäume das Vorankommen.) Auf die Kahlflächen rechts und links des Weges, wo einst schöner Nadelwald wuchs, ist immerhin schon erstes Grün zurückgekehrt. 1,4 km nach der Dillquelle, kurz nach einem Birkenwäldchen, zweigt ein schmaler Waldweg links zum Historischen Hauberg Offdilln (1,7 km) und nach Offdilln (3,2 km) ab. Der Rothaarsteig führt geradeaus bzw. links auf dem Forstweg weiter. Rechts ist Gernsdorf zu sehen, zur Linken öffnet sich der Blick Richtung Dillbrecht und – in weiter Entfernung – Taunus. Der Kahlschlag beschert Ihnen bei gutem Wetter tolle Fernblicke. Ein vielfältiger Bewuchs, u. a. mit zahlreichen Ginstersträuchern, Birken, Eichen, Heidekraut, Fingerhut und Brombeeren, sorgt auf diesem Wegabschnitt für Abwechslung, ab und zu laufen Sie auch wieder durch Wald. Alle Abzweige werden ignoriert.

Schließlich erreichen Sie an einer Kreuzung mit einem breiten Forstweg die **Gernsbacher Höhe ❺**. Sie können hier eine Pause einlegen, rechts nach Irmgarteichen (3,1 km) abbiegen oder geradeaus dem Rothaarsteig und der Rothaarsteig-Spur „Dill-Bergtour“ auf dem kleinen Weg folgen. Auch hier wachsen anfangs noch viel Ginster, Birken, Beeren und Heidekraut links und rechts des Weges. Nach Regen kann der Weg sehr matschig sein und eventuell müssen Sie große Pfützen umgehen. Über den Wipfeln der Bäume sieht man ab und zu die Rotorblätter von zwei Windrädern kreisen. Dann geht es kurz durch ein Stück dichteren Wald leicht bergauf bis zu einer Infotafel zu den Grenzsteinen in diesem Bereich des Weges. Sie passieren ein Windrad, kreuzen einen Forstweg und erreichen 300 m nach der Infotafel eine Kreuzung mit zwei Bänken, an der es rechts nach Gernsdorf (3 km) geht. Schräg links fällt der Blick auf zwei weitere Windräder.

Sie laufen kurz geradeaus, biegen aber schon nach 150 m links auf einen Pfad zwischen halbhohen Bäumen ab. Zu Ihrer Linken liegt wenig später eine Wiese mit einem Windrad und viel Ginster. An einer Gabelung halten Sie sich links und gehen leicht bergauf, bald mit herrlicher Aussicht über Wälder, Wiesen und Felder, bis der Weg an einem Zaun endet. Sie wenden sich nach rechts und erreichen ein paar Meter weiter einen großen hölzernen Bilderrahmen, der inzwischen aber nur noch einen Ausblick in die Baumwipfel gewährt.

Dann folgen Sie weiter dem Weg durch ein Waldstück mit vielen Birken und passieren eine Liegebank zwischen selten gewordenen Nadelbäumen. Kurz danach können Sie rechts und links direkt wieder weit blicken. Knapp 250 m nach dem Bilderrahmen macht eine Infotafel Sie darauf aufmerksam, dass Sie gerade den Rudersdorfer Tunnel überqueren, den mit 2.165 m längsten Eisenbahntunnel NRWs. Er wurde Anfang des 20. Jh. erbaut und führt 170 m unter Ihren Füßen einmal quer durch den Höhenzug **Tiefenrother Höhe**, über den Sie gerade wandern. Wenn Sie nach Ihrer Rothaarsteigwanderung den Zug von Dillenburg nach Siegen nehmen, fahren Sie durch diesen Tunnel.

Nun ist es nicht mehr weit bis zum besten Ausblick der heutigen Etappe (und einem der besten des Rothaarsteigs): Nach knapp 250 m geht es rechts zum **Aussichtspunkt „Nase im Wind"**, der einen fantastischen Panoramablick über das Siegerland bietet (S. 35). Geradeaus liegt Rudersdorf, halb links können Sie in der Ferne Siegen erkennen. Auf zwei Liegen können Sie die herrliche Fernsicht über Wälder und Wiesen ganz entspannt genießen. Außerdem könnten Sie hier nach Rudersdorf (4,6 km) abbiegen.

Der Rothaarsteig führt am Abzweig geradeaus weiter (vom Aussichtspunkt kommend gehen Sie also nach rechts). Sie folgen nun 1 km immer dem Weg, der leicht auf und ab verläuft. Kurz nach der „Nase im Wind" können Sie beim Blick nach rechts schon Ihr Tagesziel Wilgersdorf erkennen. Ungefähr nach der Hälfte der Strecke kommen Sie an einem alten Steinbruch vorbei, in dem früher Sandsteine abgebaut wurden. Die Gesteinsschichten sind noch gut zu erkennen.

Zum Schluss führt der Weg mit Eichenwald zur Linken zu einer T-Kreuzung an der Hubertusbuche ❻. Rechts ist hier der Zustiegsweg nach Wilgersdorf (1,7 km) und zum Naturschutzgebiet Wacholderheide (600 m) ausgeschildert, zum Gästehaus Wilgersdorf folgen Sie aber erst noch weiter dem Rothaarsteig.

Auf einem Forstweg spazieren Sie durch schönen Laubwald mit Eichen, Buchen und Birken zum Abzweig des Haubergspfads, der nach einem kleinen Schlenker wieder auf den Rothaarsteig stößt und den Sie nicht auslassen sollten. Der Rothaarsteig führt an dem Abzweig einfach geradeaus weiter.

Hauberge

Die Haubergswirtschaft ist eine traditionelle und besonders nachhaltige Form der Waldbewirtschaftung, die im Siegerland entstand, nachdem die Wälder zuvor jahrhundertelang übernutzt worden waren und Holzknappheit drohte. Eine genossenschaftlich bewirtschaftete Waldfläche wird dabei in ca. 20 Parzellen eingeteilt, von denen jährlich nur eine geschlagen wird, sodass der Wald genug Zeit hat, um sich zu erholen und nachzuwachsen.

Die Haubergswirtschaft früherer Zeiten war ganz auf eine möglichst ertragreiche Nutzung ausgerichtet. Bei den Haubergen handelte es sich um Eichen-Birken-Niederwald. Neben Holz für die Herstellung von Holzkohle wurde aus den

Bäumen Lohe (Eichenrinde) gewonnen, die zum Gerben von Leder benötigt wurde. Waren die Bäume geschlagen, baute man auf der Kahlfläche Roggen und Buchweizen an. Im Anschluss wurden die Haubergsflächen auch noch als Waldweiden genutzt. Der Ablauf der Arbeiten war genau geregelt und wurde von einem Haubergsvorsteher kontrolliert.

Noch heute gibt es im Siegerland Haubergsgenossenschaften, allerdings dienen die Hauberge inzwischen nur noch der Brennholzgewinnung.

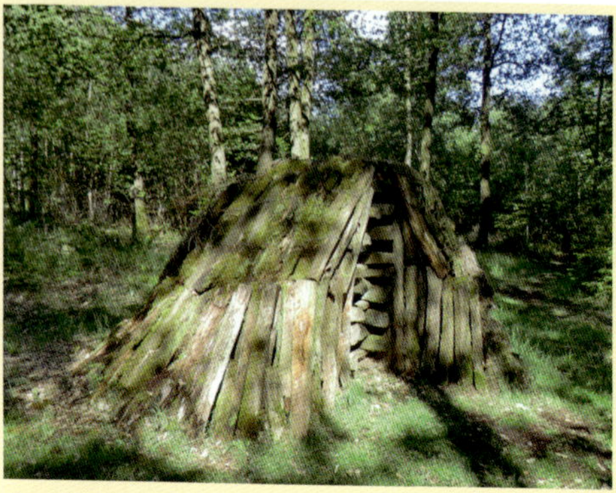

Der Haubergspfad zeigt u. a. das Modell eines Kohlenmeilers

↳ Wenn Sie den Haubergspfad besuchen wollen, gehen Sie am Zaun entlang bergauf, rechtsherum und an einem Holzstapel und sogenannten „Schanzen" – Bündeln aus kleineren Zweigen und Ästen, die als Brennmaterial dienten – vorbei. So kommen Sie zu einem kleinen Platz, auf dem Sie u. a. Nachbauten eines Kohlenmeilers und einer Köhlerhütte anschauen können. Eine Infotafel erklärt, wie die Haubergswirtschaft funktionierte. Am Ende des Lehrpfads treffen Sie an einem Rastplatz mit ⌂ ⊼ Hütte, Tisch und Bänken wieder auf den Rothaarsteig.

Gut 200 m nach dem Rastplatz am Ende des Haubergspfads erreichen Sie eine T-Kreuzung an der Kalteiche ⊼, an der sich die Dillvariante (links) und die Westerwaldvariante (rechts) trennen.

Dillvariante oder Westerwaldvariante?

An diesem Punkt haben Sie die Qual der Wahl: Wollen Sie auf der Dillvariante (Hauptroute) direkt nach Dillenburg laufen (ca. 20 km/1 Tag) oder Ihre Wanderung noch ein wenig verlängern und über die Westerwaldvariante weitergehen (gut 50 km/2-3 Tage)? Beide Strecken haben ihren Reiz. Die Dillvariante führt Sie durch herrliche Wiesentäler mit weiten Ausblicken und beschert Ihnen ganz am Ende einen besonderen Moment, wenn Sie von oben auf Dillenburg, das Ziel

Ihrer Wanderung, blicken können. Die Westerwaldvariante lockt u. a. mit dem mystischen Großen Stein, dem geheimnisvollen Ketzerstein, der höchsten Erhebung des Westerwalds (Fuchskaute) und fantastischen Aussichten vom Kornberg.

Bei beiden Varianten wandern Sie häufig über Wiesenwege. Kontrollieren Sie Ihre Beine nach der Wanderung gründlich auf Zecken oder schützen Sie sich direkt mit langen Hosen und Antizeckenmitteln.

Um zum Gästehaus Wilgersdorf zu kommen, biegen Sie nun erst einmal rechts ab und folgen zunächst für 1,1 km auf einem Schotterweg der Westerwaldvariante (das Gästehaus ist im Folgenden gut ausgeschildert). Es geht meistens leicht bergauf. Alle Abzweige ignorieren Sie, auch wenn die Westerwaldvariante links in den Wald abknickt ❼, folgen Sie dem Zustiegsweg nach Wilnsdorf (6,6 km) geradeaus. Nach gut 1 km überqueren Sie eine Straße (L904) und wandern rechts auf einem kleinen Trampelpfad parallel zur Straße bergab. Ein Forstweg wird gekreuzt. An einem breiten Querweg, der rechts auf die Straße stößt, halten Sie sich links, gehen an einem Abzweig geradeaus weiter und folgen wenig später einem Waldweg halb rechts (beschildert) hinab, der direkt am Gästehaus Wilgersdorf endet. Das Gästehaus liegt etwas oberhalb des Ortes (gut 1 km vom Ortskern entfernt).

Wilgersdorf

Hotel Restaurant Gästehaus Wilgersdorf GmbH, Kalkhain 23, 57234 Wilnsdorf, 027 39/89 69-0, info@gaestehaus-wilgersdorf.de, www.gaestehaus-wilgersdorf.de, ÜF DZ ab € 99, € 6, je nach Entfernung € 25-40 (im Umkreis bis Lützel und Dillenburg-Eibach, auch Shuttleservice möglich), QR, sehr empfehlenswert. Das Gästehaus bietet auch verschiedene mehrtägige Wanderarrangements für den südlichen Teil des Rothaarsteigs an, u. a. für die Westerwaldvariante.

Busverbindung nach Siegen

Wilgersdorf, ein Ortsteil von Wilnsdorf mit knapp 3.000 Einwohnerinnen und Einwohnern, wurde im 14. Jh. erstmals erwähnt. Die ersten Siedler waren vermutlich auf der Suche nach Erz und Eisen. Noch bis 1913 wurde in Wilgersdorf in mehreren Gruben Erz abgebaut.

Benannt wurde der Ort angeblich nach dem Anführer der ersten Siedler, der den alten germanischen Namen Wilger getragen haben soll.

8. Etappe: Wilgersdorf – Dillenburg

23,6 km, 7 Std. 30 Min., 552 m, 795 m, 235-555 m

0,0 km	475 m	Gästehaus Wilgersdorf (ca. 1 km: Wilgersdorf)
3,5 km	520 m	Wegteilung (Dill-/Westerwaldvariante)
8,1 km	377 m	Hütte des Vogelschutzvereins Fellerdilln ()
10,9 km	286 m	Rodenbach
15,1 km	335 m	Manderbach
23,1 km	237 m	Dillenburg (Hofgarten)
23,6 km	240 m	Dillenburg (Bahnhof)

Die letzte Etappe des Rothaarsteigs verspricht noch einmal einen wunderschönen Wandertag: Vom Gästehaus Wilgersdorf kehren Sie zur Hauptroute zurück, wandern mit schönen Aussichten zur imposanten Lucaseiche und danach am Krummbach entlang. Von Rodenbach aus erklimmen Sie den Höhenzug Struth und durchqueren danach ein herrliches Wiesental bei Manderbach. Wenig später ist schon der Stadtrand von Dillenburg erreicht, doch bevor Sie sich am Ziel im Hofgarten mit einem kühlen Getränk belohnen können, führt Sie der Rothaarsteig noch einmal aufwärts zu zwei Aussichtspunkten im Nordosten der Stadt, von denen Sie einen wunderbaren Blick über ganz Dillenburg haben.

Zurück zur Hauptroute des Rothaarsteigs geht es auf demselben Weg, auf dem Sie gestern gekommen sind: Hinter dem Gästehaus Wilgersdorf steigen Sie im Wald bis zu einem Forstweg auf und wenden sich dort nach links. Unmittelbar vor Erreichen der Straße (L904) wenden Sie sich rechts auf einen schmalen Trampelpfad und folgen ihm gut 400 m bis zur Straße. Er ist mit dem gelben R markiert. Sie überqueren die Straße und laufen geradeaus auf dem Schotterweg weiter, erst eben, dann leicht bergauf. Nach 1 km auf diesem Weg erreichen Sie den Rothaarsteig an der Stelle, an der die Westerwaldvariante rechts in den Wald abzweigt, und wandern mit schönem Blick auf die Berge in der Ferne geradeaus weiter. Bald können Sie die drei Windräder sehen, an denen Sie auf der 7. Etappe vorbeigekommen sind. Schließlich erreichen Sie den Wegweiser an der Kalteiche ❶, wo Sie gestern die Hauptroute des Rothaarsteigs verlassen haben, und biegen nun rechts auf einen Forstweg ab. Er führt durch mal höheren, mal niedrigeren Mischwald und bald eröffnet sich links ein toller Ausblick zurück zur Tiefenrother Höhe, über die Sie gestern gelaufen sind. Am km-135-Stein geht es

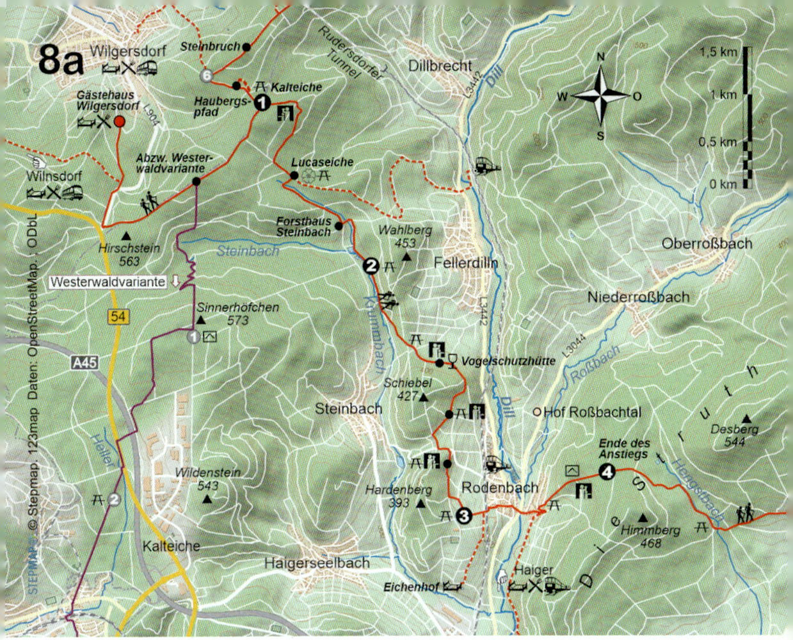

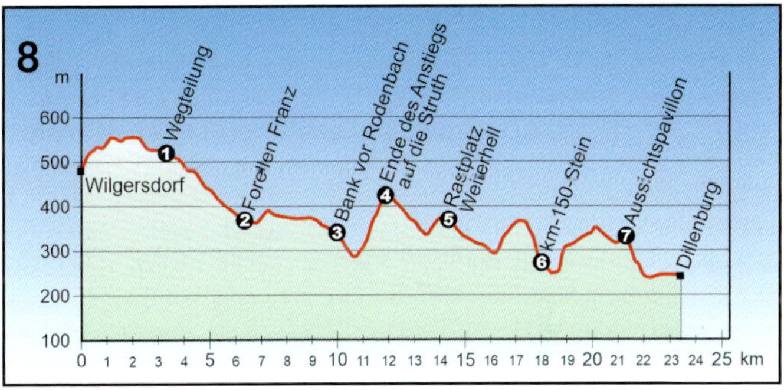

auf dem zweiten Wiesenweg von rechts weiter (gut markiert). Ein schmaler Pfad zwischen Birken, Lärchen und hohem Gras führt Sie bergab, dann laufen Sie auf einem angenehmen Waldweg durch lichten Buchenwald weiter leicht bergab. An einer T-Kreuzung wenden Sie sich rechts auf einen breiteren Weg, an der nächsten wandern Sie auf einem Schotterweg links bergab. 1,4 km nach der Kalteiche erreichen Sie an einer Kreuzung die **Lucaseiche**, unter der eine Bank zu

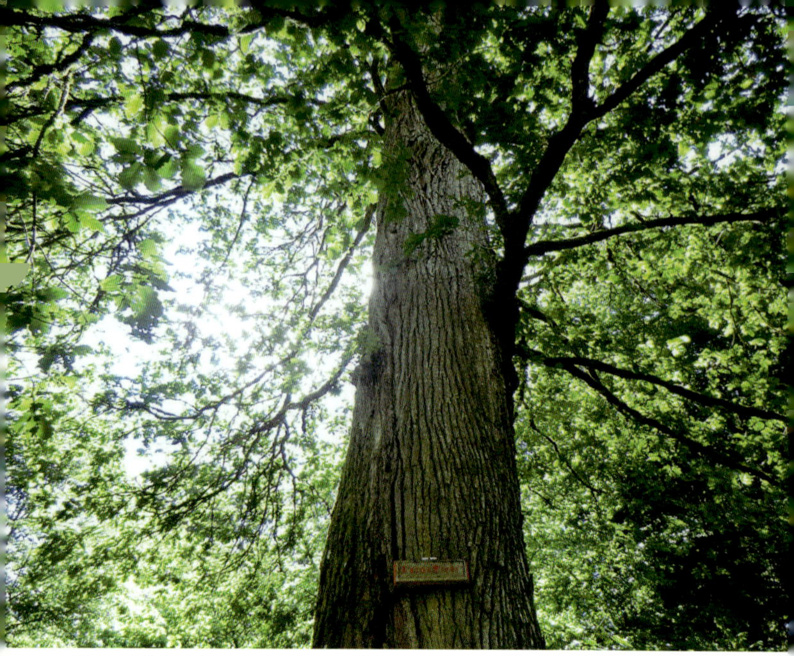

Die mächtige Krone der Lucaseiche

einer Rast einlädt. Der imposante Baum ist fast 28 m hoch, hat einen Umfang von knapp 4 m und ist mindestens 220 Jahre alt. Benannt wurde die Eiche nach dem früheren Revierförster Ludwig Heinrich Lucas. ↬ Geradeaus führt hier ein Zustiegsweg zum Bahnhof in Dillbrecht 🚆 (3,1 km).

Der Rothaarsteig führt rechts auf einem geschotterten Forstweg unter Fichten und Buchen leicht bergab. In der ersten Linkskurve überqueren Sie ein kleines Bächlein, den Krummbach, der Sie im Folgenden auf Ihrer linken Seite begleitet, auch wenn er nicht immer zu sehen ist. Eine Kreuzung wird ignoriert und kurz bevor Sie das idyllisch gelegene **Forsthaus Steinbach** aus dem Jahr 1883 erreichen, biegen Sie links ab, überqueren den Krummbach erneut und wenden sich danach an der Gabelung direkt nach rechts. Nun plätschert der Krummbach auf Ihrer rechten Seite und Sie wandern auf dem lauschigen Weg unter Bäumen an ein paar Teichen vorbei. An einem von ihnen steht das urige Häuschen von „Forellen Franz" ⩩ ❷.

Vorbei an weiteren kleinen Fischteichen und immer am Bach entlang geht es auf einem breiten Waldweg weiter, auch an einem Abzweig mit ⩩ Bank. Knapp 500 m nach dem Häuschen von Forellen Franz verlassen Sie den Krummbach: An einer Gabelung steigen Sie auf einem geschotterten Weg links auf und wandern dann wieder leicht bergab. Zu Ihrer Linken erstrecken sich zwischen den Bäumen Wiesen, an denen Sie entlanggehen. Ein Abzweig nach rechts wird ignoriert. Sie erreichen eine Kreuzung mit Tisch und Bank und einer Tafel, die heimische Vogelarten erklärt, und nehmen den zweiten Weg von rechts. Nun wandern Sie um den Schiebel (427 m) herum. Der Vogelschutzverein Fellerdilln hat auf diesem Wegstück immer wieder Futter- und Nistkästen aufgehängt und informiert auf liebevoll gestalteten Tafeln (zum Teil in Rätselform) über die Tiere des Waldes und die Umgebung. Sie laufen einen breiten Forstweg entlang. Zu Ihrer Rechten erhebt sich lichter Mischwald, links liegen hinter einem Waldstreifen weite Wiesen, die anfangs nur zu erahnen sind. Bald eröffnet sich jedoch ein herrlicher Blick über die Wiesen hinweg auf den Ort **Fellerdilln**. Von einer Bank aus können Sie die Aussicht auf den Ort und die bewaldeten Höhenzüge im Hintergrund ausgiebig genießen. Wenig später (ca. 150 m weiter) passieren Sie die Hütte des Vogelschutzvereins Fellerdilln.

Vogelschutzhütte am Schiebel des Vogelschutzvereins Fellerdilln e. V., 35708 Haiger, Kontakt: 027 73/20 87, info@vsv-vogelschutzverein-fellerdilln.de, www.vsv-vogelschutzverein-fellerdilln.de, feste Öffnungszeiten: So 10:00-12:30, sonst unregelmäßig, da hier nur Ehrenamtliche tätig sind. Ab 17:00 ist meistens jemand da – gehen Sie einfach mal hinauf, vielleicht haben Sie Glück und treffen einen der freundlichen Vogelschützerinnen und -schützer an. Es gibt Getränke zu günstigen Preisen und nach Voranmeldung ist auch Essen möglich (z. B. für Gruppen).

Sie laufen geradeaus weiter und biegen gut 200 m nach der Hütte in einen kleinen Waldweg rechts ab, es geht kurz bergauf. Zunächst ist der Weg schmal und wurzelig, dann wird er wieder breiter. Links bietet sich bald wieder eine schöne Aussicht über Wiesen – dieses Mal auf Rodenbach –, die Sie von einer Bank aus bewundern können. Dann wandern Sie am Waldrand weiter, vorbei an Weiden und einer Hütte mit Bienenstöcken. An einer Kreuzung stoßen Sie auf einen alten Bauwagen. Hier wenden Sie sich nach links und laufen durch Wiesen wieder Richtung Wald, nun auf geteertem Weg. An einer T-Kreuzung ist der Rothaarsteig nach links ausgeschildert. Geradeaus eröffnet sich nach dem Abbiegen ein herrlicher Blick über Wiesen und Höhenzüge. Dann wenden Sie sich wieder nach rechts. Zur Linken eröffnet sich bald erneut ein wunderbarer Ausblick auf Rodenbach. Vor dem Ort breiten sich die hellgrünen Wiesen aus, dahinter erhebt sich in dunklerem Grün der bewaldete **Höhenzug Struth**, den Sie bald erklimmen werden.

An einem Abzweig an einer Wiese mit Bienenstöcken biegen Sie wenig später rechts auf einen Teerweg ab und folgen ihm zwischen Bäumen zu Ihrer Rechten und Weiden zu Ihrer Linken. Am Ende der Weide nach 200 m führt Sie ein Wiesenweg links hinab zu einem Feldweg, an dem Sie sich nach rechts wenden. Kurz darauf geht es an einer weiteren T-Kreuzung mit Bank ❸ und Ausblick auf Himmberg und Desberg links hinab Richtung Rodenbach. An einer Kreuzung kurz vor dem Ort könnten Sie nach links zum Bahnhof gehen oder rechts zum Reiterhof Eichenhof abbiegen (700 m).

Rodenbach

Reiterhof & Pension Eichenhof, Eichenhof 1, 35708 Haiger-Rodenbach,
01 71/127 37 11, info@eichenhof-haiger.de, www.eichenhof-haiger.de,
ÜF DZ ab € 65, auf Anfrage möglich, € 5 (nach Verfügbarkeit), QR.
Im Ort gibt es keine Restaurants, die Pension hält für ihre Gäste aber Karten von Lieferservices bereit.

Regionalbahnanschluss Richtung Dillenburg und Siegen

Rodenbach wurde im 14. Jh. erstmals erwähnt. Lange Zeit lebte die Bevölkerung hauptsächlich von der Landwirtschaft, außerdem wurde bis 1937 Bleierz abgebaut. Auf Ihrem Weg durch den kleinen Ort, der heute zu Haiger gehört, können Sie einige sehenswerte alte Fachwerkhäuser entdecken.

Der Rothaarsteig führt geradeaus auf einer Brücke über die Gleise und danach auf einem geteerten Weg bergab in den Ort. Vor dem ersten Haus geht es rechts in einen Wiesenweg, dann kurz nach links und vor einem Spielplatz direkt wieder rechts in die Fliederstraße. Sie kommen hier an einem Stand mit Holzschnitzereien vorbei, an dem u. a. Wanderstöcke zu entdecken sind.

Am Ende der Straße wenden Sie sich nach rechts in die Oranienstraße und überqueren nach 100 m an einer Ampel die breite Durchgangsstraße (L3044). Durch den Manderbacher Weg geht es über die Dill, an deren Quelle Sie am Vortag vorbeigewandert sind, und bergauf wieder aus dem Ort hinaus. Der Anstieg auf die Struth liegt nun vor Ihnen: Die nächsten 1,3 km geht es immer bergauf.

Wenn rechts der Zustiegsweg nach Haiger (4,3 km) abzweigt, führt der Rothaarsteig noch kurz geradeaus weiter und dann durch eine scharfe Linkskurve (immer noch Manderbacher Weg). Wenig später geht es geradeaus in eine Sackgasse, dort halten Sie sich rechts und biegen nach wenigen Metern rechts auf einen Feldweg ab. Ein Schotterweg führt Sie durch einen lichten Wald mit knorrigen Eichen steil bergauf, vorbei an zwei Hütten (beide sind verschlossen, bieten bei Regen aber eine Möglichkeit zum Unterstellen). Etwa 200 m nach der zweiten

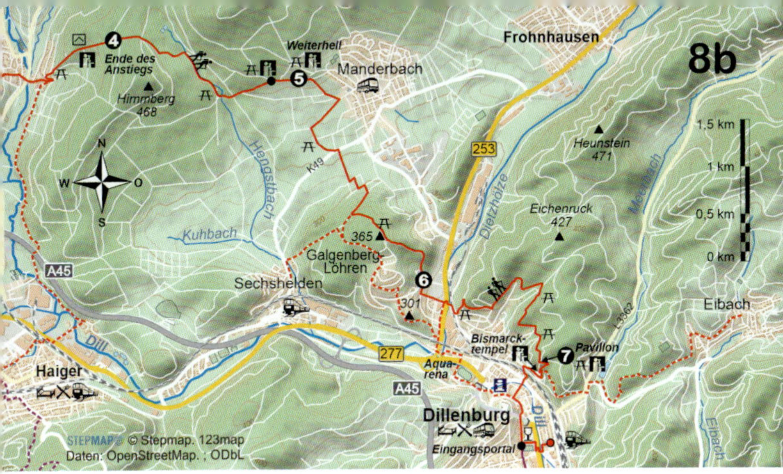

Hütte erreichen Sie den **Rastplatz Westerwaldblick**. Über eine große Wiese hinweg haben Sie einen traumhaften Ausblick – natürlich in den Westerwald. Bänke, eine Schutzhütte und eine hölzerne Hängematte laden zu einer Pause ein, die Sie nach dem anstrengenden Aufstieg auch redlich verdient haben.

Ganz haben Sie es allerdings noch nicht geschafft: Für ca. 350 m geht es noch weiter bergauf (an einem Abzweig geradeaus bzw. rechts), bevor der höchste Punkt ❹ erreicht ist. Auf einem Forstweg laufen Sie weiter durch den Wald, in den sich nun wieder deutlich mehr Nadelbäume mischen. An einer Kreuzung mit dem Wegweiser „Struth" geht es geradeaus weiter. Durch Wald und Wiesen führt Sie der Rothaarsteig in Kurven auf einem Schotterweg überwiegend leicht bergab. Am Weg sehen Sie nun u. a. einige prächtige Kastanienbäume. Einen Abzweig nach links ignorieren Sie. Bald plätschert und mäandert zu Ihrer Linken mal wieder ein kleiner Bach, der Hengstbach, und im Herbst leuchtet zu beiden Seiten der Buchenwald in herrlichen Rottönen. Sie passieren einen Teich und eine private Spitzhütte und erreichen den km-145-Stein des Rothaarsteigs. Bis zum Ziel haben Sie jetzt nur noch knapp 10 km vor sich.

Der Bach entfernt sich nun etwas vom Weg. Vorbei an einem großen Holzhaus kommen Sie zu einem Wegdreieck mit Bänken und Tisch, biegen auf den breiten Forstweg nach links ab und überqueren den Hengstbach. Es geht bergauf. 200 m nach dem Bach führt der Rothaarsteig als schmaler Pfad in den Wald. Der Abzweig ist leicht zu übersehen, der genaue Wegverlauf aber detailliert ausgeschildert. Es geht neben einer hinter Bäumen versteckten Bank links ab und an einem Schild mit der Aufschrift „Schilpenburg" vorbei. Von einer Burg ist hier nichts zu sehen, aber angeblich soll es einmal eine solche gegeben haben. Um

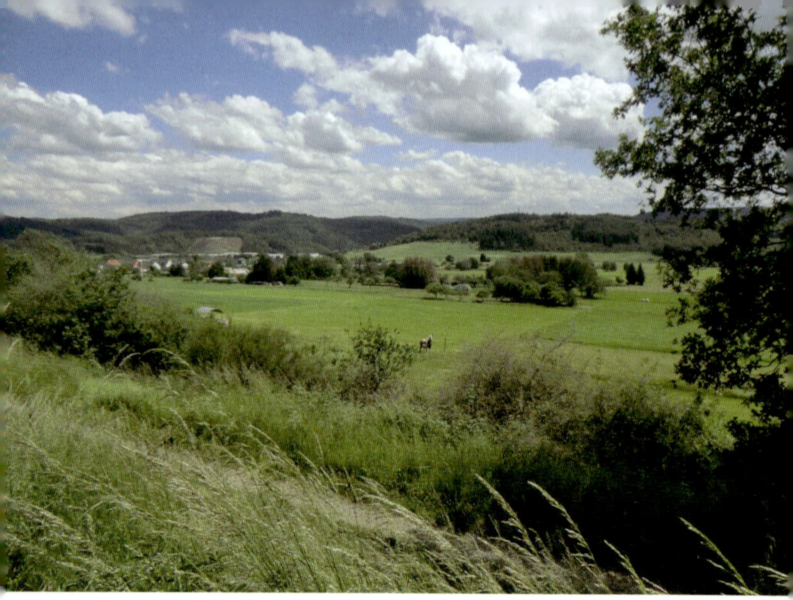

Blick auf Manderbach

die sechs Brüder, die dort lebten, rankt sich (natürlich!) eine dramatische Sage: Nachdem es wegen einer Frau Streit gegeben hatte, brachten fünf von ihnen sich gegenseitig um, nur der älteste überlebte. Achtung: In Gewitternächten könnten die Geister der getöteten Brüder hier noch umgehen ... (Die ganze tragische Geschichte können Sie unter www.manderbach-unser-dorf.de nachlesen.)

Auf einem schmalen Weg wandern Sie weiter durch den Laubwald bergauf. Dann ist der Waldrand erreicht. Rechts erstrecken sich weite Wiesen, über die hinweg Sie weit blicken können. Ein Pfad zwischen Waldrand und Weidezaun, der teilweise zugewachsen ist (Achtung, Dornen!), führt Sie zu einem Tisch mit Bank, von wo aus Sie die Aussicht Richtung Sechshelden, Donsbach und Kornberg genießen können. Nach dem Rastplatz unterqueren Sie eine Stromtrasse und wandern auf einem Feldweg zwischen Wiesen weiter. Auf der linken Seite leuchtet im folgenden Wegabschnitt im Frühjahr der Ginster. Sie passieren den Rastplatz Weiterhell ❺ mit Picknickinsel und Schaukel und biegen kurz danach nach der Bank Alte Wies an einer Eiche rechts ab. Der Feldweg geht in einen Wiesenweg über und Sie wandern vorbei an Reihen von Apfelbäumen abwärts. Links bzw. vor Ihnen liegt nun **Manderbach** (Busverbindung nach Dillenburg und Haiger).

Der Wiesenweg endet an einer schmalen Teerstraße. Es geht links weiter und am Ende der Straße nach rechts. Manderbach lassen Sie links liegen. Der Teerweg wird zum Schotterweg und Sie laufen zwischen Weiden und Wiesen hindurch. Immer wieder stehen schöne Obstbäume rechts und links des Weges. ⩩ Der Verschönerungsverein Manderbach hat in diesem Abschnitt außerdem zahlreiche Bänke aufgestellt.

An einer Gabelung halten Sie sich links und laufen nun auf die bewaldete Anhöhe zu, die Sie schon bald besteigen werden. An einer Kreuzung nach einer ⩩ Bank geht es geradeaus auf einem Wiesenweg weiter. Unter einer schönen Schwarzerle steht eine weitere ⩩ Bank.

Bald erreichen Sie die K49 (Sechsheldener Straße), gehen kurz nach links, überqueren die Straße (☝ bitte vorsichtig!) und wenden sich rechts in den Feldweg, der später zum Grasweg wird. Sie wandern durch Wiesen, die im Frühjahr von zahlreichen Blumen bunt gepunktet sind, und am Ende des Wiesenwegs nach links. Hier beginnt der Anstieg: Nur gut 50 m weiter laufen Sie rechts hoch (im Frühsommer wachsen hier im Feld herrlich viele Kornblumen), dann wieder nach links und auf einem Wiesenweg am Waldrand rechts steil hinauf zu einem geschotterten Waldweg, auf dem Sie sich wieder rechts halten. Nun geht es weiter stetig, aber nicht mehr so steil bergauf bis zu einer Informationstafel zum Rothaarsteig ⩩. ↳ Wenn Sie es eilig haben oder erschöpft sind, können Sie hier geradeaus weitergehen und eine Abkürzung nach Dillenburg nehmen (3,6 km). Dieser Weg führt auch nach Sechshelden 🚆 (1,8 km).

Für alle anderen geht es scharf linksherum und auf einem Schotterweg zwischen Bäumen und Büschen, u. a. viel Ginster, weiter bergauf. Ein Sendemast ⩩ wird passiert – der Anstieg ist nun geschafft – und ein Abzweig nach rechts ignoriert. Direkt danach nehmen Sie den zweiten kleinen Waldweg links (☝ achten Sie hier genau auf die Markierung) und wandern abwärts. Der Weg wird breiter, führt nach links (ohne Markierung), verengt sich und wird erneut breiter. Das ferne Rauschen der Bundesstraße stört hier leider ein wenig die Wanderidylle.

Der Weg endet an einem Schotterweg, hier wenden Sie sich nach links und laufen deutlich bergab. Der Forstweg geht in einen Teerweg über und bald erreichen Sie die ersten Häuser von Dillenburg. Hier stoßen Sie auf den km-150-Stein ❻ und sehen zum ersten Mal den großen Wilhelmsturm von Dillenburg. Nun folgt leider ein etwas unschönes Wegstück durch städtisches Gebiet, doch es ist nicht lang: Sie überqueren am km-Stein die Straße, gehen ein paar Meter links hinab und biegen dann direkt rechts in die Ströherstraße ab. Nach gut 150 m gehen Sie links durch die Straße Am Rabenborn bergab. Zwischen einem Mercedes-Autohaus (rechts) und der Firma Stahlo (links) erreichen Sie eine große Kreuzung und überqueren mithilfe der Ampeln die Straße Am Rabenborn und die B253. ↳ Wenn Sie hier rechts abbiegen, erreichen Sie schon nach 1,7 km die Innenstadt. (Wenn Sie schon etwas erschöpft sind, ist die Variante zu empfehlen, denn auf den nächsten gut 3 km, die Sie in einem Bogen um Dillenburg herumführen, warten noch einmal herausfordernde Anstiege.) Auf der anderen Seite der Bundesstraße überqueren Sie erst den Fluss Dietzhölze und dann die Bahngleise. Danach geht es rechts in die Frohnhäuserstraße und weiter durchs Industriegebiet. Bald ist der unerfreuliche Wegabschnitt aber geschafft: Hinter einem Parkplatz steigen Sie links über eine lange Treppe wieder in den Wald hinauf.

Am oberen Ende der Treppe wenden Sie sich nach links auf den Waldweg und steigen sehr steil bergauf. Im Herbst ist der Pfad unter dem Laub unter Umständen schlecht erkennbar. Am Ende schicken die Markierungen Sie nach rechts und kurz vor einer Bank wieder links hoch. Wenig später ist der erste Anstieg geschafft und es geht auf ebenem Weg scharf rechts weiter durch den Wald. Die Bundesstraße ist anfangs leider noch deutlich zu hören. Der Waldweg mündet in einen Teerweg (Wohnstraße), an dem Sie sich erst nach rechts und am Ende nach links orientieren müssen. Kurz auf einer Straße und dann bald auf einem Waldweg führt der Rothaarsteig noch einmal kurz steil bergauf und dann eben weiter. Zwischen den Bäumen auf der rechten Seite sind Häuser von Dillenburg zu erahnen. An einem großen Haus in der Spitze einer Kurve steigen Sie links auf einem schönen Weg hinauf in den Wald. Nach wenigen Metern erreichen Sie einen breiten Waldweg und wenden sich nach rechts. Sie laufen von nun an immer durch den Buchenwald (meist mehr oder weniger deutlich aufwärts). An einer T-Kreuzung nach ca. 400 m halten Sie sich rechts und direkt danach an einer Gabelung mit Ausschilderung zum Bismarcktempel links. Eine Bank wird passiert. Auch an der nächsten Gabelung folgen Sie der Markierung zum Bismarcktempel und gehen geradeaus weiter. Nach einer weiteren Bank in einer Rechtskurve nehmen Sie an der Gabelung den Waldweg links (Ausschilderung „Hartig-Denkmal"). Der zweite Weg von rechts (also der Weg geradeaus) würde Sie direkt zum Bismarcktempel führen.

Es geht noch einmal bergauf, kurz eben weiter und erneut bergauf, dann ist der letzte Anstieg des Rothaarsteigs geschafft! Oben angekommen erwartet Sie an einem Aussichtspavillon ❼ neben einem Sendemast zur Belohnung ein fantastischer Blick über Dillenburg und auf den Wilhelmsturm, den Sie von einer Liege aus in Ruhe genießen können.

Der mittlere, schmale Waldweg (Pfad) führt dann wieder bergab. Nach 250 m kommen Sie zum **Bismarcktempel**, einem weiteren kleinen Pavillon, der erneut eine herrliche Aussicht bietet. Scharf links (vom Pavillon aus rechts, nicht die Treppe nehmen) geht es danach weiter durch den Wald. Sie treffen auf einen breiten Waldweg, wo es geradeaus nach Eibach geht (2,1 km), queren diesen und folgen scharf rechts einem Pfad weiter hinab. Einen Abzweig scharf nach links nach einer Rechtskurve ignorieren Sie und behalten auf den nächsten 200 m nun immer die-

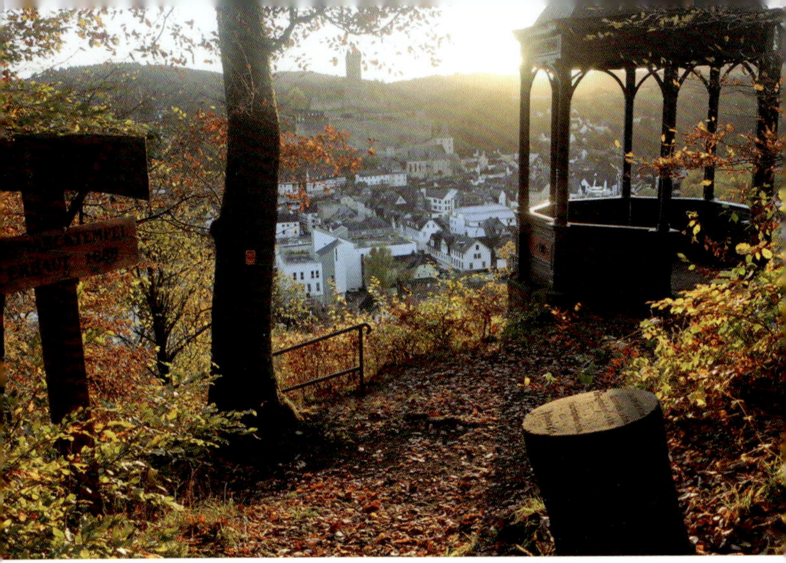

Aussicht am Bismarcktempel (📷 Tanja Schmidt)

selbe Richtung bei, während Sie weiter absteigen. Mehrere Bänke mit Blick auf die Stadt werden passiert. Zuletzt steigen Sie über eine Treppe hinab zu einer Straße (Bismarckstraße). Auf der Grünfläche steht links eine große Bismarckstatue.

Sie laufen an der Straße entlang nach links und überqueren Bahngleise. An einer Ampel an einem Kino gehen Sie geradeaus weiter und auf der anderen Straßenseite über die Brücke über die Dill. Geradeaus erhebt sich über der Stadt der Wilhelmsturm auf dem Schlossberg. Auf der Marktstraße spazieren Sie nun in die Fußgängerzone von Dillenburg hinein. Der Rothaarsteig ist auch in der Stadt zuverlässig markiert, aber die Markierungen sind mitunter schwieriger zu entdecken. Am Ende der Marktstraße wenden Sie sich nach links, passieren den netten Wilhelmsplatz an der Herz-Jesu-Kirche mit Brunnen und Eisdiele und halten sich an seinem Ende hinter der Amtsapotheke rechts. Sie laufen durch die Wilhelmstraße mit ihren eleganten Gebäuden, in denen sich u. a. das Amtsgericht, das Finanzamt und andere Verwaltungseinrichtungen befinden, und erreichen schließlich am Hofgarten neben dem Landesgestüt das Eingangsportal des Rothaarsteigs.

☺ Herzlichen Glückwunsch, Sie sind am Ziel Ihres Weges angekommen! Im Sommer befindet sich hier ein einladender Biergarten, in dem Sie sich für Ihre erfolgreiche Wanderung belohnen und Ihren Wanderpass zum letzten Mal stempeln lassen können!

Am anderen Ende des Hofgartens führt der Rothaarsteig noch weiter zum Bahnhof. Sie halten sich rechts, laufen durch eine Unterführung, überqueren wieder die Dill, halten sich nach der Brücke links und biegen vor der Apotheke wieder rechts ab. Nun gehen Sie direkt auf das Bahnhofsgebäude zu.

Dillenburg

Tourist-Information Dillenburg, Hauptstr. 19, 35683 Dillenburg, 027 71/896-151, touristinfo@dillenburg.de, www.dillenburg.de, Mo-Fr 8:30-12:00 und 12:30-16:00, Sa 10:00-14:00 (nur in den Sommermonaten)

Hotel Liebezeit, Hüttenplatz 11, 35683 Dillenburg, 027 71/26 53 80, info@liebezeit-dillenburg.de, www.liebezeit-dillenburg.de, ÜF DZ ab € 95, € 10, , ca. 50 m vom Weg entfernt

Hotel Bartmanns Haus, Untertor 1, 35683 Dillenburg, 027 71/26 56 10, info@hotelbartmannshaus.de, www.hotelbartmannshaus.de, ÜF DZ ab € 120, Gepäcktransport kann auf Anfrage organisiert werden (Preis abhängig von der Strecke und der Größe des angeforderten Autos), , QR, ca. 30 m vom Weg entfernt

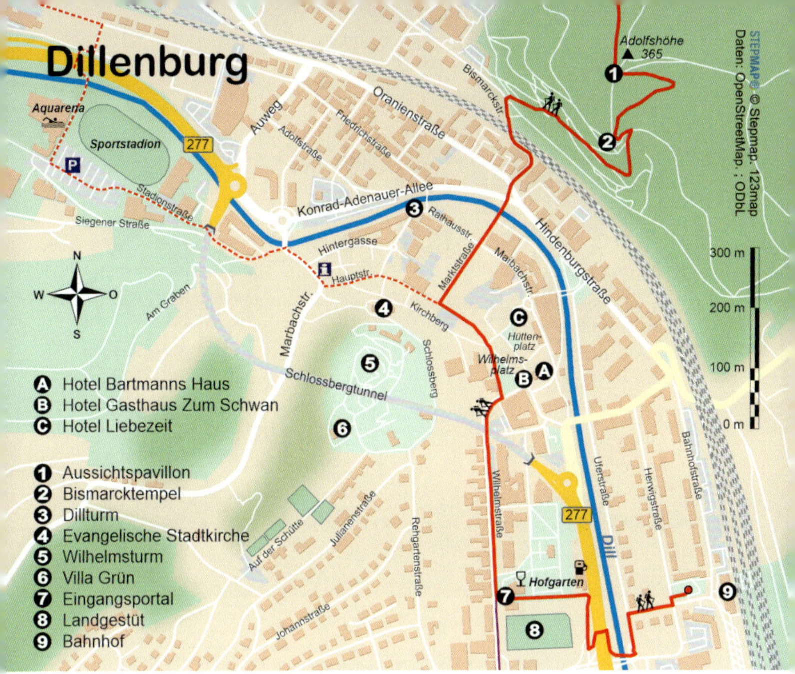

♦ Hotel Gasthaus Zum Schwan (gehört zum Hotel Bartmanns Haus), Wilhelmsplatz 6, 35683 Dillenburg, ☏ 027 71/26 56 10, ✉ info@zumschwan-dillenburg.de, 💻 www.zumschwan-dillenburg.de, ÜF DZ ab € 99, 🐕 Hunde sind erlaubt, dürfen aber nicht mit ins Hotel Bartmanns Haus genommen werden, wo An- und Abreise sowie das Frühstück stattfinden, 🚚 Gepäcktransport kann auf Anfrage organisiert werden (Preis abhängig von der Strecke und der Größe des angeforderten Autos), 🍎, am Weg

✕ Es gibt ausreichend Einkehrmöglichkeiten in Dillenburg, u. a. das Gasthaus Zum Schwan und das Restaurant Bartmanns Haus nahe den gleichnamigen Hotels.

⌘ Museen auf dem Schlossberg, Kontakt: Dillenburger Museumsverein e. V., Schlossberg 3, 35683 Dillenburg, ✉ info@museumsverein-dillenburg.de, 💻 www.dillenburger-museumsverein.de, 🚪 beide Museen und Kasematten: Mo (außer an Feiertagen) und 02.11.-31.03. geschlossen, Eintrittspreise: Kombikarte Wilhelmsturm und Villa Grün: € 4, Kinder (6-15 Jahre) € 2, Kasemattenführung: € 4, Kinder € 2, Schlossbergkarte (Museen und Kasematten): € 7, Kinder € 3,50

- ♦ Wilhelmsturm (Oranien-Nassauisches Museum), ☏ 027 71/80 00 65, 🚪 Di-So 10:00-13:00 und 14:00-17:00

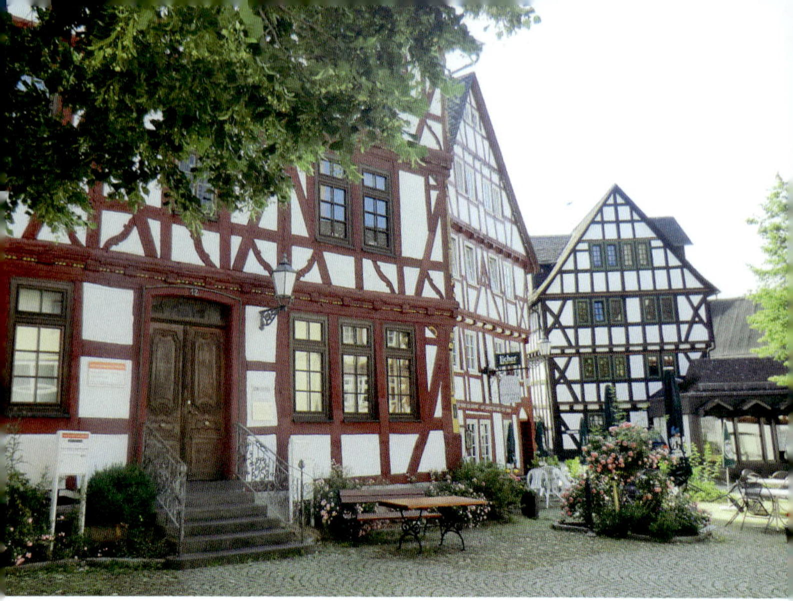

Alte Fachwerkhäuser prägen das Bild der Stadt

- Villa Grün (wirtschaftsgeschichtliches Museum), ☏ 027 71/26 61 65, Di-So 10:00-12:00 und 13:00-17:00
- Kasematten (unterirdische Verteidigungsanlagen), Führungen coronabedingt nur an den Wochenenden (15:00) und nach Vereinbarung (telefonische Anmeldung unter ☏ 027 71/80 00 65), Dauer ca. 45 Min., Treffpunkt vor dem Eingang des Wilhelmsturms. Es sind über 200 Treppenstufen zu passieren und es gibt keine Sitzmöglichkeiten. Festes Schuhwerk und warme Kleidung (die Temperatur liegt konstant bei 8 °C) sind empfehlenswert.

☞ Reise-Infos von A bis Z, An- und Abreise

Nehmen Sie sich zum Abschluss Ihrer Wanderung noch etwas Zeit, um sich die Oranienstadt Dillenburg genauer anzuschauen. Nach einem Bummel durch die Innenstadt mit ihren zahlreichen, sorgsam restaurierten Fachwerkhäusern und anderen historischen Bauwerken wie dem Dillturm oder dem Hessischen Landgestüt darf ein Besuch des Schlossberggeländes nicht fehlen. Zum Glück sind Sie inzwischen gut trainiert, sodass Sie den Anstieg über die zahlreichen Treppenstufen sicher problemlos bewältigen werden.

Einst stand auf dem Berg ein prächtiges Schloss, in dem die Grafen von Nassau-Dillenburg residierten. Seine gewaltigen Verteidigungsanlagen gehörten zu den größten Europas. In den Kasematten, den unterirdischen Wehrgängen, die heute im Rahmen einer Führung besichtigt werden können, fanden mehr als 2.000 Soldaten Platz. 1760 wurde das Schloss im Siebenjährigen Krieg durch einen Brandangriff der Franzosen zerstört und danach geschleift. Die Steine der Ruine wurden u. a. zum Bau der Häuser in der Wilhelmstraße genutzt.

Gut 100 Jahre später (1872-1875) erbaute man auf dem Schlossberg zu Ehren von Wilhelm von Oranien den Wilhelmsturm, das heutige Wahrzeichen der Stadt, das Sie schon vom Bismarcktempel aus bewundern konnten. Er beherbergt das Oranien-Nassauische Museum, in dem Sie viel Wissenswertes über das Schloss und den Namensgeber des Turms erfahren können. Vom obersten Stockwerk bietet sich außerdem eine fantastische Aussicht über Dillenburg.

Darüber hinaus können Sie auf dem Schlossberg die Villa Grün, ein Museum zur Wirtschaftsgeschichte der Region, und die evangelische Stadtkirche besichtigen. In der Kirche fanden u. a. zahlreiche Mitglieder des Hauses Nassau-Dillenburg ihre letzte Ruhestätte, darunter auch die Eltern von Wilhelm von Oranien.

Dillenburg und die Niederlande

Vielleicht ist Ihnen schon aufgefallen, dass Dillenburg auch bei niederländischen Touristinnen und Touristen äußerst beliebt zu sein scheint? Das hat einen Grund: Der wohl berühmteste Sohn der Stadt ist Wilhelm von Oranien, der die Niederlande im 16. Jh. in den Unabhängigkeitskrieg gegen Spanien führte und in unserem Nachbarland deshalb als „Vater des Vaterlandes“ gilt.

Wilhelm von Nassau-Dillenburg wurde 1533 in Dillenburg geboren und erbte im zarten Alter von 11 Jahren von einem kinderlosen Cousin Besitztümer in Frankreich und den Niederlanden sowie den Titel „Prinz von Oranien“. Er wurde daraufhin am Hof von Kaiser Karl V. erzogen und zu einem der reichsten und bedeutendsten Adligen in den Niederlanden. Doch dann kam es zu Unruhen im Land und zu Spannungen zwischen Wilhelm und Karls Nachfolger Philipp II., u. a. aufgrund Philipps strikter Religionspolitik. Philipp ließ die Aufstände niederschlagen und Wilhelm floh 1567 nach Dillenburg. Für einige Zeit wurde das Schloss nun zu einem Ort geheimer Treffen und Planungen für den von Wilhelm angeführten Widerstand gegen die Herrschaft Philipps. 1568 begann mit der ersten Schlacht der Achtzigjährige Krieg, der erst 1648 mit dem Westfälischen Frieden und der Unabhängigkeit der Niederlande ein Ende fand.

Wilhelm selbst erlebte nur die ersten Jahre dieses Kampfes: Er wurde 1584 von einem katholischen Fanatiker ermordet. Die Erinnerung an seine Person und sein Wirken wird aber bis heute aufrechterhalten – zum Beispiel hier in seiner Heimatstadt Dillenburg.

Hinweis zur Etappenplanung

Die Wanderung auf der Westerwaldvariante sollten Sie unbedingt im Voraus gut planen, da es nur sehr wenige Unterkünfte direkt am Weg gibt. Die im Buch vorgeschlagene Etappenaufteilung sieht vor, im Anschluss an die 7. Etappe des Hauptwegs vom Gästehaus Wilgersdorf auf die Westerwaldvariante zu starten. Sie können aber auch am Ende der 7. Etappe vom Wegweiser an der Kalteiche noch direkt bis nach Würgendorf weitergehen und dort übernachten (7,5 km). Eine Übernachtung an der Fuchskaute, die ungefähr auf der Hälfte der Westerwaldvariante liegt, ist leider seit der Schließung der Fuchskaute Lodge nicht mehr möglich. Sowohl das Gästehaus Wilgersdorf als auch das Hotel Windeck in Würgendorf bieten aber einen (kostenpflichtigen) Hol- und Bringservice u. a. bis zur Fuchskaute an, sodass eine Aufteilung der gesamten Strecke in zwei Etappen trotzdem gut möglich ist.

Als alternative Übernachtungsmöglichkeiten sind im Text außerdem Ferienwohnungen in Liebenscheid und Rabenscheid aufgeführt, in denen Sie auch für nur eine Nacht unterkommen können.

Westerwaldvariante 1. Etappe: Wilgersdorf – Fuchskaute

27,3 km, 8 Std. 45 Min., ↑ 759 m, ↓ 593 m, ⇧ 417-657 m

0,0 km	⇧ 475 m	Gästehaus Wilgersdorf (ca. 1 km: Wilgersdorf)
4,7 km	⇧ 573 m	Sinnerhöfchen
8,4 km	⇧ 418 m	Würgendorf BANK
13,3 km	⇧ 549 m	Jagdhütte Am Großen Stein
15,8 km	⇧ 449 m	Lützeln
20,4 km	⇧ 535 m	Liebenscheid
22,8 km	⇧ 568 m	Weißenberg
27,3 km	⇧ 657 m	Fuchskaute

Über angenehme Wege und kleine Pfade wandern Sie zunächst durch den Wald, bevor Sie der erste kräftige Anstieg zum Windpark auf dem Sinnerhöfchen hinaufführt. Danach geht es wieder abwärts und auf einem schnurgeraden Forstweg nach Würgendorf. Durch eine idyllische Wald- und Wiesenlandschaft laufen Sie von dort zum mystischen Großen Stein und zur Kaolintongrube Auf dem Kreuz, wo Sie eine fantastische Aussicht haben. Über die Dörfer Lützeln, Liebenscheid und Weißenberg führt Sie der Rothaarsteig danach zum geheimnisvollen Ketzerstein und erneut durch weite Wiesen zur Fuchskaute, dem höchsten Punkt des Westerwalds.

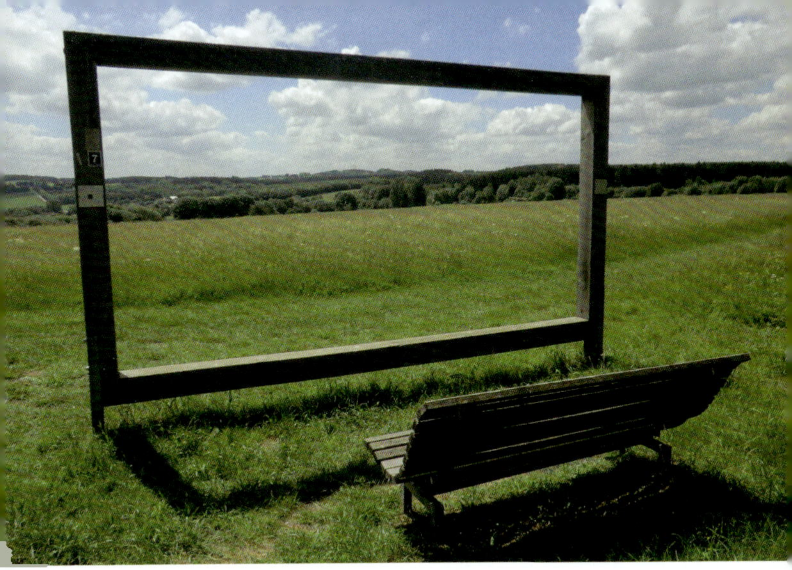

Aussicht über Wald und Wiesen

Vom Gästehaus Wilgersdorf folgen Sie zunächst dem Zustiegsweg zurück zum Rothaarsteig (Beschreibung ☞ 8. Etappe, S. 120). Dort, wo es auf dem breiten Weg geradeaus weiter zur Dillvariante geht, biegen Sie rechts auf der Westerwaldvariante in den Wald ab. Erst auf einem Wiesenweg und dann auf einem Waldpfad geht es bergab, dabei wird ein Forstweg gekreuzt. Nach einer weiteren Forstwegüberquerung wird der Pfad zu einem schmalen Hohlweg unter Buchen. Am dritten Forstweg biegen Sie schließlich rechts ab und laufen bis zum Steinbach, den Sie auf einer Brücke überqueren. Dahinter wandern Sie auf dem Waldweg links bergauf und dann rechts hoch. Keine Sorge: Der nun vor Ihnen liegende steile Aufstieg wurde durch Serpentinen entschärft. Sie biegen also direkt wieder rechts ab und wandern in Kurven durch den schönen Buchenwald bergauf. Am Ende des steilen Abschnitts wenden Sie sich rechts auf den breiteren Weg, es geht nun etwas sanfter bergauf. Nach einer scharfen Linkskurve können Sie sich auf einem ebenen Wegstück kurz erholen, bevor Sie auf einem Waldweg, der später zum Wiesenweg wird, rechts weiter aufsteigen. Sie passieren ein erstes Windrad und wandern auf weitere zu. Oben auf dem **Sinnerhöfchen** zweigt der Rothaarsteig hinter dem nächsten Windrad rechts auf einen breiten Schotterweg ab. Geradeaus würden Sie nach ein paar Schritten eine ⌂ Schutzhütte ❶ erreichen, wo Sie sich ausruhen und das Modell eines Rennofens ansehen können. Diese Art von Ofen wurde in der Region schon im Mittelalter zur Eisengewinnung genutzt.

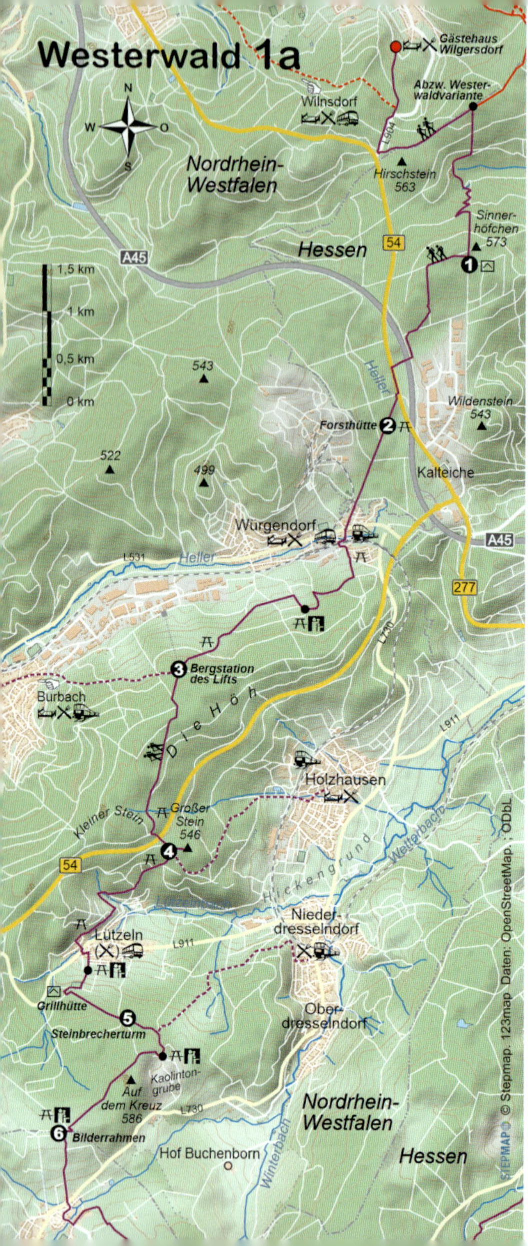

Mit Blick auf weitere Windräder wandern Sie auf dem Schotterweg weiter und biegen nach ca. 500 m links auf einen Wiesenweg ab. Durch Mischwald, in dem im Sommer Fingerhut für bunte Farbtupfer sorgt, geht es kurz leicht aufwärts und dann bergab. Der Weg wird nach einer Gabelung, an der Sie sich rechts halten, zu einem wurzeligen Pfad. An einem Forstweg biegen Sie rechts und schon nach 100 m wieder links auf einen schönen Pfad im Wald ab, weiter bergab. Nur der Lärm der A45, die nun parallel verläuft, stört das Wandervergnügen ein wenig.

Sie erreichen am km-5-Stein der Westerwaldvariante ein Sträßchen, überqueren es und gehen durch die Unterführung unter der Autobahn hindurch. Auf einem Asphaltweg laufen Sie bis kurz vor die B54 und etwa 300 m parallel zu ihr nach links, bevor Sie sie (✋ bitte vorsichtig!) überqueren.

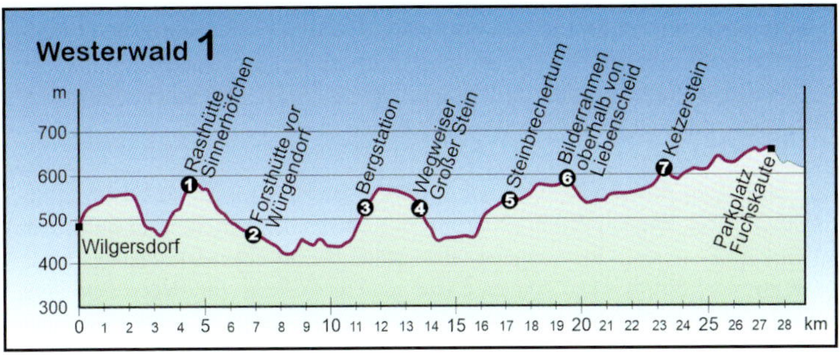

Auf der anderen Straßenseite biegen sofort wieder links ab. Für ein paar Meter gehen Sie an einem Bach (Heller) entlang, der sich aber bald vom Weg entfernt. Dann geht es 1,5 km immer geradeaus nach Würgendorf, zunächst auf Asphalt, dann auf einem breiten Forstweg. Sie passieren dabei eine Forst-/Jagdhütte ❷ mit Tisch und Bank, die bei schlechtem Wetter eine Möglichkeit zum Unterstellen bietet, und wandern abwechselnd zwischen Nadel-, Laub- und Mischwald hindurch. Schließlich haben Sie wieder Asphalt unter Ihren Füßen und sehen die Häuser von Würgendorf vor sich. Auf der Heimhofstraße laufen Sie durch ein Wohngebiet in den Ort hinein, passieren das ⌘ Heimhoftheater und überqueren am Ende der Straße an einer Ampel die Hauptstraße. Auf der anderen Straßenseite gehen Sie geradeaus weiter und überqueren die Heller. Dahinter ginge es links zum Bahnhof von Würgendorf, der Rothaarsteig führt aber auf der Straße Wasserscheide kurz an den Gleisen entlang nach rechts, vor der Bushaltestelle „Wasserscheide" links über die Gleise und direkt wieder nach links. Zwischen Häusern zur Linken und einer Wiese zur Rechten steigt der Weg leicht an. In einer Linkskurve führt der Rothaarsteig an der Bank rechts auf dem Feld-/Wiesenweg weiter; wenn Sie der Straße noch ein paar Meter folgen, erreichen Sie das ✕ Hotel Windeck.

Würgendorf

✕ Hotel Restaurant Windeck, Bogenstr. 8, 57299 Burbach-Würgendorf,
☏ 027 36/16 40, info@hotel-windeck.de, www.hotel-windeck.de,
Ü DZ ab € 67, F € 6 p. P., QR

Regionalbahnanschluss Richtung Betzdorf (über Burbach) und Dillenburg

Würgendorf ist ein Ortsteil von Burbach und wurde im 15. Jh. erstmals erwähnt. Sehenswert sind die alte Wehrkirche aus dem 13. Jh. mit ihrem achteckigen Turm und der Heimhofkomplex mit dem markanten Wasserturm und dem denkmalgeschützten Theater aus dem Jahr 1955, das noch heute genutzt wird. Auf Ihrem Weg in den Ort sind Sie schon daran vorbeigekommen.

Übrigens: Bisher verlief die Westerwaldvariante auf hessischem Boden, in Würgendorf haben Sie nun wieder NRW betreten.

Sie folgen dem Rothaarsteig an der oben erwähnten Bank vorbei zwischen Wiesen leicht bergauf. Wenn Sie nach rechts blicken, können Sie die Häuser von Würgendorf sehen. Oben angekommen gehen Sie an einer T-Kreuzung rechts (Wegweiser „Struth“) und passieren eine weitere ⩪ Bank. Sie folgen dem Weg vorbei an einem Abzweig und durch eine scharfe Linkskurve. Es geht bergauf und bald eröffnet sich rechts über eine Wiese mit einem kleinen Teich ein weiter Blick auf Würgendorf, den Sie wenig später an einer ⩪ Bank und einer Liege entspannt genießen können. Danach laufen Sie rechts zwischen weiten Wiesen und Weiden auf einem Asphaltsträßchen bergab Richtung Ort, doch schon nach knapp 200 m biegen Sie links auf einen Wiesenweg ab. (✋ Der Weg ist gut mit Pfosten markiert, wenn das Gras hoch steht, könnte es aber sein, dass er schlecht zu sehen ist. Wenn die Asphaltstraße eine Linkskurve macht, sind Sie zu weit gegangen!) Mit schönem Blick auf Würgendorf wandern Sie nun durch die Wiesen, queren ein Sträßchen, passieren eine weitere ⩪ Bank und biegen dann am Ende der Wiesen links auf eine schmale Asphaltstraße ab, die Sie bald in ein Waldstück führt. Es geht erneut bergauf. Sie kommen an einer Weide vorbei, halten sich an einem nach rechts führenden Abzweig links und wandern auf einem Schotterweg zwischen weiteren Weiden aufwärts. Nach dem km-10-Stein ⩪ tauchen Sie wieder in lichten Wald ein, gehen an der Kreuzung direkt danach geradeaus und steigen weiter auf. Auch in diesem Abschnitt wächst im Frühsommer viel Fingerhut. Die nächste ⩪ Bank wird passiert und wenige Meter danach sind die Bergstation eines Ski- und Schlittenlifts und der Wegweiser „Jedeiche“ erreicht ❸. ⇘ Hier geht es rechts nach Burbach (Bahnhof) 🛏 ✕ 🚆 (2,9 km) und Wahlbach 🛏 ✕ 🚆 (5,2 km).

Der Weg führt Sie geradeaus weiter und Sie können kurz verschnaufen. Dann steigt der Rothaarsteig wieder deutlicher an, erst auf steinigem Untergrund, dann auf angenehmem Waldweg. Auch am Abzweig des Höhwegs nach rechts gehen Sie geradeaus weiter bergauf – die „Höh“ (so heißt der Höhenzug originellerweise) will erklommen werden.

Schließlich ist das Ende der Steigung erreicht und Sie setzen Ihre Wanderung auf einem ebenen Waldweg fort. Wenn Sie auf einen Forstweg stoßen, gehen Sie geradeaus bzw. rechts weiter. Sie passieren eine Wiese mit Wildapfelbäumen und die hübsch gestaltete Jagdhütte Am Großen Stein mit einer ⩪ Rothaarsteigschaukel direkt daneben.

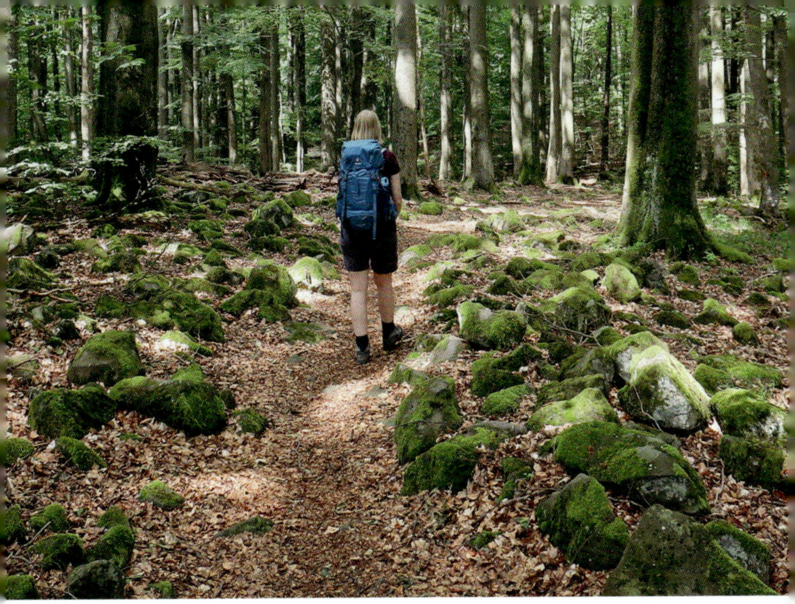

Moosbedeckte Basaltblöcke überziehen den Gipfel des Großen Steins (📷 Tanja Schmidt)

Der lauter werdende Straßenlärm kündigt nun an, dass Sie sich der B54 nähern. An einer Kreuzung mit ⛼ Bank und Infotafel wenden Sie sich nach links und direkt wieder nach links auf einen Schotterweg. Die B54 wird auf einer Brücke überquert und Sie betreten das Naturschutzgebiet Großer Stein. Nach knapp 200 m durch Mischwald erreichen Sie den Wegweiser „Großer Stein" ❹. ↬ Geradeaus geht es hier nach Holzhausen 🛏 (✕) 🚆 (2,8 km). Der Rothaarsteig führt rechts weiter.

↬ Bevor Sie ihm folgen, sollten Sie unbedingt links auf dem schmalen Pfad durch den Wald zum Gipfel des ✿ **Großen Steins** aufsteigen (ca. 150 m vom Weg entfernt).

Die kleinen Steine am Großen Stein

Über und über ist der Boden der Bergkuppe mit größeren und kleineren Basaltblöcken übersät, die von Moosen und Flechten bedeckt sind – eine geologische Besonderheit, denn Blockschutthalden wie diese gibt es in NRW nur selten.

Der Wissenschaft zufolge liegen die Ursprünge dieser Steinlandschaft 20 Millionen Jahre zurück. Damals gab es hier in der Region starke vulkanische

Aktivitäten. Die Lava, die am Großen Stein austrat, erstarrte zu Basaltsäulen, die später durch Frost zersprengt wurden und sich in vielen kleinen Stücken über die Bergkuppe verteilten.

Die Sagen der Region erzählen natürlich eine andere Geschichte: Demnach hausten hier einst wilde Riesen, die (je nach Sage) die in der Umgebung lebenden Menschen oder sich gegenseitig mit den Steinen bewarfen und töteten. Wenn man im Steinkreis am Gipfel sitzt und die geheimnisvolle Atmosphäre dieses Ortes spürt, klingt das gar nicht so unrealistisch …

Zurück an der Kreuzung folgen Sie dem Rothaarsteig durch Buchenwald, in den sich später auch wieder Fichten und andere Laubbäume mischen, geradeaus bergab, unterwegs wird eine Bank passiert. Auch an der Kreuzung nach den Stallungen nach knapp 650 m gehen Sie geradeaus weiter und an einem Häuschen auf der linken Seite vorbei. Links im Tal können Sie schon die ersten Häuser von Lützeln sehen. Der Rothaarsteig führt Sie an weiteren Bänken, einem Holzlagerplatz und einer Hütte vorbei, dann biegen Sie auf einen Pfad ab, der Sie vorbei an Teichen rechts in den Wald führt.

Sie folgen weiter dem schönen Weg an der Teichanlage entlang und überqueren dann links auf einer Brücke den Lützelnbach. Auf einem schmalen Pfad geht es an einer Weide entlang kurz aufwärts und oben auf einem breiten Wiesenweg nach links. An einem Asphaltsträßchen biegen Sie rechts und wenige Meter danach wieder links auf einen Wiesenweg zwischen Weiden und Bäumen ab, vorbei an weiteren Bänken. Dann setzt sich der Rothaarsteig als schmaler Pfad am Hang oberhalb von Lützeln fort. Etwa 700 m nach der Brücke gelangen Sie zu einem Gefallenendenkmal der Stadt Lützeln. An Wiesen entlang geht es weiter, zur Linken liegen weitere Häuser von Lützeln. Nach 200 m biegen Sie am Ortsrand links auf eine Wohnstraße (Waldweg) ab und wandern bergab in den Ort. **Lützeln** (✕) (Busverbindung nach Burbach), ein Ortsteil von Burbach, soll die älteste der vier Siedlungen im Hickengrund sein, zu denen auch Holzhausen, Ober- und Niederdresselndorf zählen. In der Ortsmitte steht ein 300 Jahre altes Backhaus (Backes), in dem zwei Mal im Jahr noch wie früher gebacken wird.

An der Hauptstraße wenden Sie sich nach rechts, wechseln auf die andere Seite und laufen in die Straße Hainshof. Nach knapp 50 m biegen Sie links in den Schotterweg und kurz danach an der T-Kreuzung rechts ab (wieder Asphalt, immer noch Hainshof). Durch ein Wohngebiet wandern Sie bergauf und verlassen den Ort. Zwischen Wiesen geht es weiter aufwärts Richtung Wald. Etwa auf der Hälfte des Aufstiegs steht eine Bank am km-15-Stein, von der Sie einen herrlichen Blick zurück auf Lützeln und über die Wiesenlandschaft genießen können. An einem Fußballplatz erreichen Sie das Ende des Anstiegs, gehen rechts zwischen Platz und Vereinsgebäude entlang und betreten kurz danach durch ein liebevoll verziertes Tor links das Naturschutzgebiet Unterm Kreuz. Der Rothaarsteig schickt Sie auf einem Schotterweg zu einem großen ⧅ ⩚ Platz an der Grillhütte von Lützeln hinauf, dort links über die Wiese und wieder in den Wald. Nach gut 50 m kommen Sie an einer Station des Wanderwegs „Romantischer Hickengrund – Literatur in der Natur“ vorbei. Wenn Sie mit der Kurbel genug Strom erzeugen, hören Sie Zitate verschiedener deutscher Dichter aus der Zeit der Romantik.

An einem breiteren Schotter-Gras-Weg halten Sie sich rechts und kommen an einem Hügel mit Basaltblöcken vorbei – ein erster Hinweis auf die nächste Besonderheit am Weg: Nachdem Sie an der Kreuzung „Bei der Klopfmaschine“ geradeaus weitergegangen sind, erreichen Sie die Überreste des alten Steinbrecherturms ❺. Zwischen 1892 und 1939 wurde im Steinbruch von Lützeln Basalt abgebaut und hier gebrochen. Die imposante Ruine des Gebäudes ist heute ein Industriedenkmal und Nistplatz für Falken und Milane (✋ Betreten verboten!).

Auf dem breiten Weg laufen Sie geradeaus weiter. ✋ Die Markierungen in diesem Bereich können zugewachsen sein. An den nächsten beiden T-Kreuzungen

Die wuchtige Ruine des alten Steinbrecherturms

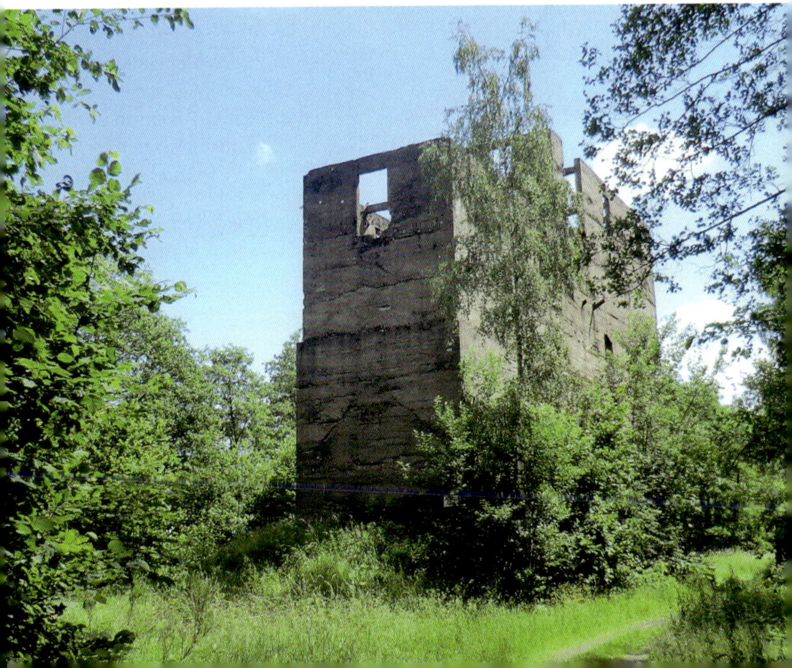

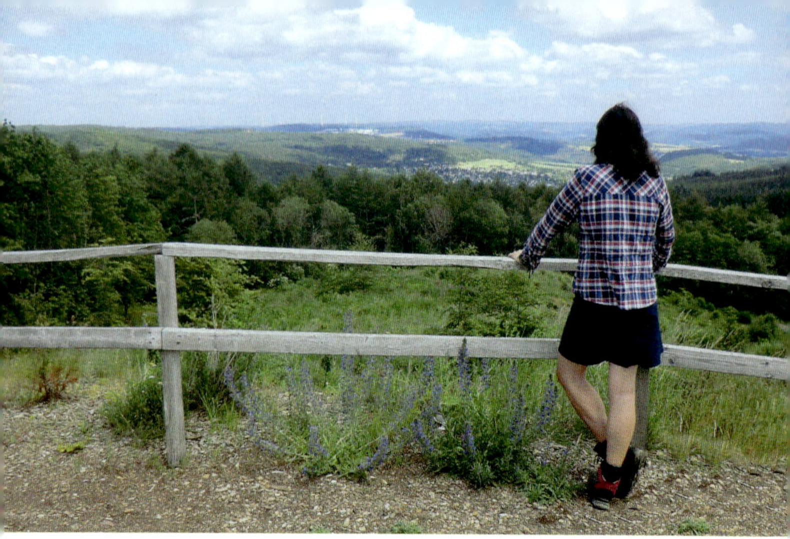

Rückblick zum Sinnerhöfchen vom Aussichtspunkt Auf dem Kreuz

geht es jeweils rechts weiter und kräftig bergauf. ↳ An der ersten (Wegweiser „Kreuzborn") könnten Sie links nach Niederdresselndorf (✕) 🚆 (3 km) abbiegen.

700 m nach dem Industriedenkmal erreichen Sie schließlich den **Aussichtspunkt Auf dem Kreuz** an der Kaolintongrube (in der Rechtskurve links hoch auf den Hügel). Unter einer Decke aus Basaltgestein liegt in diesem Gebiet Kaolin verborgen, das in der Grube im Tagebau abgebaut wird. Das hellgraue bis weiße Gestein ist ein begehrter Rohstoff, der für die Herstellung von Porzellan und anderen Feinkeramikprodukten wie Fliesen oder Isolatoren verwendet wird. Von dem Aussichtspunkt können Sie einen Blick in die Grube werfen und Richtung Norden eine überwältigende Fernsicht über die Dörfer im Hickengrund bis zurück zu den Windrädern am Sinnerhöfchen genießen.

Nach der Pause am Aussichtspunkt folgen Sie dem Schotterweg weiter bergauf am Waldrand um die Grube herum. Sie passieren den Wegweiser „Auf dem Kreuz" und laufen dann auf einem breiten, ebenen Weg durch den Wald. 1,4 km nach dem Aussichtspunkt erreichen Sie am Ende einer Wiese einen Wendekreis und biegen vor dem Zaun, der zum **Flughafen Siegerland** gehört, links auf einen schmalen Pfad ab. Sie folgen dem Weg am Zaun entlang, überqueren die Grenze zwischen NRW und Rheinland-Pfalz, ohne es zu merken, und stehen dann an einer Bank ❻ mit toller Aussicht über eine weite Wald- und Wiesenlandschaft, die durch einen hölzernen Bilderrahmen noch hervorgehoben wird.

Zwischen kleinen Waldstücken und Wiesen voller Wildblumen führt nun ein Wiesenweg abwärts. Er geht nach einer Weile in einen Asphaltweg über und Sie kreuzen die Einflugschneise des Flughafens. Vor Ihnen im Tal liegt **Liebenscheid**, das Sie am Friedhof vorbei schließlich auf dem Lützelner Weg erreichen.

Liebenscheid

In Liebenscheid können Sie im Ferienhaus An den Wiesen übernachten: Triftstr. 8, ☏ 022 24/94 08 96, almuthbehrens@yahoo.de, ferienhaus-an-den-wiesen.de, Ü € 55 bzw. € 65 in der Heizsaison (2 Pers.) + € 6 p. P. für Bettwäsche + € 45 Endreinigung, knapp 600 m vom Weg entfernt. Es gibt im Ort keine Einkehr- oder Einkaufsmöglichkeiten!

Busverbindung nach Rennerod

Der kleine Ort gehört zur Gemeinde Rennerod. Jedes Jahr im Februar findet hier ein großes Hundeschlittenrennen mit einem internationalen Starterfeld statt.

Sie überqueren die Hauptstraße geradeaus und folgen der Mühlstraße durch den Ort, vorbei an der Bushaltestelle. Nachdem Sie den Erlenbach überquert haben (ab hier verläuft der Rothaarsteig eine Weile parallel zum Fernwanderweg E1), biegen Sie links in die Gartenstraße ein. Am Ortsende laufen Sie auf einem Feldweg zwischen Weiden weiter und wandern dann auf einem Wiesenweg an Bäumen entlang rechts bergauf. Von hier haben Sie noch einmal einen guten Ausblick zurück zum Ort, oben auf der Anhöhe ist wieder die Einflugschneise des Flughafens zu sehen.

Oben angekommen biegen Sie links auf das Asphaltsträßchen ab und

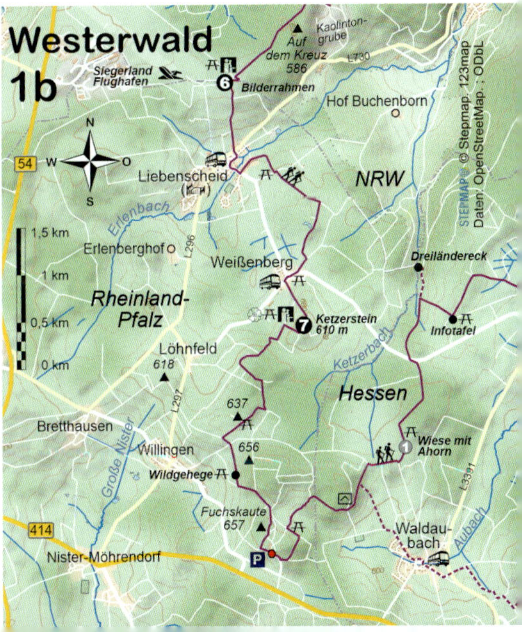

wenden sich nach wenigen Metern an der ⛼ Bank rechts auf einen Schotterweg. Er ist von Bäumen gesäumt, hinter denen sich ausgedehnte Wiesen erstrecken. Links eröffnen sich bald weite Fernblicke – sogar die Kaolintongrube kann man bei guter Sicht erkennen.

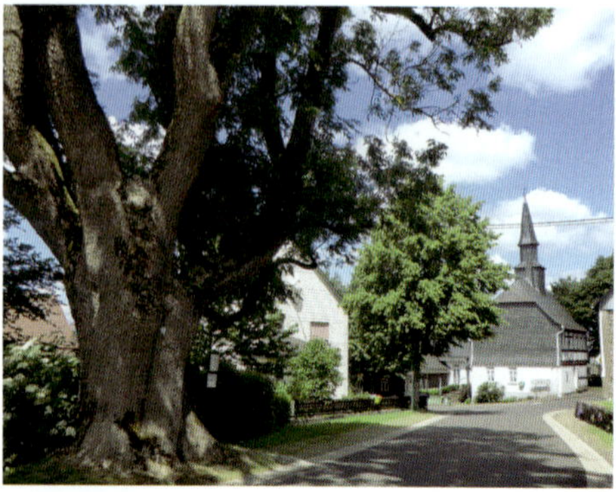

Weißenberg

Nach 600 m auf diesem Weg biegen Sie vor einer Hütte, in deren Garten interessante Holzskulpturen stehen, rechts ab und wandern auf einem Feldweg zwischen Wiesen und Waldstücken weiter. Schließlich laufen Sie durch eine Rechtskurve um eine Weide herum und erreichen **Weißenberg** 🚌. An der Hauptstraße (Herborner Straße) biegen Sie rechts ab und passieren eine ⛼ Bank an einem Brunnen und knapp 100 m weiter das ⌘ Heimatmuseum Aal Schul, das im alten Schulhaus aus dem 18. Jh. untergebracht ist, einem hübschen denkmalgeschützten Fachwerkbau mit Türmchen. Einige Meter weiter erreichen Sie die 🚌 Bushaltestelle „Weißenberg" (Busverbindung nach Rennerod), neben der sich eine ✿ imposante, ca. 350 Jahre alte Esche erhebt.

Gegenüber der Haltestelle biegen Sie in die Straße Zum Ketzerstein ein, die schon das nächste Ziel ankündigt, und verlassen am Feuerwehrgerätehaus und einem Spielplatz vorbei den Ort. Zwischen Wiesen und Weiden und dann am Waldrand entlang wandern Sie bergauf und biegen oben angekommen rechts ab. Sie passieren eine ⛼ Bank mit weitem Ausblick und stehen kurz danach vor dem ✿ mächtigen **Ketzerstein** ⛼ ❼.

Magnetische Verwirrung am Ketzerstein

Beim Ketzerstein handelt es sich um eine Felsformation aus quaderförmigen Basaltbrocken, die vor etwa 25-30 Millionen Jahren entstanden ist. Haben Sie einen Kompass dabei? Dann werden Sie feststellen, dass er hier am Ketzerstein nicht mehr zuverlässig arbeitet. Das liegt daran, dass das Basaltgestein einen hohen Eisenanteil hat, der die Nadel ablenkt. Probieren Sie es aus, es funktioniert wirklich!

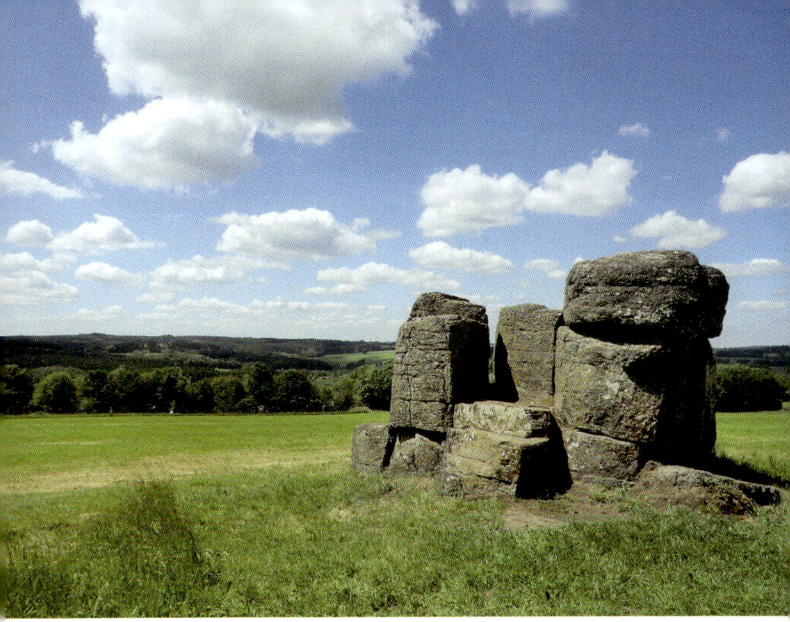

Der Ketzerstein

Vom Ketzerstein folgen Sie dem Weg noch knapp 100 m, gehen am Waldrand auf einem Wiesenweg rechts hinab und dann linksherum weiter am Wald entlang, mit einem weiten Blick zur rechten Seite. Wenn der Wald endet, biegen Sie rechts ab und tauchen nach ca. 100 m erneut in ein Waldstück ein. Hier geht es nach links und über Steine und Wurzeln auf einem schmalen Pfad bergauf. Bald laufen Sie wieder auf einem Wiesenweg am Waldrand entlang, nach ca. 250 m nach links und an einer eingezäunten Schonung entlang. Der Weg endet an einem Schotterweg, dem Sie kurz leicht abwärts folgen, bevor Sie rechts auf einen schmalen Pfad im Wald abbiegen. An einer Gabelung halten Sie sich rechts (der E1 führt hier nach links) und folgen danach links einem Wiesenpfad durch möglicherweise hohes Gras. Leicht aufwärts geht es zu zwei Liegebänken mit herrlichem Blick auf die weiten Wiesen, die im Frühsommer wunderschön mit Wildblumen bewachsen sind. Auf einem Feldweg gehen Sie dann auf ein Waldstück zu und biegen davor links auf die Asphaltstraße ab, an einer Kreuzung wandern Sie geradeaus auf einem Schotterweg weiter. Rechts eröffnet sich über die Wiesen wieder einmal ein weiter Blick, u. a. auf den kleinen Ort Willingen. Der Asphaltweg wird zu einem Wiesenweg am Waldrand und Sie passieren ein Wildgehege mit Rehen. Am Ende des Zauns wandern Sie links auf einem steilen,

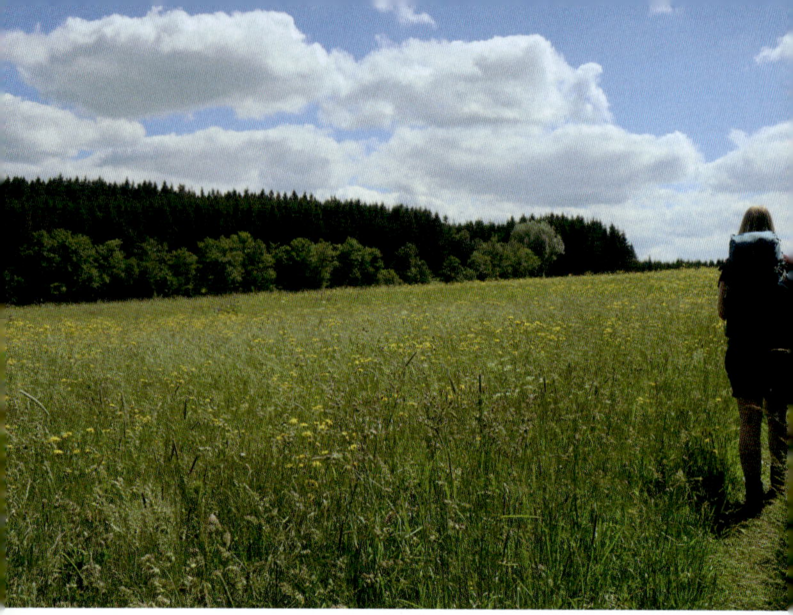

Wiesen hinter dem Ketzerstein (📷 Tanja Schmidt)

steinigen Waldweg bergauf. Er endet an einem Schotterweg zwischen Wiesen, dem Sie nach rechts folgen. Auf beiden Seiten stehen Laubbäume (z. B. Kirschen und Eichen), die anlässlich des 600-jährigen Jubiläums des Ortes Willingen im Jahr 2013 von der Dorfbevölkerung angepflanzt wurden. Am Ende der Allee gehen Sie geradeaus weiter und wandern für knapp 500 m am Waldrand entlang, zur Linken taucht bald das Gebäude der ehemaligen Fuchskaute Lodge auf. Am Ende des Weges biegen Sie links ab und erreichen den Parkplatz.

Hier an der Fuchskaute (⇧ 657 m) haben Sie den höchsten Punkt des Westerwalds erreicht – und den südlichsten Punkt des Rothaarsteigs!

Auf der nächsten Etappe durchwandern Sie einen Teil des Naturschutzgebietes Fuchskaute mit einer besonderen Wiesen- und Heidelandschaft. Sie ist durch jahrhundertelange Nutzung als Viehweide entstanden und bietet heute unzähligen, zum Teil seltenen Baum- und Pflanzenarten, Schmetterlingen und Vögeln ein Zuhause.

☺ Bitte beachten Sie die Hinweise zu Übernachtungsmöglichkeiten auf S. 134.

Westerwaldvariante 2. Etappe: Fuchskaute – Dillenburg

25,8 km, 7 Std. 45 Min., ↑ 399 m, ↓ 810 m, ⇧ 228-657 m

0,0 km	⇧ 657 m	Fuchskaute
6,4 km	⇧ 561 m	Rabenscheid
12,4 km	⇧ 488 m	Blockhütte Langenaubach, Raststation Zu den wilden Weibern
18,6 km	⇧ 454 m	Kornberg
25,3 km	⇧ 237 m	Dillenburg (Hofgarten) BANK
25,8 km	⇧ 240 m	Dillenburg (Bahnhof)

Von der Fuchskaute laufen Sie durch weite Wald- und Wiesenlandschaften in den kleinen Ort Rabenscheid und dann weiter durch das idyllische Aubachtal, wo ein ehemaliger Steinbruch und ein altes Viadukt erkundet werden können. Im weiteren Verlauf warten mit der Blockhütte Langenaubach und dem Kornberg zwei ausgezeichnete Aussichtspunkte, die dazu einladen, eine Pause einzulegen und den herrlichen Ausblick zu genießen. Zuletzt geht es über einen anschaulich gestalteten CO_2 -Lehrpfad und schmale Pfade am Stadtrand von Dillenburg zum Eingangsportal des Rothaarsteigs am Hofgarten.

Mit dem Rücken zum Haus gehen Sie bis zum Ende des Parkplatzes, biegen links in den Wald ein und halten sich nach knapp 100 m direkt wieder links. Diesem Weg folgen Sie etwa 300 m bis zu einer T-Kreuzung, an der Sie sich erneut nach links wenden. An der nächsten Kreuzung geht es rechts weiter und durch einen parkähnlichen Abschnitt mit einzeln stehenden Fichten und Wacholderbüschen. Etwa 1,2 km nach dem Start betreten Sie wieder den Wald und überschreiten gleichzeitig die Grenze zwischen Rheinland-Pfalz und Hessen. Wenn Sie auf einen Feldweg stoßen, wenden Sie sich nach links und gehen am Waldrand weiter. Über die Wiesen rechts haben Sie einen weiten Blick bis zu den Windrädern bei Waldaubach und zum Fernmeldeturm auf dem Höllberg. Sie passieren eine Rothaarsteighütte und eine Bank und wandern schließlich an einer Weide entlang bis zu einer T-Kreuzung, an der Sie rechts abbiegen. Auf einem breiten Schotterweg geht es zwischen Wald und Weide weiter. Zu Ihrer Rechten können Sie Waldaubach (1,2 km) sehen, das Sie ebenso wie Heisterberg (4,5 km) über einen Zustiegsweg erreichen können. An der nächsten T-Kreuzung wenden Sie sich nach links.

Sie laufen an einer Wiese mit einem großen, einzeln stehenden Ahorn und einem Haufen Steinbrocken entlang ❶, passieren eine Bank und folgen der Rechtskurve. Auf einem gut zu gehenden Forstweg wandern Sie leicht abwärts und passieren nach knapp 500 m den km-30-Stein der Westerwaldvariante. An einem Abzweig nach links gehen Sie geradeaus weiter. An einer T-Kreuzung vor einer Straße wenden Sie sich nach links, um die Straße wenig später zu überqueren. Ein Schotterweg führt Sie geradeaus ins nächste Naturschutzgebiet. Sie laufen kurz durch Nadelwald und nach einer Bank wieder durch eine offenere Wald- und Wiesenlandschaft. An einem Wegweiser biegen Sie rechts auf einen Wiesenweg ab (geradeaus ginge es zum Dreiländereck NRW – Rheinland-Pfalz – Hessen) und steigen zu einem Rastplatz mit Infotafel am Waldrand auf.

Oben angekommen folgen Sie dem Weg nach links, auf der linken Seite wechseln sich Wiesen und niedriger Bewuchs ab. An einer T-Kreuzung biegen Sie rechts ab und laufen nun etwa 800 m immer geradeaus auf einem Asphaltweg durch eine ausgedehnte Wiesenlandschaft. Zu beiden Seiten eröffnet sich eine weite Aussicht, dann tauchen rechts in der Senke auch die ersten Häuser von **Rabenscheid** auf.

Sie wandern zu einer Straße hinab (L3044), überqueren sie und gelangen geradeaus in den Ort. Am Ende der Straße biegen Sie links ab (Haigerer Straße) und finden an der Straßenecke unter großen Linden eine Rothaarsteighütte und Bänke. Wenige Meter weiter geht es rechts in die Straße Zum Hofacker und danach an der Gabelung links (immer noch Zum Hofacker). Rechts können Sie

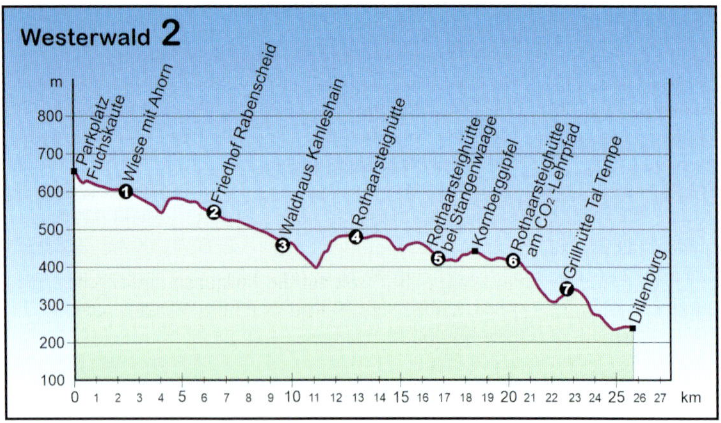

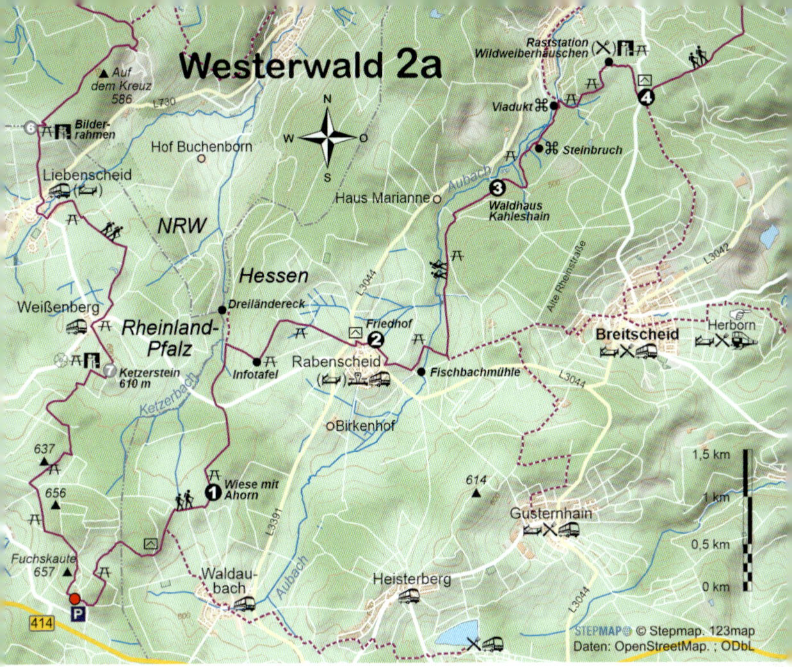

kurz darauf einen Blick auf die Kirche des Ortes mit ihrem mittelalterlichen Wehrturm werfen.

Rabenscheid (🛏) ⛲ ✝ 🚌

🛏 In Rabenscheid können Sie im Ferienappartement Breitscheid übernachten: Haigerer Str. 11, ☏ 027 77/911 87 90,
✉ Ferienappartement-Breitscheid@web.de,
💻 www.ferienappartement-breitscheid.de, Ü € 45 (für 1-2 Pers., inkl. Bettwäsche und Handtücher) + € 20 Endreinigung, ca. 50 m vom Weg entfernt, kleine Einkaufsmöglichkeit (mit Brötchen am Morgen) in einer Tankstelle im Ort

🚌 Busverbindung nach Breitscheid und Herborn

Der Name des Ortes Rabenscheid soll auf die Kolkraben zurückgehen, die einst in großer Zahl hier in den Wäldern (Scheid = (Grenz-)Wald) lebten.

Der Rothaarsteig führt geradeaus bergab aus dem Ort hinaus und am Friedhof ❷ vorbei. Sie wandern am Ortsrand entlang durch eine Rechtskurve und biegen dann an einer T-Kreuzung links ab. An einer Gabelung nach gut 100 m halten

Sie sich rechts und laufen zwischen Wiesen weiter. Etwas unterhalb sind auf der rechten Seite zwei große Hallen zu sehen. Sie wandern bergab auf die Gebäude der denkmalgeschützten **Fischbachmühle** zu, wenden sich aber vorher nach links auf einen Feldweg und folgen ihm 300 m zwischen Wiesen, Weiden und Wald. An einer ⛼ Bank biegen Sie rechts ab und überqueren auf einer Brücke den Aubach. Auf der anderen Seite folgen Sie dem schmalen Pfad vorbei an einer weiteren ⛼ Bank durch den Wald zu einer T-Kreuzung vor einer Weide. Der Hauptweg führt hier nach links, ↳ rechts zweigt ein Zustiegsweg nach Breitscheid 🛏 ✕ 🚌 (2,3 km), Gusternhain 🛏 ✕ 🚌 (4,3 km) und Herborn 🛏 ✕ 🚆 (16,6 km) ab.

Nun begleitet der Rothaarsteig für ca. 3,5 km in mal größerem, mal kleinerem Abstand den Aubach. Zunächst folgen Sie dem Weg gut 1 km zwischen Wald bzw. Baumreihen und Wiesen bzw. Weiden, nach ein paar Fischteichen betreten Sie das Naturschutzgebiet **Aubachtal**. Sie passieren den km-35-Stein und eine ⛼ Bank, nach der es auf einem breiten Waldweg in einen schönen Laubwald mit vielen Buchen geht. Auf dem Waldboden sind immer wieder bemooste Steine zu entdecken. Der Aubach fließt weiter zu Ihrer Linken, ohne dass Sie ihn wirklich sehen können.

An einer T-Kreuzung ⛼ biegen Sie links ab und wenden sich schon nach etwa 50 m wieder nach rechts, der Bach wird nicht überquert. (In diesem Bereich können Sie sich auch an den schwarz-weißen Markierungen der Rothaarsteig-Spur „Breitscheider Höhlentour" orientieren.) Sie wandern zunächst auf einem Weg zwischen Wald und Wiesen mit Bäumen weiter und erreichen nach einem kurzen Abschnitt durch den Wald ein Haus (Waldhaus Kahleshain) ❸. Wenig später gehen Sie an der T-Kreuzung rechts bergauf wieder in den Wald. An einem Abzweig nach rechts nach gut 200 m laufen Sie noch geradeaus weiter, um kurz darauf links abzubiegen, nun bergab.

Der Weg führt durch schönen Wald mit hohen Buchen und einzelnen Ahornbäumen. Links von Ihnen geht es tief hinab. Bald wandern Sie wieder am Aubach entlang, den Sie nun im Tal auch sehen können, und gehen an einer ⛼ Bank vorbei. Der angenehme Schotterweg verläuft leicht abwärts oder eben am Hang, die Bäume sorgen für wohltuenden Schatten. Nur das Rauschen der nahen Landstraße stört die Wanderidylle ein wenig. 300 m nach der Bank erheben sich rechts hohe Steinwände mit einem wassergefüllten Tunnel am Ende – ein ehemaliger ⌘ **Basalt-Diabas-Steinbruch**. Auf einem Trampelpfad können Sie rechts hinaufsteigen und von oben einen Blick auf die hoch aufragenden Basaltwände werfen. (✋ Seien Sie aber bitte vorsichtig, es gibt kein Geländer!)

Sie folgen weiter dem breiten Waldweg. Auf der linken Seite geht es steil hinab zum Bach, der durch das Tal mäandert, rechts sind Felswände zu sehen. 450 m

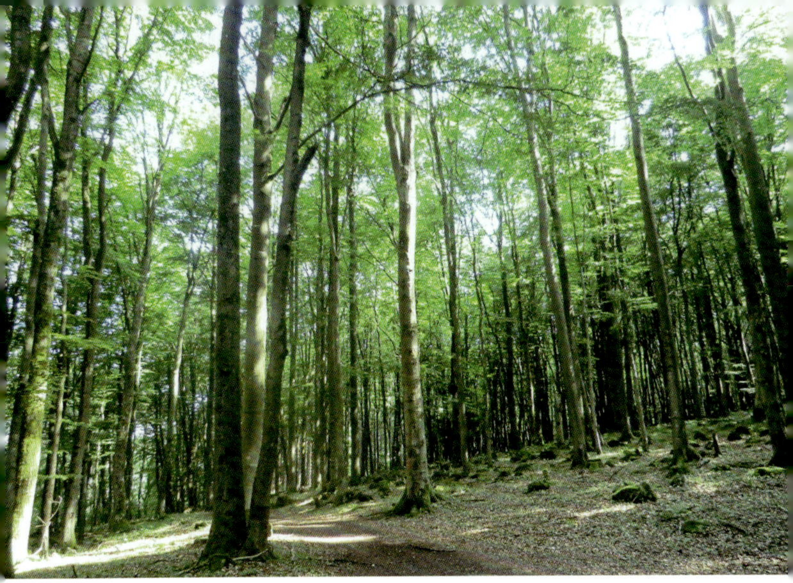

Schöner Buchenwald im Aubachtal

nach dem Steinbruch unterqueren Sie ein altes ⌘ **Viadukt**. Über eine Treppe mit hohen Stufen (✋ rutschig!) und einen Trampelpfad können Sie auf das Viadukt hinaufklettern, das inzwischen mit Gras und Bäumen bewachsen ist.

Kurz danach verbreitert sich der Aubach, ein Teil des Bachs ist als Tretbecken abgetrennt. Der Rothaarsteig verlässt das Aubachtal nun und schickt Sie an der T-Kreuzung rechts auf einem breiten, steinigen Weg aufwärts. Links würden Sie nach 300 m den Ortsrand von Langenaubach erreichen.

Kurz nach einem Tisch mit Bänken biegen Sie links auf einen Waldweg ab und überqueren ein Bächlein, der Weg steigt weiter an. Sie wandern nun am Rande des Naturschutzgebietes Wildweiberhäuschen entlang. Links im Wald sind einige Felsformationen zu entdecken. Nach etwa 250 m verlassen Sie den Wald wieder und laufen auf einem Wiesenweg am Waldrand weiter aufwärts. Kurz nach einer Bank biegen Sie links erneut in den Wald ab, passieren weitere Felsen und folgen dann einem Wiesenweg, der an einem Schotterweg endet. Dort wenden Sie sich nach rechts und überqueren den Spielplatz nach links. So erreichen Sie das Blockhaus Langenaubach und die Raststation Zu den wilden Weibern der Heimat- und Wanderfreunde Langenaubach, an der Sie unter einer großen Kiefer eine Rast einlegen und im Sommer sonntags etwas zu trinken und zu essen bekommen können (April-Okt So 11:00-17:00). Außerdem haben Sie bei gutem Wetter eine hervorragende Fernsicht bis zum Sinnerhöfchen und zur Haincher Höhe.

Wenn Sie die schöne Aussicht genug genossen haben, steigen Sie die Treppe zwischen den beiden Hütten hinauf, gehen am Parkplatz nach links und folgen dem breiten Schotterweg. An einer T-Kreuzung halten Sie sich links, biegen aber nach wenigen Metern schon wieder rechts in einen schmaleren Weg zwischen Bäumen und Büschen ab und folgen diesem ca. 350 m. An einer Wiese erreichen Sie eine T-Kreuzung, biegen links ab, überqueren eine Straße (K41) und gehen über den Wanderparkplatz Rothaarsteig geradeaus zur ⌂ Rothaarsteighütte ❹. ↳ Vor der Hütte führt der Baum-des-Jahres-Pfad halb rechts nach Breitscheid (2,9 km), Uckersdorf (6,3 km), Gusternhain (6,6 km) und Herborn (12,3 km).

Der Rothaarsteig leitet Sie an der Hütte vorbei nach links. Sie folgen nun immer dem Schotterweg zwischen Wiesen, Gebüsch und Wald. Nach gut 450 m passieren Sie den km-40-Stein der Westerwaldvariante, knapp 200 m weiter halten Sie sich an einer Gabelung links. Sie laufen erst durch lichten Mischwald und dann an einer Wiese zu Ihrer Rechten entlang, auf der Holunderbüsche und Ginster wachsen. Auch an der nächsten Gabelung (gut 600 m weiter) nehmen Sie wieder den linken Zweig und folgen dem fast schnurgeraden Weg durch den nun

Zwischen Langenaubach und Donsbach verläuft der Rothaarsteig auf der Alten Rheinstraße (📷 Tanja Schmidt)

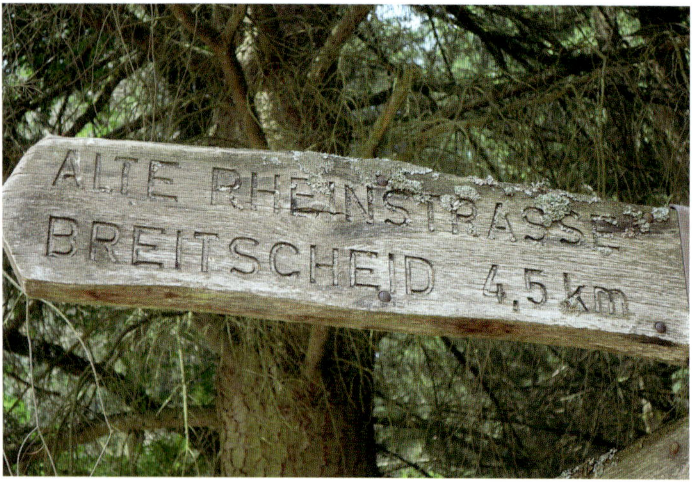

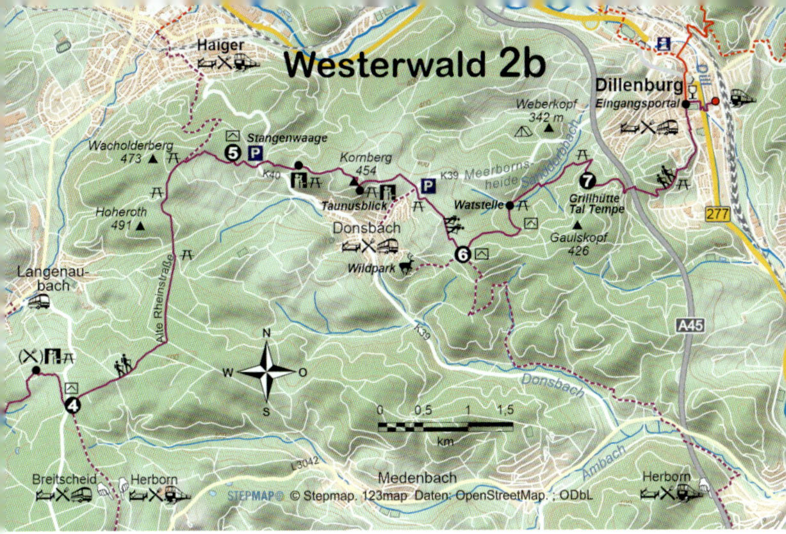

dichteren Wald. Der Rothaarsteig verläuft in diesem Bereich auf der **Alten Rheinstraße**, einer alten Fernhandelsroute, wie Sie sie schon von der Heidenstraße bei Winterberg kennen. Sie verband vor über 1.000 Jahren die Städte am Rhein mit dem Westerwald und Thüringen.

Nach etwa 900 m erreichen Sie am Ende einer Wiese eine T-Kreuzung und gehen links weiter. Rechts wären es nur ein paar Schritte bis zu einer Bank.

An der nächsten Kreuzung wandern Sie geradeaus auf dem Waldweg bergauf und an einer Gabelung direkt am Anfang links. Nach knapp 200 m ist der Anstieg geschafft und es geht eben weiter. Wenig später halten Sie sich an einer T-Kreuzung links und verlassen den Wald, um auf einem Wiesenweg weiterzugehen. Rechts haben Sie bald über die Wiesen einen schönen Ausblick ins Tal und auf entfernte Höhenzüge. Am Ende der Wiese steigen Sie zwischen Bäumen und Sträuchern auf und halten sich an der Kreuzung rechts. (Links ginge es zur Blockhütte des Westerwaldvereins Haiger.) Sie laufen 100 m an der großen Wiese entlang und biegen an der nächsten Bank wieder rechts ab, um ein Waldstück zu durchqueren. Danach wandern Sie mit einer Wiese und schönem Fernblick zur Rechten am Waldrand weiter. Sie passieren eine steinerne Sitzgruppe und wenden sich kurz darauf auf einen Feldweg nach rechts. Geradeaus geht es hier nach Haiger (2,9 km).

Für knapp 650 m folgen Sie nun dem schönen Weg am Waldrand, der später zu einem Schotterweg wird, und passieren unterwegs zwei Bänke. Dann erreichen Sie eine Rothaarsteighütte ❺, an der Sie ein freundlicher Bär aus

Holz begrüßt, und bleiben auf dem Weg, der nun zwischen Feldern und Wiesen verläuft. An einer T-Kreuzung gehen Sie links zum Wanderparkplatz Stangenwaage hinauf und überqueren die Straße (K40). Auf der anderen Seite laufen Sie kurz zwischen Wiese und Wald weiter, dann geht es rechts in den Wald und kräftig bergauf. Gehen Sie aber nicht zu schwungvoll hinauf, denn oben angekommen öffnen sich direkt vor Ihnen zwei tiefe Krater, die gerne von Mountainbikerinnen und -bikern als Spielplatz genutzt werden. Die sogenannten Pingen erinnern daran, dass in diesem Gebiet früher Eisenerz gesucht und abgebaut wurde.

Sie gehen zwischen den beiden tiefen Gruben hindurch und links wieder aus dem Wald hinaus auf einen Pfad zwischen Wiesen, der unter einer Stromtrasse hindurchführt. Dann folgen Sie dem Asphaltsträßchen links aufwärts, vorbei an einer Bank unter einer Kiefer, von der aus Sie weit Richtung Sechshelden, Manderbach und Höhenzug Struth blicken können. 20 m weiter biegen Sie halb rechts auf einen Pfad in den Wald ab, bis zum km-45-Stein weiter aufwärts.

Wenn es rechts zur Grillhütte Donsbach geht, orientieren Sie sich nach links. Hier verläuft auch die Rothaarsteig-Spur „Wacholderweg". An der Asphaltstraße wenden Sie sich nach rechts, der Kornberg liegt nun vor Ihnen. Der Trockenrasen neben dem Weg ist im Sommer von unzähligen bunten Blüten gesprenkelt. An zwei Bänken können Sie sich noch einmal kurz ausruhen, bevor Sie den finalen Anstieg auf den **Kornberg** auf dem Wiesenweg rechts in Angriff nehmen. Oben angekommen werden Sie mit einer fantastischen Aussicht belohnt, die Sie von mehreren Bänken und einer Schaukel aus in Ruhe genießen können. Weitere Bänke finden Sie, wenn Sie dem Rothaarsteig rechts gut 100 m weiter zum „Taunusblick" folgen.

Von den Bänken am Taunusblick geht es rechts weiter (vom Gipfel aus gesehen links). Sie verlassen den Wald und wandern an einer Wiese entlang rechts leicht bergab. An einem Sendemast geht es geradeaus vorbei und auf Asphalt weiter. Rechts im Tal sehen Sie Häuser von Donsbach und nach einer Baumgruppe können Sie geradeaus in der Ferne bei guter Sicht das erste Mal den Wilhelmsturm in Dillenburg erkennen. Gut 450 m nach dem Sendemast überqueren Sie eine Straße (K39), die rechts nach 150 m den Ortsrand von Donsbach erreicht. Der Rothaarsteig führt auf der anderen Seite über den Wanderparkplatz Kornberg geradeaus in eine kleine Asphaltstraße und bergauf. Hier verläuft auch der Oranierpfad, der um Dillenburg herumführt. Sie kommen an einer Bank mit Blick auf Donsbach und den Kornberg vorbei und folgen dem Sträßchen am Ende des Aufstiegs durch eine Rechtskurve. Gut 100 m weiter begrüßt Sie an der nächsten Bank wieder ein freundlicher Bär. Nun folgen Sie dem Weg für knapp 700 m zwischen Wiesen und kleinen Waldstücken, zum Schluss geht es noch einmal bergauf zu einer T-Kreuzung mit Rothaarsteighütte und stei-

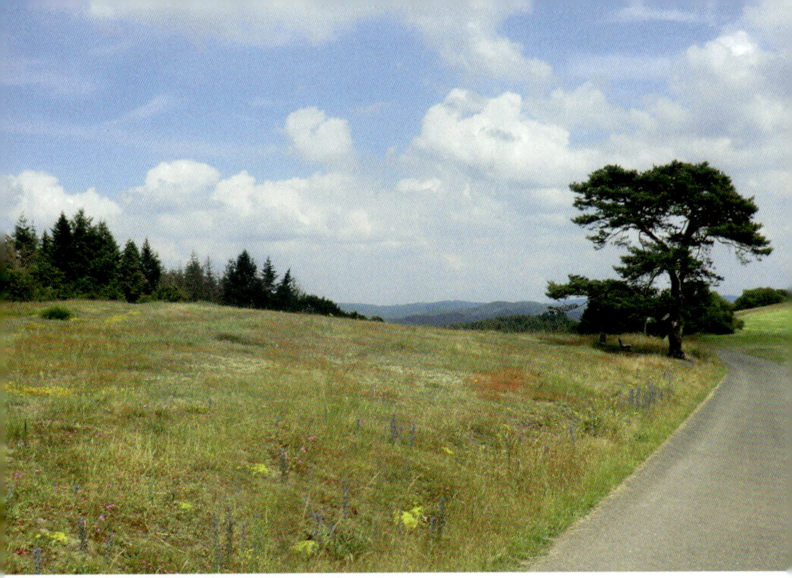

Bunte Tupfen verzieren die Trockenrasenflächen am Kornberg

nerner Sitzgruppe ❻. Rechts führt hier ein Zustiegsweg zum Wildpark Donsbach (600 m) und nach Herborn (9,1 km).

Der Rothaarsteig setzt sich links fort. Er wird auf dem nächsten Kilometer von einem **CO_2-Lehrpfad** begleitet, der an verschiedenen Stationen anschaulich erklärt, was CO_2 bewirkt und welche Rolle der Wald dabei spielt. Nach knapp 100 m halten Sie sich an einer Gabelung links und treten nach einer Station mit einem hölzernen Flugzeug, an der Sie testen können, wie viele Bäume gepflanzt werden müssen, um Ihren letzten Flug auszugleichen, wieder in den Wald ein. An einer Gabelung mit einer Station zu verschiedenen Brennstoffen halten Sie sich wieder links, biegen dann ca. 50 m *vor* der Rothaarsteighütte mit Sitzen aus Baumstämmen links ab und gehen bergab. An einem Tisch mit Bank ist das Ende des CO_2-Pfads erreicht. Wenig später kommen Sie an eine Wat-Tret-Anlage am Sanddorbbach, an der Sie Ihren Füßen auf unterschiedlichem Untergrund wie Steinen oder Holz ein wenig Abwechslung gönnen können.

Der Bach wird überquert und dahinter halten Sie sich rechts. Sie wandern wieder durch Wald und kommen dann an einem Gelände mit Fischteichen zur Rechten vorbei. Vor einer Hecke biegen Sie rechts ab, überqueren erneut den Sanddorbbach und wenden sich dann nach links auf einen Pfad im Wald. Links unterhalb liegen weitere Grundstücke mit kleinen Hütten. Bei einer Gabelung am

Ende der Gärten nach ca. 350 m folgen Sie dem schmalen Pfad rechts aufwärts, gehen dann vor einer Koppel nach rechts – vorbei an einem Offenstall – und wenden sich an einer T-Kreuzung links auf den breiten Weg. Hier ist die nahe A45 leider deutlich zu hören. Vorbei an einer ⛼ Bank mit Aussicht gelangen Sie an eine Asphaltstraße (Am Rennweg) und folgen ihr rechts aufwärts und durch eine Linkskurve. Die Straße führt zur Grillhütte Tal Tempe ❼.

Der Rothaarsteig leitet Sie am Waldrand um die große Wiese herum und Sie passieren den km-50-Stein. Links hinüber können Sie den nun schon nahen Wilhelmsturm sehen, aber erst geht es noch einmal in den Wald, an einer Kreuzung geradeaus weiter und an der folgenden T-Kreuzung rechts. Links im Tal rauscht der Verkehr auf der Autobahn. An der dritten Kreuzung ⛼ wenden Sie sich scharf nach links und überqueren dann die Autobahn auf einer Brücke. An ihrem Ende zweigt rechts ein schmaler Pfad ab, dem Sie bergab durch den Wald folgen, bis Sie an einen Zaun stoßen. Dort wandern Sie links weiter und knapp 300 m auf dem nun breiteren Weg oberhalb des Friedhofs weiter, vorbei an zwei ⛼ Bänken. An einem Asphaltweg halten Sie sich rechts und kommen an einer weiteren ⛼ Bank vorbei zu einem Schotterplatz. Auf der anderen Straßenseite sehen Sie die Dillenburger Werkstätten. Am Ende des Platzes (vor der Straße) nehmen Sie rechts den schmalen Pfad, der im Wald abwärts führt (✋ leicht zu übersehen!). An einer Gabelung halten Sie sich links und steigen weiter ab. Rechts sind durch die Bäume die ersten Häuser von Dillenburg zu sehen. Der Pfad ist teilweise zugewachsen und es geht rechts steil zur parallel verlaufenden Straße hinab – ✋ seien Sie hier also besonders bei Nässe bitte vorsichtig, um eine Verletzung auf den letzten Metern zu vermeiden!

Etwa 550 m nach dem Schotterplatz endet der schmale Weg an einer Straße ⛼ – die Zivilisation hat Sie wieder! Sie laufen links weiter, vorbei an der Wilhelm-von-Oranien-Schule, überqueren an einem Zebrastreifen die Jahnstraße und spazieren geradeaus in die Wilhelmstraße. Vorbei an der 🚌 Bushaltestelle „Dillenburg Gestüt", dem Reitplatz und anderen Anlagen des Hessischen Landesgestüts sind es nun nur noch wenige Meter bis zu Ihrem Ziel, dem Hofgarten in Dillenburg!

☞ Eine Beschreibung für den Weg vom Hofgarten zum Bahnhof und Informationen zu Dillenburg finden Sie am Ende der 8. Etappe (S. 130).

Index

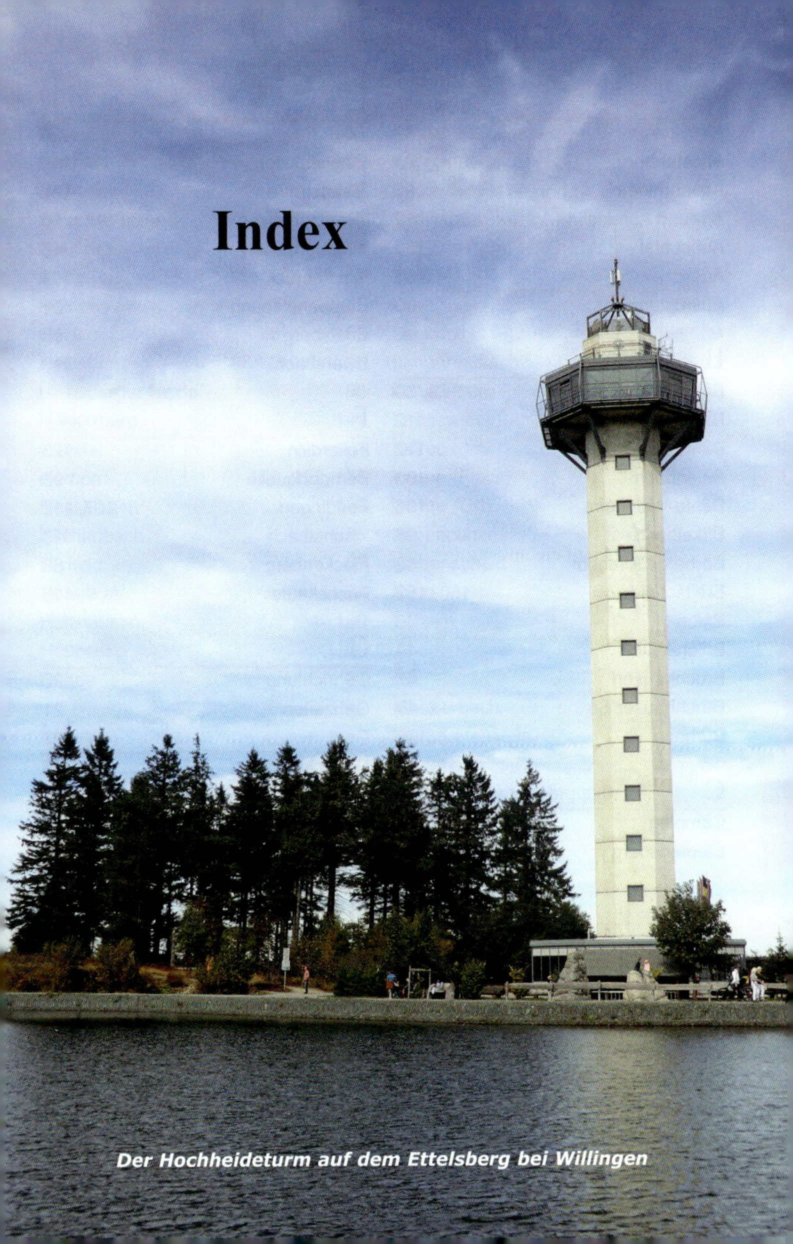

Der Hochheideturm auf dem Ettelsberg bei Willingen

O/Q

R

S

T

U

V

W/Z